“中国土地与住房研究丛书”
编辑委员会

“十二五”国家重点图书出版规划项目
中国土地与住房研究丛书
北京大学地理学研究丛书
国家“十一五”科技支撑计划研究成果(2006BAJ14B04)

城市建设用地节约关键技术研究

主　编　陈耀华　林　坚
副主编　冯长春　楚建群
　　　　靳东晓　杨庆媛

北京大学出版社
PEKING UNIVERSITY PRESS

图书在版编目(CIP)数据

城市建设用地节约关键技术研究/陈耀华,林坚主编. —北京:北京大学出版社,2014.3

(中国土地与住房研究丛书)

ISBN 978-7-301-10218-3

Ⅰ.①城… Ⅱ.①陈…②林… Ⅲ.①城市土地—土地利用—研究—中国 Ⅳ.①F299.232

中国版本图书馆 CIP 数据核字(2014)第 051662 号

书　　　名：城市建设用地节约关键技术研究

著作责任者：陈耀华　林　坚　主编

责 任 编 辑：王树通

标 准 书 号：ISBN 978-7-301-10218-3/K·1033

出 版 发 行：北京大学出版社

地　　　址：北京市海淀区成府路 205 号　100871

网　　　址：http://www.pup.cn　　新浪官方微博：@北京大学出版社

电 子 信 箱：zpup@pup.pku.edu.cn

电　　　话：邮购部 62752015　发行部 62750672　编辑部 62765014
出版部 62754962

印　刷　者：三河市博文印刷厂

经　销　者：新华书店

650 毫米×980 毫米　16 开本　16 印张　254 千字

2014 年 3 月第 1 版　2014 年 3 月第 1 次印刷

定　　　价：42.00 元

总　序

土地资源利用和住房保障是全社会关注和关心的焦点问题。

就土地资源来说，我国是一个人多地少、土地资源十分稀缺的国家。根据第二次全国土地调查，以 2009 年 12 月 31 日为标准时点汇总的调查数据，全国人均耕地 1.52 亩，不到世界人均水平的一半。《国家新型城镇化规划(2014—2020 年)》中指出，改革开放以来，伴随着工业化进程加速和国民经济的快速增长以及社会的全面进步，我国城镇化进入快速发展阶段，1978—2013 年，城镇常住人口从 1.7 亿人增加到 7.3 亿人，城镇化率从 17.9%提高到 53.7%；城市数量从 193 个增加到 658 个，建制镇数量从 2173 个增加到 20113 个，引致建设用地迅速扩张，尤其在经济快速发展地区，"土地城镇化"快于人口城镇化。据统计，1996—2012 年，全国建设用地年均增加 724 万亩，其中城镇建设用地年均增加 357 万亩；2010—2012 年建设用地增长更快，全国年均增加 953 万亩，其中城镇建设用地年均增加 515 万亩。2000—2011 年，城镇建成区面积增长了 76.4%，远高于城镇人口 50.5%的增长速度；农村人口减少了 1.33 亿人，农村居民点建设用地却增加了 3045 万亩；建设用地的扩张与耕地保护的矛盾日益突出。

我国的住房制度改革开始于 1979 年，经过 30 多年的发展历程，城镇居民住房短缺问题得到了缓解，住房建设取得了显著成效，住房市场得到长足的发展。但亦有需要认真总结的经验教训，主要是针对中低收入阶层的住房保障体系还未完全建立起来，住房市场供给不足，刚性需求旺盛，造成房价不断上涨，远远超过居民的住房支付能力，政府着眼于当前市场，为了抑制投机，控制房价过快上涨，频出调控政策，以致住房市场出现周期性的波动，消费者对市场预期出现偏差，房价陷入持续上涨，开发商拿地热情不断高涨，各地"地王"频现，更是加大了市场对房价上涨的预期，住房市场出现不健康的现象。要解决住房市场存在的问题，亟需对住房制度进行深化改革，形成长效市场运作机制，促进房地产可持续健康发展。

在我国大力推进新型城镇化的进程中，如何高效集约的利用土地资源，既保证社会经济和城镇发展的用地需求，又保障粮食安全所需的十八亿亩耕地不减少；同时，以人为核心的城镇化，能使得进城农民市民化，让城镇居民安居乐业，亟需深入系统的研究我国的土地和住房问题。本套丛书正是针对我国土地资源可持续开发利用和住房保障体系及运行机制等问题，展开的较为深入系统的研究所取得的阶段性成果的汇集。该系列研究成果得益于国家科技支撑计划和自然科学基金的资助。

《国家中长期科学和技术发展规划纲要(2006—2020年)》针对我国科学和技术的发展，在统筹安排、整体推进的基础上，对重点领域及其优先主题进行规划和布局，旨在为解决经济社会发展中的紧迫问题提供全面有力支撑。“村镇建设”“城镇化和城市发展”都是科技支撑计划重点领域，其中村镇规划、城镇区域规划与动态监测、城镇功能提升与空间节约利用、生态居住环境质量保障等是优先主题任务。“十一五”和“十二五”，国家科学技术部联合住房和城乡建设部、国土资源部、教育部、中科院等部门，组织实施了一批重大项目和重点项目，这是建国以来，“村镇建设”“城镇化和城市发展”领域研究投入力度最大，研究面最广、最深，涉及学科最宽，参与科技人员最多，技术集成度最高，带动和示范效应最强的科技系统工程。本套丛书就是北京大学、中国科学院地理科学与资源研究所、中国土地勘测规划院、中国城市规划设计研究院、同济大学、武汉大学等60多个单位七百余人组成的科研团队承担科技支撑计划重大项目“村镇空间规划与土地利用关键技术研究”和重点项目“区域规划与城市土地集约利用关键技术研究”、“城镇化与村镇建设动态监测关键技术研究”以及国家自然科学基金重点项目“中国城镇化的资源环境基础研究”的系列研究成果。其中，“村镇空间规划与土地利用关键技术研究”项目，对我国村镇区域空间规划、城镇规划与土地利用规划协同耦合、乡镇土地利用总体规划、村镇体系规划和村镇建设规划等做了深入系统研究，开发出了村镇空间规划三维模拟演示系统、智能化辅助设计系统、公众参与系统，制定了一系列技术标准，并开展了集成应用实践，特别是在汶川抗震救灾和灾后重建中发挥了重要作用。“十二五”期间，主要以村镇区域土地资源综合利用与保护、平衡土地供求关系为基本目标，以城乡结合部、城镇化拓展空间、资源环境敏感地区等为重点，以落实国家城镇化方针、解决“三农”问题、提高村镇生产效率和人民生活水平为根本目标；以节约集约用地、切实保护耕地、提高空间效率、推进空间公平、转变发展方式、提高村镇生活质量为总体思路，进一步对“村镇区域空间规划与集约发展关键技术”进行深入系统研究，形成成套技术标准与技术导则，为国土与城乡建设管理部门提供技术支撑。

土地是财富之母，是国民经济发展的重要生产要素。土地资源的利用，涉及土地资源调查、监测、评价、规划、整治和开发等方方面面，需要从人地关系的角度进行系统研究。这套丛书的推出，旨在抛砖引玉，引起大家的讨论和深入研究，以期能有更多更好的研究成果展现出来，为我国国土管理事业提供决策支持。

“中国土地与住房研究丛书”编辑委员会

2014年3月

前　言

“十一五”期间，为了更好地推进我国城镇化健康发展以及国家经济、社会、生态、环境的和谐可持续发展，住房和城乡建设部联合科技部在城乡建设领域设立了5个方向的重点研究计划，分别是：建筑节能与绿色建筑、城市功能提升与空间节约利用、城镇建设、城市生态居住环境质量保障和城市信息平台。其中，城市功能提升与空间节约利用方向下设7个研究项目，“区域规划与城市土地节约利用关键技术研究”是其中之一。该项目又分设了8个课题，分别是中国城镇化发展速度与质量的评价和预测研究、城镇体系规划监测关键技术研究、城市群空间发展的关键技术研究、城市建设用地节约利用关键技术研究、城市土地利用评价与空间监控预警系统关键技术研究、城市旧区土地节约利用关键技术研究、城市废弃工矿区土地再利用技术研究、基于3S和4D的城市规划设计集成技术研究。这些课题从宏观、中观到微观，从区域、城市到分区，从理论、技术到方法，互为关联，相辅相成，对我国区域规划与城市土地节约利用开展了一次全面、深入地研究。

作为城市建设用地节约的关键技术研究，旨在通过结合我国城镇化快速发展的特点，分析我国城市土地利用的现状，整理出一套促进城市土地节约利用的技术、方法与政策，形成满足节约、集约、和谐的土地利用体系。根据研究目标和计划，课题研究分为4个子课题，即城市土地供需预测关键技术研究、城市功能结构与土地利用格局的关联分析研究、城市土地节约利用评价指标体系方法和标准规范研究以及城市土地利用基础数据库建设关键技术研究。整个课题由北京大学牵头，中国城市规划设计研究院(以下称“中规院”)、西南大学、山东建筑大学共同参与，其中子课题1、子课题4由北京大学单独承担，子课题2由中规院和西南大学联合承担，子课题3由北京大学和山东建筑大学联合承担。

在参与单位长期工作的基础上，通过“十一五”期间的集中研究，课题组攻克了一系列技术难题，取得了预期的研究成果，并在实践中得到了很好的推广应用。有关城市土地分类、城市用地标准、城市建设用地评价、开发区土地利用评价的研究结论分别被《城市用地分类与规划建设用地标准》《建设用地节约集约利用评价规程》《开发区土地集约利用评价规程》(试行)所吸收。此外还完成土地利用相关模型4类,城市土地利用基础数据库8个,城市土地节约利用研究系统1个并取得软件著作权,发表相关论文30余篇。

本书是课题主要成果的总结,是课题组所有参与人员共同努力的结果。参加研究和编制的主要人员有冯长春、陈耀华、林坚、王凯、靳东晓、杨庆媛、楚建群、刘瑜、闫整、廖和平、林伟鹏、鲁春阳、金晓峰、刘强、苗春蕾、张书海、田刚、王超、张昊、刘诗毅、李新阳、陈春、陈怡、周琴丹、胡江权、冯雷、姚宇、宋潇、肖丹、文婧、严镔、魏筱等。全书最终由陈耀华编辑统稿。

由于时间有限,难免有纰漏之处,如有不当,敬请读者在阅读中给以指正。

编　者

2012年9月

目　录

实 践 篇

绪　论

开展城市土地节约利用关键技术研究是中国城镇化健康发展和建设节约型社会的迫切需要。众所周知,我国正在步入城镇化快速发展时期,城市的发展面临土地资源的重大瓶颈。改革开放以来,我国社会经济各项事业快速发展,在工业化、信息化和机动化等因素的持续推动下,城镇化维持较快的发展势头,并将在较长一段时期内延续。根据国家统计局提供的数据,1990—2005 年间,中国城镇化率平均每年提高 1.1 个百分点,到 2005 年,我国城镇化率达到 42.99%。根据国际一般经验,当城镇化水平达到 30%,人均国民收入进入 1000～3000 美元之间时,城镇化将进入一个快速发展期。根据对我国经济发展与城镇化关系的分析,考虑到资源、就业及其他各种制约因素,未来 15 年内,预计我国城镇化率年均提高 0.8～1 个百分点,至 2020 年,城镇化水平将在 55%～58%之间,预计城镇人口将增长 3 亿人以上。在人口不断向城镇迁移、集中的过程中,城市数量和用地也迅速增长。1990—2005 年,城市建成区面积从 12 856 km^2 增加到 32 521 km^2,但是能为城市提供的用地却非常有限。据正在编制的《全国城镇体系规划(2005—2020 年)》研究估算,综合考虑自然因素、资源条件等的制约,全国适宜人口居住的用地空间仅占国土面积的 19%左右;进一步考虑国家粮食安全等政策因素,可供城市、城镇和乡村发展的空间不足 10%。为促进中国城镇化健康发展,为建设节约型社会,开展城市土地节约利用关键技术研究显得尤为迫切。

开展城市土地供需预测关键技术研究是推动城市合理增长、可持续发展的重要保障。1991—2005 年间,按照建设部的统计口径,城乡建设用地从 15.1×10^4 km^2 增加到 2005 年的 21.6×10^4 km^2,年均增长率为 2.57%,年均增幅 4600 km^2,其中,全国城镇建设用地增长了约 4×10^4 km^2,年均增长 2854×10^4 km^2,占城乡建设用地增量的 61.9%。现阶段,我国建设占用耕地的数量平均每年达 300 万亩[①],人均耕地面积已经由 1996 年的 1.59 亩下降到 2005 年的 1.4 亩,仅为世界平均水平的 1/3;按此耕地减少的速率推算,到 2020 年,人均耕地将下降到 1.2 亩以下,耕地资源

① 1 亩=666.6 m^2,300 万亩≈2000 km^2。

极其有限并面临继续减少的严峻现实，已成为需要认真关注的最重大和最迫切的问题之一。在这种背景下，如何科学分析城市土地供给能力，合理预测土地需求，从而妥善确立合理的城市增长规模，成为推动城市可持续发展的重要技术保障。

开展城市功能结构与土地利用格局的关联分析研究是妥善处理城市发展与土地资源瓶颈矛盾的重要保证。我国正进入一个新的历史发展时期，以城镇化、工业化和产业结构升级为代表的现代化进程逐步加快，城市的经济结构、社会结构、文化结构正在加速变化，城市结构的演变必然引发城市功能的转换，进而会对现有的土地利用格局形成冲击。目前我国各大城市土地利用结构变化普遍滞后于城市功能的转换，城市社会经济发展进程中土地利用结构错位，土地资源浪费、土地利用效率低下、土地生态环境恶化等矛盾在土地刚性约束和城市扩张的压力下变得日益尖锐，开展城市功能结构与土地利用格局的关联分析研究，有助于解决城市土地节约利用的格局性问题。

开展城市土地节约利用评价的指标体系、方法和标准规范研究是解决当前城市土地低效利用问题的重要基础。在人地矛盾如此尖锐的情况下，中国城市土地低效利用问题突出，存在规模失控、结构失衡、集约度低、效益不佳等现象。据国土资源部统计，截止到 2004 年底，全国空闲地、闲置地以及批而未供土地总面积接近 2300 km^2，相当于 2004 年全国城镇用地总面积的 6.8%，相当于 2005 年拟定下达全国农地转用计划指标的 86%。其中，空闲地约为 2004 年底城镇建设用地总面积的 2.1%，闲置地占 1.7%，批而未供地占 3%。因此，为保障中国社会经济的可持续发展，必须设法扭转这一局面，开展城市土地节约利用评价，确立合理的城市建设用地分类和标准，将极大促使城市土地得以高效利用。

我国现有的城市建设、土地利用数据库建设技术已经相对成熟。但在数据库产品方面，一些地区在地籍管理、地价动态监测等方面进行了信息系统的尝试性建设，并未形成包括城市土地资源利用、城市内农村土地利用、城市土地价格、城市社会经济数据等多维度的综合数据平台。因此，开展城市土地利用基础数据库建设关键技术研究成为研究的重要技术支撑，也是社会各界落实科学发展观、共同构建社会主义和谐社会的技术基础。

理论篇

第一章　城市用地分类研究

土地分类是对土地类型的划分，是土地资源评价、土地资产评估以及和土地利用有关的规划编制的基础和前期性工作。依照不同目的的城市用地分类体系不尽相同，分类的标准也各有侧重：以城市土地利用基础调查为目的的分类体系强调土地覆盖易于辨识，主要依据覆盖标准；以编制规划为目的的城市用地分类强调土地利用的引导和控制，要求用地分类既能够充分反映土地的自然属性，也能够反映其所承载的社会经济活动，分类标准综合使用功能覆盖标准、空间形态标准和政策意图标准；以用地评价和管理为目的的城市土地分类则强调土地利用状况的识别和管理，而评价和管理的目标、手段往往可以直接决定其对用地分类的具体要求。

第一节　城市用地分类基本原理

一、分类与土地分类

"分"即鉴定、描述和命名，"类"即归类，分类是把一组事物按照不同的特点划分成属性近似的组，使得组内差异尽可能小，组间差异尽可能大，从而按照不同组的属性对复杂事物进行"区别对待"。分类是一个系统演化的过程，是一种基本的科学研究方法。分类的类型多种多样，关键在于分类所依据的"不同的特点"。

土地分类是对土地类型的划分，是土地资源评价、土地资产评估以及和土地利用有关的规划编制的基础和前期性工作，其分类单位是从区域土地个体单位所具有的相似属性中归纳出来的，具有抽象性和概括性。目前，比较具有代表性的土地分类有以下三种：

(1) 为了认识土地表面生物、物理状态所进行的土地覆盖分类。

(2) 为了了解土地社会经济属性所进行的土地利用分类。

(3) 为了分辨土地的性能所进行的评价分类。评价分类直接对应某项具体的评价工作，与前两种土地分类相比一般性不强。

本书关注的是后两种，即土地利用分类和为明晰土地利用状况的评价分类。

二、城市用地分类原则

1. 明确性

根据分类的基本原理，原则上一组事物的所有特征都可作为分类的指标，但是在进行一种分类方案确定时，就一定要一个明确的分类目的以及由该分类目的所决定的分类原则。这种分类原则是确切地区分事物进行归类的标准。

2. 系统性

保证所要进行分类的研究对象能够全部划入其中某一个分类，即分类目的和分类原则应具有系统性。

3. 互斥性

分类的另一个要求是每一个类别必须具有明确的含义，研究对象可以被划入到其中某一个类别而不存在同时被划入某两个或多个类别的情况。如果出现这种情况，则必须配备相应的处理原则，例如其中一个类别可能具有优先权等。

三、城市用地分类的目的

1. 基础调查：强调土地覆盖，易于辨识

城市土地利用基础调查是监测用地现状、获取用地数据的基础性工作，是城市规划和城市土地管理工作的基础。目前的用地基础调查可以分为基于遥感影像图识别的调查和人工实地作业调查两种。无论哪种方式，都是更多地基于对土地覆盖情况的观察来确认分类，强调土地的覆盖特征和易于辨识。例如高尔夫球场，从功能上来讲应该是娱乐休闲用地，但实际调查中往往根据土地覆盖情况分别划为绿地、建筑设施、水体等类别。由覆盖情况进行地类确认的过程中，根据调查者对于所调查区域的熟悉情况，又能够在一定程度上体现土地利用功能的特征。例如同样是覆盖为坑塘的水体，有可能作为养殖用地，有可能作为河湖水面用地，因此，调查中的分类也表现为土地覆盖-土地利用的综合分类。总的来说，城市用地基础调查对分类的要求强调覆盖与易于辨识，并在一定程度上偏向于土地覆盖-土地利用综合分类。

2. 规划编制：强调土地利用的引导和控制

规划工作的特点是在对现状分析的基础上，对未来的城市发展、城市用地进行合理的安排和谋划。城市未来发展的不确定性决定了这种谋划不可能也不应该过细，而是应该更多地体现出根据城市社会经济发展特

点确定引导和管控方向。具体到对土地分类的要求上，就是要突出用地的功能尤其是主导功能，因此它要求用地分类既要能够充分反映土地的自然属性，也能够反映其所承载的社会经济活动；既能够表达现状，又能够反映规划目标。规划的目的和需求决定了其用地分类的表达重点。总的来说，城市规划编制要求用地分类基于城市功能出发，具备足够的引导和调控能力，不宜过细过死。

3. 用地评价与管理：强调利用状况的识别和管理

城市用地评价强调对土地的实际利用情况的明晰，作为用地管理的基础。而评价和管理的目标、手段往往可以直接决定其对用地分类的具体要求；另外，管理与基础调查和规划编制又密不可分。总的来说，用地管理以用地基础调查、用地评价和规划成果为基础，在用地功能的基础上偏重于土地利用的实际情况。

四、城市用地分类的标准

根据城市用地分类的意图，用地分类标准主要依据功能、空间形态和政策意图。

1. 功能覆盖标准

作为目前我国各种用地分类中主要依据的标准，是一种根据土地利用表面覆盖情况和土地的实际利用功能情况来确定土地用途的方法。例如我国土地利用现状分类中的居住用地、林地、荒草地的分类就是基于其功能标准做出的。

2. 空间形态标准

强调建成环境以及建筑的空间发展目标，是塑造和引导城市整体空间形态的有效工具，在土地利用规划中往往作为辅助性标准与用地功能标准结合使用。例如德国州级空间规划中所划定的城市地区、乡村地区，美国市镇规划中划定的高密度建设区等分类（分区）都是基于空间形态标准做出的划分。

3. 政策意图标准

源自英国的结构规划和地方规划，是指以政策目标为标准进行用地的划分。与前两者相比，政策意图标准涉及的控制内涵更为广泛，包括经济、社会、空间形态、功能以及发展时序等多个方面，是一种综合性极强的分类方法，往往是转译规划编制时的用地政策，具有很强的时空特征。

目前我国的各种分类体系中，功能标准是主要的分类依据。尽管空间形态标准和政策意图标准也是用地分类的重要依据，是实现规划政策意图、管控措施的重要途径，但这两种标准却是我国现阶段土地分类中所缺少的。

第二节　城市用地分类体系设计

一、城市用地分类调整思路

本书对城市用地分类的研究目标是建立适应新形势要求的城市用地分类体系，此分类体系的目的有三：为现状调查服务、为城市规划编制服务以及为城市土地节约集约评价和用地管理服务。因此在建立城市用地分类体系的过程中，不能完全脱离我国正施行的《城市用地分类与规划建设用地标准》。应当充分考虑与其用地分类衔接，并针对其存在的问题和缺陷进行调整、改进与补充。

本次调整用地分类的空间范围界定主要考虑两个方面：一方面，城市总体规划编制和实施管理的空间均限于城市规划区内，由于规划区范围的划定根据具体城市的情况而有所不同，一些城市规划区范围与管辖区域重合；另一方面，本次研究是针对探讨城市土地节约集约利用评价，其重点关注的是城市建设用地。

因此，规划分类的空间覆盖范围是从规划区着眼，重点在城市建设用地。

（一）从仅关注城市建设用地迈向对规划区全域的关注

在 1990 版《城市用地分类与规划建设用地标准》分类的 10 大类用地分类中，有 9 类都是针对规划区内的城市建设用地的，而对于各类农业用地、水域、未利用地等都被统一划入到“水域和其他”一个用地大类 E 中。相应的，城市总体规划中的工作内容围绕城市规划区展开，规划区内只针对 9 大类城市用地开展研究分析和用地平衡。对于规划区内的水域和其他用地以及城市规划区外的用地不做规划或只做适宜性的安排，与城市规划区内的城市用地规划不是一个平等的规划层次，缺乏相应的工作内容和深度的要求。分类中呈现出偏重于城市规划区、规划区内城市建设用地管理的特征。

E 类用地既包含了承载人口和产业的村镇建设用地，也包含耕地、园地、林地、牧草地等各类农用地，同时含有水域和未利用地。如：E1 水域用地，包括江、河、湖、海、水库、苇地、滩涂和渠道等水域，不包括公共绿地及单位内的水域；E2、E3、E4、E5 主要包含了城市中的各类农用地；E6 村镇建设用地，包括了各类村镇居住、产业、交通等用地；E7 弃置地，实际上包含两个部分，即由于各种地质和生态条件限制不能使用的“弃地”和能够使用但尚未利用的“置地”；E8 露天矿用地，指各类矿藏的露天开采用地。

由于不同类别的用地之间功能复杂、性质差异较大，并且这其中许多用地对于城市功能的完善和发挥具有重要作用，将其放在不做用地平衡和控制的 E 类中是不合适的。从城市功能整体发挥和城乡统筹的角度出发，需要对其进行拆分、归并等调整。

（二）强调城市用地类别与人口经济对应

城市人口是衡量城市规模的标准和预测城市发展的主要指标。一般而言，当城市人口增长时，满足人们日常生活的外部设施就应相应增加，由此引发对土地需求的不断增加。城市经济发展水平对城市建设用地规模有着决定性影响：一是城市经济的增长方式影响城市建设用地的空间布局；二是城市的经济增长影响着城市建设用地变动的速率。

新形势下，用于管理城市的用地分类应该是能够与人口和经济密切关联的，这样才能使得关于城市用地与人口经济的统计信息具有更加科学的含义，才能促使城市内部各种地类保持协调与平衡，从而促进建设用地的节约、协调利用。

我国目前用地分类与社会经济的不协调性表现在如下几个方面：

（1）部分用地缺乏归类，比如城市、镇、乡、村建设用地之外以居住、工业、物流仓储、商业服务业设施等为主的独立建设用地以及采矿用地。这类用地一方面大量侵占耕地，却由于用地分类缺失而不占城市建设用地指标。

（2）随着经济的发展，现有土地利用分类体系中有的地类含义已不太准确和完善。比如，单就公共设施用地来讲，用于商业的俱乐部、游乐场、试验室等已不具备公共建筑用地的性质。而新近出现的单纯用于办公的独立院落或写字楼等用地以及商住混合的公寓式酒店等，却不知该归为哪一类。

（3）体制转型带来的土地开发多元化与现行的土地分类矛盾重重。计划经济体制的显著特点是建设主体的单一性，由于从中央政府到地方的高度统一，城市的发展目标直接转化成具体的工程项目，落实在年度国民经济计划中并得以实施，规划图纸基本等同于未来的建设状态。但以划拨、招标、拍卖等多种方式并存的土地使用权流转制度，使城市建设的主体呈现为多元并存的局面，并且土地的用途也不再是“终身制”，而是随着经济的发展、人口的增加发生相应的变化。诞生于计划经济时代的用地分类体系，需要有适当的弹性来应对这种变化。

（三）满足城市土地节约集约利用评价的需求

城市土地节约集约利用评价有两个关键性问题，即评价指标体系的构建和对指标涉及数据的获取。无论是指标体系的构建还是指标数据的获取，都与城市用地分类体系的建立有密切关系。

首先，城市建设用地功能复杂，不同功能的建设用地不应选择相同的评价指标，因此对建设用地进行分类是构建城市建设用地评价指标的第一步；其次，目前获取评价指标所涉及数据的主要渠道为建设部门的城市规划现状调研资料和国土部门的地籍数据库，因此如若期望评价指标易于获取，则应当结合现有的基础数据构建评价指标体系，而这些数据各自对应其用地分类，如此一来，新城市用地分类与上述两者衔接就显得尤为重要。最后，除针对不同功能区构建评价指标体系外，还要考虑按照供应方式与利用状态选择评价指标，如此，则有必要以城市土地供应方式为视角，通过“复区”的形式进行用地分类。

二、城乡用地分类

（一）设计思路

（1）基于规划区，主要按照土地功能划分区域土地类型。

（2）根据土地利用的特点，将城乡建设用地、水体和农林用地分成三大基本面状地域部分。

（3）对于城乡建设用地以外，不需要与城乡建设用地进行统一统计和控制的地类——区域交通设施、特殊用地，分别整理出来，列为单独的大类。

（4）参照土地利用分类，按照城乡规划的内容和要求整理各大类下的详细地类。

（二）方案内容

共分为5个门类，20个大类。具体分类见表1-1。

表 1-1 基于规划区的城乡用地分类方案

门类		大类		中类		
代码	名称	代码	名称	代码	名称	说明
B	城乡建设用地					包括城市、镇、乡和村庄内部的各类建设用地和空闲地、弃置地，及城乡居民点建设用地范围以外的独立建设用地
		B01	城市建设用地			设市城市和县人民政府驻地建制镇中心城区的各类建设用地
		B02	镇建设用地			镇内部的各类建设用地和空闲地、弃置地
		B03	乡建设用地			乡内部的各类建设用地和空闲地、弃置地
		B04	村庄建设用地			村庄内部的各类建设用地和空闲地、弃置地
		B05	独立建设用地	B051	采矿用地	露天矿开采用地
				B052	风景名胜设施用地	城乡居民点建设用地以外的风景名胜区中的商业服务设施等建设用地
				B053	其他独立建设用地	独立于城乡居民点建设用地以外的疗养院，别墅区，各类园区，物流，危险品生产储存等用地
I	区域基础设施用地					城乡建设用地以外的区域交通设施用地和市政设施用地
		I01	区域交通设施用地	I011	铁路用地	城乡建设用地以外的铁路用地，包括铁路线、站场、班道房等
				I012	公路用地	城乡建设用地以外的公路用地及为其服务的附属设施
				I013	机场用地	用于民用机场的用地
				I014	港口码头用地	城乡建设用地以外的港口及附属建筑物用地
				I015	管道运输用地	城乡建设用地以外的管道运输及相应附属设施用地
		I02	区域市政设施用地	I021	能源供应设施用地	城乡建设用地以外的水电站、火电站、核电站、风能发电场、变电站等
				I022	环境卫生设施用地	城乡建设用地以外的污水处理厂、垃圾处理厂等
				I023	其他市政设施用地	城乡建设用地以外，除能源供应设施用地和环境卫生设施用地之外的市政设施用地，如防洪堤、水利枢纽、区域引水设施等

续表

门类		大类		中类		
代码	名称	代码	名称	代码	名称	说明
D	特殊用地					城乡建设用地以外的用于军事设施、宗教、监教、殡葬等用地
		D01	军事设施用地			城乡建设用地以外的军事设施用地
		D02	监教场所用地			城乡建设用地以外的监狱、劳改场、看守所、劳教所、戒毒所的建设用地
		D03	宗教用地			城乡建设用地以外的庙宇、寺院、道观、教堂等宗教自用地
		D04	殡葬用地			陵园、墓地、殡葬场所用地
J	水域					水体及水电厂房以外的水工建筑用地，不包括滞洪区和已垦滩涂中的耕地、园地、林地、居民点、道路等
		J01	河湖水库水面			城乡建设用地以外的河湖水库水面及水电厂房以外的水工建筑用地
		J02	坑塘水面			人工或天然形成的坑塘水面
		J03	滩涂			沿海或内陆的滩涂、滩地，不包括已经开发利用的滩地
		J04	冰川及永久积雪			表面被冰雪常年覆盖的土地
V	农林和其他用地					城乡建设用地以外的耕地、园地、林地、草地和其他用地
		V01	耕地			种植农作物的土地，包括田间沟渠、田坎、田间路等
		V02	园地			种植集约经营的多年生木本和草本作物的土地
		V03	林地			生长乔木、竹类、灌木的土地，及沿海生长红树林的土地
		V04	草地			生长草本植物为主的土地
		V05	其他用地			设施农用地、盐碱地、沙地、裸地、沼泽地、弃置地等

1. 城乡建设用地

（1）建立“城乡建设用地”门类，将城市、镇、乡、村庄建设用地以及城乡居民点之外的独立建设用地合并，突出对城乡建设用地的关注，利于将城乡建设用地统筹考虑，制定相应的规划控制标准。

（2）按照城镇规划体系分为城市、镇、乡和村庄建设用地 4 个大类。以上四类用地合在一起的内涵为“城乡居民点建设用地”。现状调查时，按照建成区范围认定和统计；编制规划时，按规划建设用地范围认定和统计。为适应城乡规划编制体系，应制定不同层次的城乡居民点建设用地范围内的规划用地分类和建设用地标准。

(3) 建立"独立建设用地"大类，将城乡居民点建设用地以外的块状建设用地与城乡居民点建设用地并列，使城乡建设用地内涵完整，城乡建设用地的统计更符合实际建设情况和社会经济活动特点，以适应我国目前农村地区存在大量与城市生活密切相关的建设用地的情况。

该类用地下分为3个中类：采矿用地、风景名胜区设施用地和其他独立建设用地。其他独立建设用地包括独立于城镇乡村之外的居住、生产等用地，如别墅区、各类园区、物流、危险品生产储存等。

2. 区域基础设施用地

(1) 建立"区域基础设施用地"门类，对应城市规划区或市域范围内应该在总体规划中布置的区域基础设施项目和用地，以体现城市规划中城乡统筹、全面构建区域基础设施的思路。

区域基础设施用地下分为两个大类：区域交通设施用地和区域市政设施用地。

(2) 区域交通设施用地。它包括5个中类：铁路用地、公路用地、机场用地、港口码头用地、管道运输用地。主要为城乡建设用地范围之外的以上五类交通设施用地，包括其线路用地和站场、附属设施用地等。

(3) 区域市政设施用地。它包括能源供应设施用地、环境卫生设施用地和其他市政设施用地。主要是城乡建设用地以外的市政设施用地。

3. 特殊用地

建立"特殊用地"门类，对应与城镇生活关系不密切的分布在城乡居民点建设用地以外的特殊用地。

特殊用地下分为4个大类，包括军事设施用地、监教场所用地、宗教用地和墓葬用地。

(1) "军事设施用地"和"监教场所用地"，与原标准城市用地分类中的特殊用地中的军事用地、保安用地的城乡居民点建设用地以外的部分对应。

(2) "宗教用地"对应原标准城市用地分类中"公共设施"中的C7文物古迹用地及C8中的宗教用地，这里只涉及城乡居民点建设用地范围外的部分。

(3) "殡葬用地"对应原标准城市用地分类中"市政公用设施"中的U6"殡葬设施用地"中的城乡居民点建设用地以外的部分。

4. 水域

(1) 建立"水域"门类，突出其在规划中所起到的生态、生产方面的作用，以及防灾方面的规划影响。

水域下分为 4 个大类，包括河湖水库水面、坑塘水面、滩涂、冰川及永久积雪。

（2）河湖水库水面包括水电厂房以外的水工建筑用地。

（3）滩涂包括沿海和内陆的滩涂、滩地，不包括已经开发利用的滩涂滩地。已经利用的部分根据具体利用情况归入相应用地类型。

5. 农林和其他用地

（1）建立"农林和其他用地"门类，涵盖农林业生产的用地、草地和上述用地以外的其他用地，作为城乡居民点建设用地以外的背景和支撑用地。对于农林和其他用地的认识和利用主要在于统筹市域城乡建设，保护耕地和林地等生态资源和农业生产条件，合理安排城市结构和用地，而不在于具体农林用地内部的布局和调整利用。因此，这大类用地是控制开发的重点区域，而不是规划调整的重点内容。

农林和其他用地下分 5 个大类类，包括耕地、园地、林地、草地和其他用地。

与《土地利用现状分类》衔接，对二级类的名称和包含的内容进一步甄别，在同等含义的基础上尽量与土地利用现状分类相衔接，以利于城市规划基础用地调查时，可以通过土地现状调查的资料快速准确地统计和落实各地类的空间和数量，提高效率。

（2）其他用地中包括设施农用地、盐碱地、沙地、裸地、沼泽地、弃置地等。这类地中除设施农用地承载了种植或养殖等农业生产活动外，其他地类为未被使用的土地。

（三）方案特点

该视角下分类方案具有如下特点：

（1）按照土地利用分类，用地划分标准较明确。

（2）更适用于规划的调查分析。

（3）留下不确定中类，为规划编制和管理工作留有弹性。

三、基于用地功能的城市建设用地分类

（一）设计思路

（1）这套方案仅仅针对城市建设用地，并且按照土地功能划分区域土地类型。

（2）主要考虑与我国正施行的 1990 版《城市用地分类与规划建设用地标准》的衔接，并针对其存在的问题和缺陷进行调整，主要是对中类的适当拆分和对小类的归并。

(3) 参照土地利用分类，按照城乡规划的内容和要求整理各大类下的详细地类。

(二) 方案内容

方案共分为9大类，下设54个中类以及若干小类。在1990版国标的基础上去掉了“水域和其他用地”大类，此类中的村镇建设用地等在本套方案中不予考虑，水域则根据其不同的功能特点划分到其他9类相应的用地类型中。具体分类请参见表1-2。

表1-2　基于用地功能的城市建设用地分类方案

用地大类	用地中类	用地小类	所包含的用途(列举)
居住用地	一类住宅用地		别墅区、独立式花园住宅等及其附属用地
	二类住宅用地		公寓、高层住宅楼等及其附属用地
	三类住宅用地		老式住宅区、旧城居住集中区等及其附属用地
	四类住宅用地		城中村、棚户区、临时住宅等及其附属用地
	混合居住用地		商住、SOHO区、非独立住宅区、酒店式公寓
	其他居住用地		校外学生宿舍、企业宿舍、政府宿舍等
公共设施用地	商业金融业用地	商业服务业用地	超市、综合百货商店、商场、专业零售批发商店及其附属用地、餐饮，照相、理发、浴室、洗染、日用修理、租赁等
		金融保险业用地	银行及分理处、信用社、信托投资公司、证券交易所和保险公司
		贸易咨询用地	旅行社、律师事务所、会计事务所、贸易公司、咨询公司、职业介绍所、婚姻介绍所等
		旅馆业用地	酒店、旅馆、招待所、度假村等
		公用事业营业用地	电信、电力、邮电等营业厅及办事处
		商务办公用地	企业管理机构、商务楼、写字楼等
		市场用地	农贸市场、小商品市场、工业品市场和综合市场等
		其他商业金融业用地	

续表

用地大类	用地中类	用地小类	所包含的用途(列举)
公共设施用地	会议展览用地		会议中心、陈列馆、展览中心等
	行政办公用地	行政办公用地	各级人民政府、政府办事处、各局、委、办；法院、检察院；民主党派；工会、妇联、残联等
		社会组织办公用地	红十字会、慈善基金、骨髓库国际组织办事处等
		其他行政设施用地	
	文化娱乐用地	传媒业用地	各种通讯社、政府办报社、出版社、各级广播电视台
		文艺团体用地	剧团、曲艺团、民间艺术团体等各种文化艺术团体
		文博设施用地	公共图书馆、博物馆、文化馆、科技馆、纪念馆、青少年宫、老年活动中心、工人文化宫
		娱乐设施用地	电影院、剧场、音乐厅、杂技场等、游乐场、歌舞厅、俱乐部等
		其他文化娱乐用地	
	体育设施用地	体育场馆用地	室内外体育运动用地，如体育场馆、游泳场馆、各类球场、溜冰场、赛马场、跳伞场、摩托车场、射击场以及水上运动的陆域部分等用地，包括附属的业余体校用地
		体育训练用地	为各类体育运动专设的训练基地用地
		其他体育设施用地	体育公园

续表

用地大类	用地中类	用地小类	所包含的用途(列举)
公共设施用地	教育设施用地	基础教育用地	幼托、小学、初中、高中、一贯制学校
		高等学校用地	大学城、大学、学院、专科学校和独立地段的研究生院等用地,包括军事院校用地
		职业教育用地	中等专业学校、技工学校、职业学校等用地,不包括附属于普通中学内的职业高中用地
		成人与业余学校用地	独立地段的电视大学、夜大学、教育学院、党校、干校、业余学校和培训中心等用地
		特殊教育用地	聋、哑、盲人学校及工读学校等用地
		其他教育设施用地	
	科研设施用地	科研设计机构用地	科学研究、勘测设计、观察测试、科技信息和科技咨询等机构用地,
		其他科研设施用地	企业研发中心等
	医疗设施用地	医院用地	妇幼保健院、儿童医院、精神病院、肿瘤医院、诊所等
		卫生防疫用地	卫生防疫站、专科防治所、检验中心、急救中心和血库等用地
		休疗养用地	休养所和疗养院等用地
		其他医疗设施用地	宠物诊所、兽医所
	文物古迹用地		具有保护价值的古遗址、古墓葬、古建筑、革命遗址等用地。不包括已作其他用途的文物古迹用地。
	宗教设施用地		教堂、寺庙、祠堂等
	其他公共设施用地		
工业用地	一类工业用地		电子工业、缝纫工业、工艺品制造工业等用地
	二类工业用地		食品工业、医药制造工业、纺织工业等用地
	三类工业用地		采掘工业、冶金工业、大中型机械制造工业、化学工业、造纸工业、制革工业、建材工业等用地
	其他工业用地		机械修理厂、汽修厂、船舶修理厂等以及工业废品处理厂等

续表

用地大类	用地中类	用地小类	所包含的用途(列举)
物流仓储用地	普通仓库用地		以库房建筑为主的储存一般货物的普通仓库用地
	危险品仓库用地		存放易燃、易爆和剧毒等危险品的专用仓库用地
	露天堆场用地		露天放货物为主的仓库用地
	物流用地		物流园区、物流公司、运输车队等
	其他仓储用地		
城市交通设施用地	道路用地		
	公共停车设施用地	室外停车用地	
		室内停车用地	
	一般公交设施用地		公共汽车、出租汽车、有轨电车、无轨电车、停车场、保养场、车辆段和首末站等用地以及轮渡(陆上部分)用地
	轨道交通设施用地		轻轨和地下铁道(地面部分)的站点、停车场、保养场和首末站等用地
	货运交通用地		货运公司车队的站场等用地
	其他交通设施用地		加油站、教练场等用地
市政公用设施用地	供应设施用地	供水用地	
		供电用地	
		供燃气用地	
		供热用地	
		其他供应设施用地	
	邮电设施用地		
	环境卫生设施用地	雨水、污水处理用地	
		粪便垃圾处理用地	
	施工与市政养护设施用地		
	殡葬用地		
	消防用地		
	其他市政设施用地		

续表

用地大类	用地中类	用地小类	所包含的用途(列举)
对外交通用地	铁路用地	铁路线及防护用地	
		铁路站场用地	
	公路用地	高速公路用地	
		一、二、三级公路用地	
		长途客运站用地	
	管道运输用地		运输煤炭、石油和天然气等地面管道运输用地
	港口用地	海港用地	
		河港用地	
	机场用地		民用及军民合用的机场用地,包括飞行区、航站区等用地
	其他对外交通用地		
公共绿地与开放空间	公园	综合公园	全市性公园、区域性公园
		社区公园	居住区公园、小区游乐园
		专项公园	儿童公园、动物园、植物园、历史名园、风景名胜公园、游乐园、其他专类公园
		带状公园	沿道路、河湖、海岸和城墙等,设有一定游憩设施或起装饰性作用的绿化用地
		街头公园	独立与道路用地之外的成片绿地
	生产绿地		为城市绿化提供苗木、花草、种子的苗圃、花圃、草圃等圃地
	防护绿地		城市中具有卫生、隔离和安全防护功能的绿地,包括卫生隔离带、道路防护绿地、城市高压走廊绿带、防风林、城市组团隔离带等
	公共广场		市民广场、纪念广场、集散广场等用地
	附属绿地		各类用地中的附属绿化用地,包括居住用地、公共设施用地、工业用地、仓储用地、对外交通用地、道路广场用地、市政设施用地和特殊用地中的绿地

续表

用地大类	用地中类	用地小类	所包含的用途(列举)
特殊用地	军事用地		直接用于军事目的的军事设施用地,如指挥机关、营区、训练场、试验场、军用机场、港口、码头、军用洞库、仓库、军用通信、侦察、导航、观测台站等用地
	外事用地		外国驻华使馆、领事馆及其生活设施等用地
	保安用地		监狱、拘留所、劳改场所和安全保卫部门等用
	其他特殊用地		

1. 居住用地

(1)“居住用地”主要指居住小区、居住街坊、居住组团和单位生活区等各种类型的成片或零星的用地。包括小区内的住宅用地、绿地、道路用地以及配套的公共服务设施用地等。

(2)根据居住用地内市政配套公共设施的齐全程度,小区布局的完整程度、周边环境的优美程度等将居住用地划分为一、二、三、四类。在此基础上添加“混合居住用地”,以应对近年来出现的用地兼容现象,如酒店式公寓、SOHO区等。

(3)“其他居住用地”主要是校外学生宿舍、企业宿舍、政府宿舍等,这部分用地过去是归在相应的大类用地下面。将部分承载城市居民居住功能的地类调整到居住用地大类中更加科学。

2. 公共设施用地

(1)“公共设施用地”中增加了“会议展览用地”。此类用地过去是分在“文化娱乐用地”下面的“图书展览用地”中。随着我们的市场经济转轨,我国的一些大城市也越来越国际化,各类会议中心、展览馆也日益增多,成为维持城市正常运转的重要部分,而不仅仅局限于文化娱乐功能。因此将此地类拆分出来单独成为一个中类。

(2)“商业金融业用地”下面增加“公共事业营业用地”和“商务办公用地”小类。

(3)计划经济下区分市属和非市属行政办公用地,但在市场经济下再做这样的区分没有意义,因此将“行政办公用地”划分为“行政办公用地”、“社会组织办公用地”和“其他行政设施用地”,区分政府下属的非政府组织的办公用地类型。

(4) 将原来“文化娱乐用地”中的“新闻出版用地”和“广播电视用地”合并为“传媒业用地”,原来的“图书展览用地”拆分出展览用地部分后更名为“文博设施用地”。

(5) 将原来的“教育科研设施用地”拆分成“教育设施用地”和“科研设施用地”。

(6) “其他公共设施用地”指除以上之外的公共设施用地,如宗教活动场所、社会福利院等用地也是应对未来出现新的公共设施用地类型的弹性手段。

3. 工业用地

(1) “工业用地”是指工矿企业的生产车间、库房及其附属设施等用地。

(2) 根据工业用地中的工业生产项目对居住和公共设施等环境的干扰和污染程度,将工业用地划分为一、二、三类。

(3) “其他工业用地”是指不符合以上三类工业用地特点、但又确实是工业用地的地类,另外还为未来可能出现的新型工业用地类型预留余地。

4. 物流仓储用地

将原来1990版国标中的“仓储用地”改为“物流仓储用地”,并在下面设“物流用地”中类。这是与我国城市的发展程度相适应的。随着我国城市经济的快速发展,第三产业迅速增加,近年来尤其是其中的物流业发展迅猛。为了适应社会经济发展的需要,设计“物流用地”类型是必要的,主要是指物流园区、物流公司、运输车队等。

5. 城市交通设施用地

(1) 将1990版国标中的“道路广场用地”更名为“城市交通设施用地”,主要指城市内部承载城市交通功能的用地类型。

(2) 由于很多城市的广场并未承载城市交通功能,因此将广场用地从这类拆分出去是科学的。

(3) 区分“一般公交设施用地”和“轨道公交设施用地”。

6. 市政公用设施用地

(1) “市政公用设施用地”是指市级、区级和居住区级的市政公用设施用地,包括其建筑物、构筑物及管理维修设施等用地。

(2) 其下增加“消防用地”中类。

7. 对外交通用地

“对外交通用地”是指铁路、公路、管道运输、港口和机场等城市对外交通运输及其附属设施等用地,与之前国标相同。

8. 公共绿地与开放空间

(1) 将原来的"绿地"大类更名为"公共绿地与开放空间",是指市级、区级和居住区级的公共绿地与开放空间等承载城市居民休憩娱乐的户外活动空间,包括绿地、水面以及娱乐性的广场等。

(2) "公共绿地与开放空间"大类下,主要在原有基础上添加了"公共广场"和"附属绿地"中类。

9. 特殊用地

"特殊用地"是指诸如军事、外事、保安等特殊性质的用地。

(三) 方案特点

基于用地功能的城市建设用地分类方案有如下特点:

(1) 按照土地利用功能分类,用地划分标准较明确。

(2) 延续上版国标的分类架构和体系,在其中做中小类的调整、拆分与合并,容易被接受,涉及统计规划的数据也比较完整。

(3) 每个大类型增加其他用地类型,为规划编制和管理工作留有弹性,也为将来可能出现的新地类预留余地。

(4) 考虑市场经济下,用地主体多元化、投资主体多元化的特点,在本套分类方案中考虑了增加了一些混合用地的类型,从而能够更好地促进城市建设用地节约集约利用。

四、城市建设用地分类复区设置

(一) 设计思路

为了有效加强对城市建设用地的空间管理、提高城市建设用地的集约利用水平,在按照功能进行的城市建设用地类别划分的基础上,从管理和评价工作的角度出发,分别进行城市功能区划定、按照供给方式的城市土地分类设置和按照城市土地建设情况的城市土地分类设置。这三种分区和分类可以统一视做城市建设用地的复区,与城市建设用地的功能分类体系共同使用,从而达到有效推进城市建设用地评价和管理工作的目的。

(二) 复区设置内容

1. 基于城市土地集约利用评价的城市功能区设置

为了加强对城市土地集约利用程度的管理,开展城市土地集约利用评价,在城市建设用地分类的基础上,根据城市土地利用的主导功能进行城市功能复区的设置,分别划定居住功能区、工业功能区、商业功能区和教育功能区,分区内容见表1-3。各功能区内部地类设置见表1-4。

表1-3 基于城市土地节约利用评价的城市功能区设置

代码	功能区名称	说明
RZ(Residential Zone)	居住功能区	城市内部以居住功能为主的用地集中连片区域,一般以住宅小区为基本参照物
IZ(Industrial Zone)	工业功能区	以工业生产及其相应配套服务功能为主的用地集中连片区域
CZ(Commercial Zone)	商业功能区	以商业、服务业及其相应配套服务功能为主的用地集中连片区域
EZ(Educational Zone)	教育功能区	以教育、培训及其相应配套服务功能为主的用地集中连片区域,一般以一个教育、培训单元为基本参照物

表1-4 各功能区内部地类设置

代码	名称	说明
RZ1	居住用地	包括各种类型的住宅以及为住宅内居民提供基本服务的市政设施、公共服务设施用地
RZ2	绿地	包括公共绿地和广场
RZ3	不确定居住用地	根据评价原则,难以划入和不宜划入的用地
IZ1	产业用地	包括各种类型的产业用地以及为生产服务的市政设施用地
IZ2	生活服务用地	包括工业功能区内部的居住、商业等类型用地
IZ3	绿地	包括公共绿地和广场
IZ4	不确定工业用地	根据评价原则,难以划入和不宜划入的用地
CZ1	商业用地	包括各种类型的商业、服务业以及相配套的市政设施、公共服务设施用地
CZ2	绿地	包括公共绿地和广场
CZ3	不确定商业用地	根据评价原则,难以划入和不宜划入的用地
EZ1	教育用地	包括各种类型的教育、培训用地以及为教育培训职能提供基本服务的市政设施、公共服务设施用地
EZ2	绿地	包括公共绿地和广场
EZ3	不确定教育用地	根据评价原则,难以划入和不宜划入的用地

2. 基于城市土地供给方式的复区设置

为全面掌握城市土地供应的市场化程度,在城市建设用地分类的基础上,根据城市土地的供应类型进行土地供给方式的复区设置,分别划定协议出让、招标、拍卖、挂牌出让和划拨出让几种复区类型,内容见表1-5。

表 1-5　基于城市土地供给方式的复区设置

代　码	土地供给方式	说　明
MA(Market Agreement)	协议出让	通过协议方式供应的各种用地
MU(Market Auction)	招标、拍卖、挂牌出让	通过招标、拍卖、挂牌出让方式供应的各种用地
NM(Non-Market)	划拨出让	通过划拨方式供应的各种用地

3. 基于城市土地建设情况的复区设置

为全面掌握城市土地供应的建设使用情况，在城市建设用地分类的基础上，根据城市土地的供应、建设程度进行土地建设情况的复区设置，分别划定已建成，已供地、未建成、在建，已供地、未建成、停工，已供地、未建设，已征地、未供地等复区类型，内容见表 1-6。

表 1-6　基于城市土地建设情况的复区设置

代　码	土地供应类型	说　明
EB(Existed Building)	已建成	已经建设完成投入使用的各种用地
UB(Unfinished Building)	已供地，未建成，在建	已经供应土地并在规定建设期限内开始建设(包括刚刚供地未开始建设，但已经确定合法建设日期的情况)，建设完成日期合理、可预见的各种用地
BB(Break Building)	已供地，未建成，停工	已经供应土地并在规定建设期限内开始建设，但目前并未投入使用，建筑处于未建成或者已经基本建成的各种用地
VL(Vacant Land)	已供地，未建设	已经供应土地一年以上，并未开始建设，供应土地处于闲置状态的用地
SL(Sale Land)	已征地，未供地	已经征用、尚未供应的土地
E(Else)	其他	包括以上各类以外的用地类型

五、小结

我国目前基于不同的目的存在着不同的用地分类体系，都是为了适应当时的形式需要而颁布的，但是随着社会经济的发展，有的分类已经明显不能有效地指导实际工作，因此，新形势下的新分类体系研究具有非常重要的实践意义。通过研究国内外用地分类情况，结合本研究用于城市土地节约集约评价的目的，以及中国现阶段规划和管理的特点，最终形成了三套相辅相成的分类体系。

城乡用地分类体系主要是基于规划区，弥补了《城乡规划法》实施后，1990版《城市用地分类与规划建设用地标准》不能覆盖全域的缺点；基于用地功能的城市建设用地分类体系主要是沿袭了目前使用的城市用地分类体系的基本框架，只对部分类别进行调整，能够与现有的统计数据大体衔接，而且增加的“其他用地”类型还为规划的编制留有弹性；城市建设用地分类的复区设置则是从管理和评价工作的角度出发，在城市建设用地分类的基础上，分别进行城市功能区划定、按照供给方式的城市土地分类设置和按照城市土地建设情况的城市土地分类设置。两套体系结合使用，开展城市土地节约利用评价，最终达到构建“节约型”城市土地利用模式的目的。

第二章　土地利用格局关联因子分析

城市功能结构与土地利用格局问题一直以来是城市规划、城市经济和土地利用研究的重要内容之一。城市功能是指由城市各种结构性因素决定的城市的机能或能力，是城市在一定区域范围内政治、经济、文化、社会活动中所具有的能力和所起的作用。城市功能结构离不开土地的依托，同时也是城市土地利用的具体体现。

通过不同职能、不同地域、不同形态、不同规模的城市与土地利用格局的关联分析，深入挖掘影响城市用地规模的各种城市要素之间的内在关联性，研究城市用地规模与各种功能之间的联系。

第一节　地域对城市建设用地的影响

通过对中规院、各地报建设部现有规划成果的整理，选择了 117 个城市数据作为本研究的样本，基本涵盖全国各省区的不同规模、不同性质、不同形态的城市。考虑到已有数据的性质，本研究仍沿用 1990 年国标中的建设用地分类标准，暂不使用新用地分类。按照东部、中部、西部以及东北四个地域，对 117 个城市进行分组。其中，东部指北京、天津、河北、山东、江苏、上海、浙江、福建、广东以及海南十省（市、自治区），中部指山西、河南、安徽、湖北、湖南以及江西六省（市、自治区），西部指重庆、四川、云南、贵州、广西、陕西、宁夏、甘肃、青海、西藏、新疆以及内蒙古除了东四盟以外的地区，东北指黑龙江、吉林、辽宁以及内蒙古的东四盟地区。样本城市及分布见图 2-1。

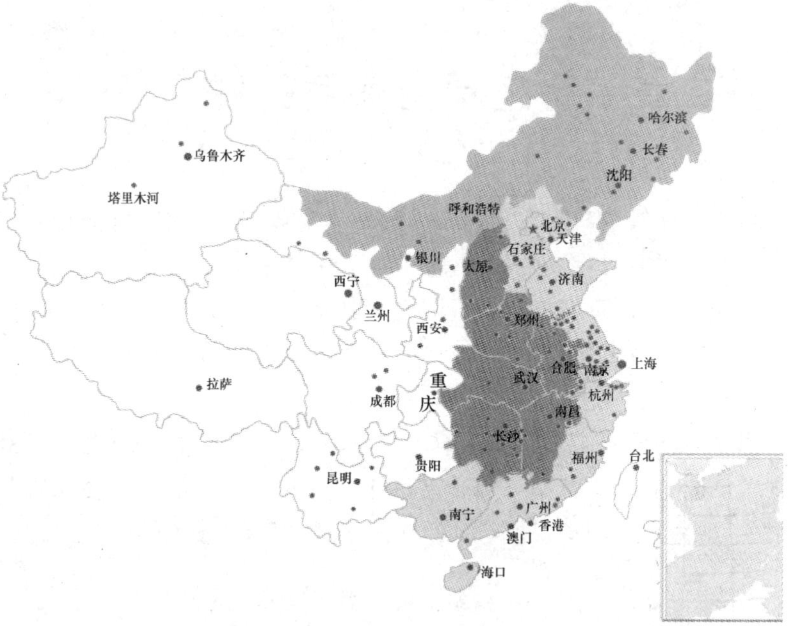

图 2-1　样本城市及分布

一、人均城市建设用地分析

(一) 各组数据间的比较

对各组城市人均城市建设用地进行统计,可得到如下结果(表 2-1)。

表 2-1　人均城市建设用地分析

	东部	中部	西部	东北
平均值/m^2	104.04	94.56	110.67	124.86
最大值/m^2	148.97	121.85	183.07	226.02
最小值/m^2	49.47	55.12	63.97	85.50
标准差	21.10	14.60	33.31	43.89
中位数/m^2	102.24	99.06	99.89	110.88

就人均城市建设用地水平而言,东北地区城市的人均城市建设用地水平最高,达到 124.86 m^2/人,其次是西部城市、东部城市,而中部城市的人均城市建设用地水平最低,只有 94.56 m^2/人,两者相差 30.3 m^2/人。对比平均值与标准差之间的关系,可以发现东北地区、西部地区人均城市建设用地各城市间的差异较大,而东部城市、中部城市人均城市建设用地各城市间的差异较小。

研究各组的中位数与最大值、最小值之间的关系可以发现，除了东北地区中位数较高以外，其他三个地区的中位数基本上均在 100 m^2/人左右，意味着 100 m^2/人以下的城市数目占城市总数目的比重基本上均在 50%左右。从各组数据中位数与最大值、最小值之间的差异可知，各组城市之间的差异主要体现在高于 100 m^2/人的城市中。高于 100 m^2/人的城市，东北地区城市间的差异最大，而中部地区最小，说明东北地区城市受地域以外的因素影响较大，而中部地区的城市受地域以外因素影响较小。

综合而言，东北地区人均城市建设用地较高，城市受地域以外的因素影响较大；西部地区城市的人均城市建设用地和东部、中部相仿，但是城市间的差异性大，部分城市较高的人均城市建设用地拉高了西部地区人均城市建设用地的平均值；中、东部城市之间的差异性较小。

（二）人均城市建设用地与经济发展水平之间的关系研究

将每组城市按人均 GDP 的不同划分为 4 组，代表不同的经济发展水平，分析人均城市建设用地与经济发展水平之间的关系。统计各组城市人均城市建设用地，可得到表 2-2 所示结果。

表 2-2　人均城市建设用地与经济发展水平之间的关系

城市类别 ＼ 人均 GDP/(万元·人$^{-1}$)		<1	1～2	2～3	>3
东部城市	平均值/m^2	91.96	107.14	111.71	95.33
	最大值/m^2	105.64	145.22	144.65	144.14
	最小值/m^2	63.24	89.57	98.10	49.47
	标准差	15.87	16.94	12.58	28.08
	中位数/m^2	97.70	99.76	108.49	88.04
中部城市	平均值/m^2	89.96	96.67	97.55	102.51
	最大值/m^2	120.07	121.85	101.24	106.85
	最小值/m^2	55.12	82.03	93.87	99.79
	标准差	19.06	10.44	5.21	3.81
	中位数/m^2	94.83	96.79	97.55	100.87
西部城市	平均值/m^2	114.55	107.86	115.47	
	最大值/m^2	183.07	159.77	181.97	
	最小值/m^2	79.26	63.97	86.80	
	标准差	38.06	28.39	35.61	
	中位数/m^2	97.75	102.40	100.09	

续表

城市类别 \ 人均 GDP/(万元·人$^{-1}$)		<1	1～2	2～3	>3
东北地区城市	平均值/m^2		99.35		
	最大值/m^2		115.34		
	最小值/m^2		85.50		
	标准差		11.23		
	中位数/m^2		97.25		
合计	平均值/m^2	99.08	102.60	116.46	103.32
	最大值/m^2	183.07	159.77	226.02	209.59
	最小值/m^2	55.12	63.97	86.80	49.47
	标准差	26.82	17.34	31.93	36.65
	中位数/m^2	97.67	99.06	106.45	99.79

从表中可以发现，东部城市人均 GDP 在 2～3 万元时，人均建设用地平均值最高，而标准差最低。中部城市随着人均生产总值的提高，人均建设用地不断提高，但是标准差则不断降低。上述数据表明，在东部以及中部地区，随着人均生产总值的提高，人均城市建设用地不断提高，同时人均生产总值因素对于城市人均建设用地的影响也越来越大，当人均生产总值高于 3 万元/人以后，人均城市建设用地的变化呈现多元性。

西部城市人均建设用地与人均生产总值之间的关系不明显，可以认为西部城市人均建设用地之间的差异更多受其他因素的影响。东北地区由于缺少必要的数据支持，无法进行分析。

(三) 人均城市建设用地与城镇化发展水平之间的关系研究

将各组城市按城镇化水平不同划分为 4 组，研究人均城市建设用地与城镇化发展水平之间的关系。统计各组城市人均城市建设用地，可得到表 2-3 所示结果。

表 2-3 人均城市建设用地与城镇化发展水平之间的关系

城市类别 \ 城镇化水平		<30%	30%～50%	50%～70%	>70%
东部城市	平均值/m^2	122.25	105.72	98.14	71.27
	最大值/m^2	145.22	148.97	118.90	88.41
	最小值/m^2	95.63	76.24	78.94	49.47
	标准差	19.41	19.32	13.77	19.88
	中位数/m^2	123.23	102.22	97.29	75.92

续表

城镇化水平 / 城市类别		<30%	30%～50%	50%～70%	>70%
中部城市	平均值/m^2	90.52	99.40		
	最大值/m^2	120.07	121.85		
	最小值/m^2	55.12	82.03		
	标准差	18.99	10.10		
	中位数/m^2	93.29	99.63		
西部城市	平均值/m^2	116.75	101.24	142.84	
	最大值/m^2	183.07	160.21	181.97	
	最小值/m^2	79.26	63.97	86.80	
	标准差	40.18	27.28	49.79	
	中位数/m^2	104.57	100.09	159.77	
东北地区城市	平均值/m^2		115.47	94.75	
	最大值/m^2		122.31	110.88	
	最小值/m^2		108.77	85.50	
	标准差		6.77	14.02	
	中位数/m^2		115.34	87.87	
合计	平均值/m^2	102.11	103.83	107.67	100.23
	最大值/m^2	183.07	160.21	181.97	148.39
	最小值/m^2	55.12	63.97	78.94	49.47
	标准差	27.48	19.46	30.74	33.93
	中位数/m^2	99.31	100.56	97.29	99.79

从表中可以发现，东部、中部和东北地区的城市，呈现出随着城镇化水平的提高，人均城市建设用地降低的特征；但西部城市城镇化水平与人均城市建设用地之间的关系并不显著。

(四) 人均城市建设用地与产业结构之间的关系研究

统计不同产业比例下各组城市人均城市建设用地，可得到下列结果：

表 2-4　人均城市建设用地与第一产业结构之间的关系

第一产业比重 / 城市类别	<1%	1%～5%	5%～10%	10%～20%	20%～30%	>30%
东部城市/m^2	73.79	105.41	103.21	111.12	95.50	95.89
中部城市/m^2	99.79	96.42	89.48	97.48	90.57	97.71
西部城市/m^2	117.60	89.21	106.69	98.55	142.98	152.52
东北地区城市/m^2		136.47	97.14	106.29	135.85	125.21
合计/m^2	96.51	107.20	100.90	103.97	102.92	110.51

总体而言，随着第一产业比重增大，人均城市建设用地在增大。但是分组而言，东部、中部以及东北地区的城市这一特征并不明显，只有西部城市大致呈现该特征。说明产业结构对于西部地区人均城市建设用地的影响较为显著。

表 2-5　人均城市建设用地与第二产业结构之间的关系

城市类别＼第二产业比重	＜20％	20％～30％	30％～40％	40％～50％	50％～60％	＞60％
东部城市/m^2		97.29	96.55	90.19	103.45	120.70
中部城市/m^2		82.88	98.01	94.75	94.18	98.11
西部城市/m^2	183.07	153.14	108.68	97.36	94.21	88.40
东北地区城市/m^2	135.85		146.37	115.34	101.24	142.23
合计/m^2	159.46	115.71	106.53	94.51	99.70	110.59

总体而言，随着第二产业比重的增大，人均城市建设用地呈现出先减少、再增大的趋势。各组数据都表明，在第二产业比重 40％～60％之间时，人均城市建设用地均最少；第二产业比重过小或者过大，人均建设用地都将增大。

表 2-6　人均城市建设用地与第三产业结构之间的关系

城市类别＼第三产业比重	＜20％	20％～30％	30％～40％	40％～50％	50％～60％	＞60％
东部城市/m^2		112.53	105.33	93.82	77.83	105.96
中部城市/m^2		94.21	98.35	92.69	87.64	
西部城市/m^2	106.22	99.69	99.89	110.38	112.13	140.43
东北地区城市/m^2	122.31	153.42	104.93	109.82	111.86	226.02
合计/m^2	109.44	109.04	102.61	98.35	98.15	137.88

数据表明，除东北地区以外，各组城市随着第三产业比重的增大，人均城市建设用地呈现出先减少、再增大的特征，在 40％～60％之间达到最小值；而当第三产业比重大于 60％时，人均城市建设用地一般较大。

二、单项城市建设用地分析

（一）人均单项城市建设用地分析

统计各组城市人均单项城市建设用地数量，得到下表结果：

表 2-7 人均单项城市建设用地分析

		R	C	M	W	T	S	U	G	D
东部	平均值/m^2	39.97	12.85	25.11	2.32	3.56	11.76	1.89	5.22	1.36
	最大值/m^2	71.74	27.46	69.39	12.38	16.23	21.41	4.24	27.72	8.41
	最小值/m^2	17.55	4.75	7.69	0.40	0.06	4.05	0.13	0.02	0.00
	标准差	12.43	4.62	12.20	2.08	3.42	4.16	0.98	4.70	1.97
中部	平均值/m^2	36.47	13.61	18.99	2.59	3.65	10.32	2.34	5.15	1.45
	最大值/m^2	60.76	25.27	36.71	8.68	9.53	25.11	5.25	12.33	6.76
	最小值/m^2	5.20	6.07	3.88	0.39	0.12	3.44	0.71	0.19	0.00
	标准差	11.48	4.42	7.35	1.69	2.89	4.57	1.08	3.23	1.90
西部	平均值/m^2	44.42	17.37	16.43	2.59	5.75	12.01	3.48	5.58	3.04
	最大值/m^2	138.67	43.82	34.64	7.69	43.37	25.73	9.44	15.97	15.75
	最小值/m^2	15.64	6.10	3.89	0.70	0.00	3.32	0.91	0.00	0.26
	标准差	24.65	9.03	9.07	1.79	8.53	5.59	2.30	3.78	3.29
东北地区	平均值/m^2	51.44	13.00	25.77	6.00	4.10	12.98	3.07	6.90	1.60
	最大值/m^2	96.96	26.97	81.83	13.89	10.01	35.78	7.45	21.88	5.43
	最小值/m^2	33.29	5.38	4.26	2.32	0.48	5.77	0.94	2.68	0.00
	标准差	16.62	6.32	18.03	3.61	3.34	7.94	1.83	4.93	1.54

就人均居住用地(R)而言,东北地区的人均居住用地最多,达到 51.44 m^2/人,比最低的中部地区高出 14.97 m^2/人,体现了日照对于居住用地的影响。就人均公共设施用地(C)而言,西部的人均公共设施用地最高,达到 17.37 m^2/人,而东部、中部以及东北地区的人均公共设施用地均差不多,在 13 m^2/人左右。就人均市政公用设施用地(U)而言,西部最高,为 3.48 m^2/人;东部最低,为 1.89 m^2/人。就人均工业用地(M)而言:东北地区以及东部的人均工业用地均大于 25 m^2/人,东北地区是中国传统的老工业基地,而东部地区的经济发展水平较高,因此人均工业用地均较高,但是东北地区工业用地的标准差远大于东部地区,体现了在东北地区各城市之间工业发展水平的不平衡;中部、西部地区的人均工业用地在 16～19 m^2/人之间。就仓储用地(W)而言,东部、中部以及西部的人均仓储用地均在 2～3 m^2/人之间;而东北地区的人均仓储用地较高,达到 6 m^2/人。同时东北地区人均仓储用地的标准差也较大,同工业用地一样,体现了东北地区是老工业基地,但是工业发展水平不平衡的特点。

就人均绿地(G)而言,东北最高,为 6.9 m^2/人,而东部、中部以及西部的人均绿地均在 5～6 m^2/人之间。就人均特殊用地而言,西部最高,为 3.04 m^2/人;东部、中部以及东北地区相差不大,均在 1～2 m^2/人之间。就人均对外交通用地(T)而言,西部最高,为 5.75 m^2/人;东北次之,为

4.1 m^2/人；东部与中部均差不多，分别为 3.56 m^2/人与 3.65 m^2/人。就人均道路交通用地(S)而言，4 个地域的差异性较小，最小的中部地区为 10.32 m^2/人，最大的东北地区为 12.98 m^2/人。

因此，人均建设用地的差异主要是在居住、公共设施、工业、仓储几个方面：工业、仓储的区别体现了城市职能的差别，公共设施的差别体现了文化习俗的差别，而居住用地的差别体现了日照系数对于居住用地的影响。

(二) 城市建设用地结构分析

统计各组城市各单项建设用地，如表 2-8 所示：

表 2-8 城市建设用地结构

		R	C	M	W	T	S	U	G	D
东部	平均值/(%)	38.73	12.41	23.70	2.24	3.49	11.30	1.82	4.98	1.34
	最大值/(%)	57.50	23.05	48.14	8.56	15.35	22.01	3.79	20.20	9.81
	最小值/(%)	17.14	5.17	8.05	0.29	0.05	3.83	0.18	0.02	0.00
	标准差	10.09	3.77	8.84	1.73	3.27	3.17	0.88	3.89	1.91
中部	平均值/(%)	38.17	14.62	20.33	2.71	3.98	10.78	2.52	5.37	1.52
	最大值/(%)	67.26	26.10	36.84	9.11	14.75	25.35	5.80	12.38	6.72
	最小值/(%)	8.97	7.00	3.91	0.32	0.12	5.43	0.82	0.21	0.00
	标准差	10.39	4.87	7.48	1.66	3.39	3.99	1.20	3.34	1.96
西部	平均值/(%)	39.48	15.61	15.53	2.33	5.14	10.77	3.14	5.34	2.65
	最大值/(%)	75.75	31.72	30.75	6.31	29.23	18.27	9.47	14.44	11.79
	最小值/(%)	16.62	5.17	2.62	0.67	0.00	3.64	0.74	0.00	0.27
	标准差	12.70	6.21	8.15	1.40	6.05	3.85	1.86	3.65	2.71
东北地区	平均值/(%)	42.45	10.15	20.53	4.69	3.23	9.86	2.39	5.34	1.36
	最大值/(%)	60.36	16.30	39.04	9.06	9.21	15.83	4.50	10.44	4.99
	最小值/(%)	24.00	5.77	3.14	2.28	0.40	5.30	0.97	2.42	0.00
	标准差	10.02	3.17	9.34	2.17	2.49	2.92	0.98	2.51	1.35

就居住用地(R)的比重而言，东北地区由于日照间距的原因，需要的居住用地较多，所占的比重较大，为 42.45%；东部、中部以及西部均在 40%以下。就公共设施(C)的比重而言，最高的为西部地区，15.61%，最低的为东北地区，仅为 10.15%，各地区之间的差距较大。就工业用地(M)而言，最高的为东部地区，为 23.7%，其次为东北地区和中部地区，分别为 20.53%和 20.33%，西部最低，为 15.53%。就仓储用地(W)而言，最高的为东北地区，为 4.69%，而东部、中部以及西部均在 2%～3%之间。就对外交通用地(T)而言，最高的为西部地区，为 5.14%，而东部、中部以及东北地区均在 3%～4%之间。就道路交通用地(S)而言，各地区之间相差不是很大，最大的为东

部地区 11.30%，最小的为东北地区9.86%。就市政公用设施用地(U)而言，最高的为西部地区 3.14%，最低的为东部地区 1.82%。就绿地(G)而言，各地区之间相差不是很大，最大的为中部地区 5.37%，最小的为东部地区 4.98%。就特殊用地(D)而言，最高的为西部地区，为 2.65%，而东部、中部以及东北地区均在 1%～2%之间。

三、不同区域用地特征总结

(一) 总体用地特征

东北地区平均人均城市建设用地较高，主要体现在居住用地以及工业用地、仓储用地的人均值较大；居住用地与仓储用地的比重均较大，但工业用地的比重并不突出。

东部地区经济发达，用地有以下两个特点：一是人均工业用地较高，工业用地的比重最高；二是道路交通用地的占地比重较大。

西部地区城市用地差异较大，人均居住用地、人均公共设施用地、人均对外交通用地、人均市政公用设施用地以及人均特殊用地的标准差在四个地区中均是最大的，这五类用地的人均平均值并不能体现西部地区的一般状况，很有可能是某一城市的高值将西部地区的整体平均值拉高很多。

中部地区的特点不是很突出，总体介于东部地区与西部地区之间。

(二) 单项城市用地特征

居住用地主要与日照、城市经济发展水平有关。具体表现为：东北地区与其他地区差异性较大；西部地区的居住用地也较大。

公共设施的人均值各地区之间相差不大，在 13 m^2/人左右。西部地区虽然值较高但是标准差也很大。但由于人均城市建设用地各地区之间的差异性，因此导致比重各地区之间的不均衡。

工业用地以及仓储用地的差异体现了城市职能的差异与经济发展水平的差异。

市政公用设施各地区之间的差异性较大，体现为西部较高，而东部较低。

特殊用地西部地区较高，而东部、中部以及东北地区相差不大，人均值在 1～2 m^2/人之间，比重在 1%～2%之间。

对外交通用地、道路交通用地、绿地的人均值各地区差异不明显；同时，由于这些用地数值较小，在各地区之间的比重也相差不大。对外交通用地人均值在 3.5～4.1 m^2/人之间，比重在 3%～4%之间；道路交通用地人均值在 10～13 m^2/人之间，比重在 9.8%～11.3%之间；绿地人均值在 5～7 m^2/人之间，比重在 4.9%～5.4%之间。

第二节 城市职能对于城市建设用地的影响分析

城市职能与城市用地之间关系的分析分为两步进行：第一步通过主因子分析的方法确定地级以上城市的城市职能得分，第二步分析城市职能与用地之间的关系。样本来自 117 个城市中的 64 个地级以上城市。

一、城市职能分析

（一）因子选取

在《中国城市统计年鉴(2007 年)》上选取 65 个因子，如表 2-9 所示。

表 2-9 因子选取表

分类	序号	因　子	与统计年鉴相关数据的对应关系
经济因子	1	人均地区生产总值/元	人均地区生产总值
	2	地区生产总值增长率/(%)	地区生产总值增长率
	3	第一产业占 GDP 的比重/(%)	第一产业占 GDP 的比重
	4	第二产业占 GDP 的比重/(%)	第二产业占 GDP 的比重
	5	第三产业占 GDP 的比重/(%)	第三产业占 GDP 的比重
	6	人均工业总产值(当年价)/(元·人$^{-1}$)	工业总产值(当年价)/年末总人口
	7	内资企业数比重/(%)	内资企业数/工业企业数
	8	港、澳、台商投资企业数比重/(%)	港、澳、台商投资企业数/工业企业数
	9	外商投资企业数比重/(%)	外商投资企业数/工业企业数
	10	内资企业总产值(当年价)比重/(%)	内资企业总产值(当年价)/工业总产值(当年价)
	11	港、澳、台商投资企业总产值(当年价)比重/(%)	港、澳、台商投资企业总产值(当年价)/工业总产值(当年价)
	12	外商投资企业总产值(当年价)比重/(%)	外商投资企业总产值(当年价)/工业总产值(当年价)
	13	当年合同外资金额/万美元	当年合同外资金额
	14	当年实际使用外资金额/万美元	当年实际使用外资金额
	15	社会消费品零售总额/万元	社会消费品零售总额
	16	限额以上批发零售贸易业商品销售总额/万元	限额以上批发零售贸易业商品销售总额

续表

分类	序号	因　子	与统计年鉴相关数据的对应关系
经济因子	17	限额以上批发零售贸易企业数(法人数)/个	限额以上批发零售贸易企业数(法人数)
	18	全社会固定资产投资总额/万元	全社会固定资产投资总额
	19	房地产开发投资完成额/万元	房地产开发投资完成额
社会因子	20	年末总人口/万人	年末总人口
	21	人口自然增长率/(%)	人口自然增长率
	22	非农化率/(%)	非农业人口/年末总人口
从业因子	23	第一产业从业人员比重/(%)	第一产业单位从业人员数/单位从业人员总数
	24	第二产业从业人员比重/(%)	第二产业单位从业人员数/单位从业人员总数
	25	第三产业从业人员比重/(%)	第三产业单位从业人员数/单位从业人员总数
	26	农、林、牧、渔业从业人员比重/(%)	农、林、牧、渔业从业人员数/单位从业人员总数
	27	采矿业从业人员比重/(%)	采矿业从业人员数/单位从业人员总数
	28	制造业从业人员比重/(%)	制造业从业人员数/单位从业人员总数
	29	电力、燃气及水的生产和供应业从业人员比重/(%)	电力、燃气及水的生产和供应业从业人员数/单位从业人员总数
	30	建筑业从业人员比重/(%)	建筑业从业人员数/单位从业人员总数
	31	交通运输、仓储及邮政业从业人员比重/(%)	交通运输、仓储及邮政业从业人员数/单位从业人员总数
	32	信息传输、计算机服务和软件业从业人员比重/(%)	信息传输、计算机服务和软件业从业人员数/单位从业人员总数
	33	批发和零售业从业人员比重/(%)	批发和零售业从业人员数/单位从业人员总数
	34	住宿、餐饮业从业人员比重/(%)	住宿、餐饮业从业人员数/单位从业人员总数
	35	金融业从业人员比重/(%)	金融业从业人员数/单位从业人员总数
	36	房地产业从业人员比重/(%)	房地产业从业人员数/单位从业人员总数

续表

分类	序号	因　子	与统计年鉴相关数据的对应关系
从业因子	37	租赁和商务服务业从业人员比重/(%)	租赁和商务服务业从业人员数/单位从业人员总数
	38	科学研究、技术服务和地质勘查业从业人员比重/(%)	科学研究、技术服务和地质勘查业从业人员数/单位从业人员总数
	39	水利、环境和公共设施管理业从业人员比重/(%)	水利、环境和公共设施管理业从业人员数/单位从业人员总数
	40	居民服务和其他服务业从业人员比重/(%)	居民服务和其他服务业从业人员数/单位从业人员总数
	41	教育从业人员比重/(%)	教育从业人员数/单位从业人员总数
	42	卫生、社会保障和社会福利业从业人员比重/(%)	卫生、社会保障和社会福利业从业人员数/单位从业人员总数
	43	文化、体育和娱乐业从业人员比重/(%)	文化、体育和娱乐业从业人员数/单位从业人员总数
	44	公共管理和社会组织从业人员比重/(%)	公共管理和社会组织从业人员数/单位从业人员总数
	45	城镇私营和个体从业人员占总从业人员的比重/(%)	城镇私营和个体从业人员数/(单位从业人员数+城镇私营和个体从业人员数+城镇登记失业人员数)
交通因子	46	货运总量/10^4 t	货运总量
	47	客运总量/万人	客运总量
	48	公路客运量/万人	公路客运量
	49	公路货运量/10^4 t	公路货运量
	50	铁路客运量/万人	铁路客运量
	51	铁路货物运量/10^4 t	铁路货物运量
	52	水运客运量/万人	水运客运量
	53	水运货运量/10^4 t	水运货运量
	54	民用航空客运量/人	民用航空客运量
	55	民用航空货邮运量/t	民用航空货邮运量
文化因子	56	每百人公共图书馆藏书/册、件	每百人公共图书馆藏书
	57	剧场、影剧院数/个	剧场、影剧院数
	58	剧场、影剧院密度/(个/ha)	剧场、影剧院数/城市建设用地面积
	59	普通高等学校数/个	普通高等学校数
	60	普通高等学校专任教师数/人	普通高等学校教师数
	61	普通高等学校学生数/人	普通高等学校学生数

续表

分类	序号	因　子	与统计年鉴相关数据的对应关系
环境因子	62	人均公园绿地面积/($m^2 \cdot$ 人$^{-1}$)	公园绿地面积/年末总人口
	63	人均绿地面积/($m^2 \cdot$ 人$^{-1}$)	人均绿地面积
	64	建成区绿化覆盖率/(%)	建成区绿化覆盖率
	65	绿化率/(%)	绿地面积/城市建设用地面积

为了不同指标的离散程度等的可比较性，在进行有关比较时，对于上述指标进行量纲归一化处理，引入区位商作为衡量标准，即

$$a_{ij} = \frac{r_{ij}}{\frac{1}{j} \times \left(\sum_{j} r_{ij} \right)}$$

其中：a—区位商；r—指标；i—指标编号；j—城市编号。

（二）主因子分析

将全国地级以上城市的上述 65 个因子进行主因子分析，归纳出来的 14 个主因子如表 2-10 所示，累计方差贡献率达到 75.653%。

表 2-10　主因子归纳

	正相关	负相关	含义	特征值	方差贡献率
1	公路货运量；水运货运量；普通高等学校学生数；货运总量；铁路客运量；剧场、影剧院数；普通高等学校教师数；普通高等学校数；民用航空货邮运量；民用航空客运量；年末总人口；当年合同外资金额；当年实际使用外资金额；全社会固定资产投资总额；限额以上批发零售贸易企业数(法人数)；社会消费品零售总额；房地产开发投资完成额；限额以上批发零售贸易业商品销售总额		地区中心城市	14.086	21.671
2	建筑业就业人口比重；房地产业就业人口比重		发展迅速的城市	1.843	2.835
3	农、林、牧、渔业就业人口比重；第一产业就业人口比重		第一产业为主的城市	2.265	3.484

续表

	正相关	负相关	含义	特征值	方差贡献率
4	第二产业占 GDP 的比重；人均地区生产总值；第二产业就业人口比重；非农化率	教育就业人口比重；第一产业占 GDP 的比重；公共管理和社会组织就业人口比重；第三产业就业人口比重；卫生、社会保障和社会福利业就业人口比重	第二产业为主的城市	6.433	9.896
5	科学研究、技术服务和地质勘查业就业人口比重；第三产业就业人口比重；文化、体育和娱乐业就业人口比重；金融业就业人口比重；信息传输、计算机服务和软件业就业人口比重；第三产业占 GDP 的比重	第二产业就业人口比重	生产性服务业发达的城市	4.149	6.383
6	批发和零售业就业人口比重		生活性服务业发达的城市	1.682	2.588
7	港、澳、台商投资企业数比重；港、澳、台商投资企业总产值(当年价)比重	内资企业数比重；内资企业总产值(当年价)比重	港、澳、台商投资推动型城市	3.731	5.74
8	外商投资企业总产值(当年价)比重；外商投资企业数比重	内资企业总产值(当年价)比重	外资推动型城市	2.547	3.918
9	货运总量；公路货运量；客运总量；公路客运量		陆路交通枢纽城市	3.069	4.721
10	水运货运量；水运客运量		水路交通枢纽城市	1.81	2.784
11	人均公园绿地面积；绿化率；人均绿地面积		环境友好型的城市	2.666	4.101
12	剧场、影剧院密度		文化产业发达的城市	1.71	2.631
13	采矿业就业人口比重	制造业就业人口比重	矿业城市	1.623	2.497
14	建成区绿化覆盖率；住宿、餐饮业就业人口比重		旅游城市	1.563	2.404

(三) 城市职能得分与建设用地关系分析

对每个城市的各项职能特征因子得分进行计算，利用 SPSS 的快速聚类功能，将得分分为5组，根据每组城市建设用地平均值和标准差，分析城市职能对城市建设用地影响程度。

以地区中心城市为例，利用SPSS的快速聚类功能，将64个案例城市根据地区中心城市特征因子得分分为5类，统计人均城市建设用地的平均值和标准差，如表2-11所示。地区中心城市特征因子得分从－0.5566至10.5726。

表2-11　地区中心城市特征与人均城市建设用地相关关系

序号	案例城市	特征因子得分	平均值/m^2	标准差
1	秦皇岛、黄山、牡丹江、漳州、滁州、上饶、乌兰察布、铁岭、丽江、邵阳、德州、普洱、清远、宜昌、汕尾、湛江、辽阳、西宁、邯郸、衡阳、焦作、濮阳、汉中、鹤岗、淮北、柳州、萍乡、延安、张掖、株洲、蚌埠、阜阳、松原、海口、湘潭、白山、德阳、泰州、巴彦淖尔、咸阳、榆林、永州、通辽、绵阳、大同、信阳、盐城、宿迁、扬州、宣城、徐州、吉林、芜湖	－0.5566～0.1030	98.40	15.29
2	无锡、南昌、常州、太原、宁波、西安	0.5158～1.3835	96.96	14.00
3	重庆、杭州、天津	1.9052～3.4974	77.11	12.32
4	北京	8.9241	75.92	
5	上海	10.5726	49.47	

可以发现，随着城市中心性的增强，人均城市建设用地呈现下降的趋势，从一般地级城市的98.40 m^2/人下降到直辖市的80 m^2/人以下；而每组的标准差也呈现下降的趋势，反映了组内城市的人均城市建设用地趋同的特征。

二、城市职能与城市建设用地关系分析

（一）统计结果

运用同样的方法，分析其余各城市职能因子与城市建设用地关系，得出以下结论：

随着城市中心性的增强，人均居住用地呈现下降的趋势，从一般地级

城市的 37.00 m^2/人下降到直辖市的 25 m^2/人以下；而每组的标准差也呈现下降的趋势，反映了组内城市的人均居住用地趋同的特征。

旅游城市特征因子得分与人均公共设施用地相关性并不明显，但典型旅游城市的人均公共设施用地较高。一般城市的人均公共设施用地平均值在 12～15 m^2/人之间，而典型旅游城市的人均公共设施用地会超过 20 m^2/人。

随着以第二产业为主的城市特征因子得分的增加，人均工业用地以及工业用地比重均逐步增大，人均工业用地从 10.33 m^2/人增长到 23.54 m^2/人，工业用地比重从 10.90％增长到 23.46％。

随着生活性服务业发达的城市特征因子得分的增加，人均工业用地以及工业用地比重均逐步减少，人均工业用地从 22.52 m^2/人减少到 8.79 m^2/人，工业用地比重从 24.16％减少到 9.04％。

随着生产性服务业发达的城市特征因子得分的增加，人均工业用地以及工业用地比重均逐步减少，人均工业用地从 20 m^2/人以上减少到 14.18 m^2/人，工业用地比重从 20％左右减少到 15.11％。但这种递减关系没有生活性服务业发达的城市特征与人均工业用地、工业用地比重的关系明显。

随着外资推动型城市特征因子得分的增加，人均仓储用地以及仓储用地比重均逐步增加，人均仓储用地从 1.29 m^2/人增加到 12.38 m^2/人，仓储用地比重从 1.81％增加到 8.56％。

随着外资推动型城市特征因子得分的增加，人均对外交通用地以及对外交通用地比重均逐步增加，人均对外交通用地从 3.34 m^2/人增加到 11.19 m^2/人，对外交通用地比重从 4.88％增加到 7.73％。

随着港、澳、台资推动型城市特征因子得分的增加，道路交通用地比重逐步增加，道路用地比重从 10.01％增加到 14.43％。

随着旅游城市特征因子得分的增加，人均公共绿地以及公共绿地比重均逐步增加，人均公共绿地从 1.20 m^2/人增加到 7.72 m^2/人，公共绿地比重从 1.34％增加到 7.49％。

随着环境友好型的城市特征因子得分的增加，人均公共绿地逐步增加，人均公共绿地从 1.19 m^2/人增加到 7.72 m^2/人。

随着文化产业发达的城市特征因子得分的增加，人均公共绿地以及公共绿地比重均逐步增加，人均公共绿地增加到 5.59 m^2/人，公共绿地比重增加到 5.26％。

随着生产性服务业发达的城市特征因子得分的增加，人均特殊用地以及特殊用地比重有增长的趋势，但波动性较强。人均特殊用地从 0.63 m^2/人以上增加到 4.14 m^2/人，特殊用地比重从 0.62%左右增加到 4.48%。

（二）城市职能与城市用地之间的相关关系总结

经过相关分析，发现以下关系相关性较显著：

(1) 越是地区中心城市，人均居住用地越低；

(2) 越是第二产业为主的城市，人均工业用地越高，工业用地比重越高；

(3) 越是外商投资推动型的城市，人均仓储用地越高；

(4) 越是旅游城市，人均公共绿地越高，公共绿地比重越高；

(5) 越是地区中心城市，人均城市建设用地越低；

(6) 越是生活性服务业发达的城市，工业用地比重越低。

以下关系有一定的相关性：

(1) 越是旅游城市，人均公共设施用地越高；

(2) 越是生产性服务业发达的城市，人均工业用地越低，工业用地比重越低；

(3) 越是生活性服务业发达的城市，人均工业用地越低；

(4) 越是外商投资推动型城市，人均对外交通用地越高，对外交通用地比重越高；

(5) 越是环境友好型的城市，人均公共绿地越高；

(6) 越是文化产业发达的城市，人均公共绿地越高，公共绿地比重越高；

(7) 越是生产性服务业发达的城市，人均特殊用地越高，特殊用地比重越高；

(8) 越是外资推动型的城市，仓储用地比重越高；

(9) 越是港、澳、台商投资推动型的城市，道路交通用地比重越高。

第三节　城市形态对于城市建设用地的影响分析

城市形态对于城市建设用地的影响分两步进行分析：首先将城市形态进行量化处理，再分析量化值与城市建设用地之间的关系。

一、城市形态量化处理

对于城市形态的量化，有多种指标方法，如形状率、圆形率、紧凑度、椭圆率指数、放射状指数、伸延率等。即使对于紧凑度，Richardson、Cole 以及

Gibbs 也分别提出了各自不同的计算方法。从取得数据的可行性以及考虑到计算量的多少，本研究采取 1964 年 Cole 的方法，用每个城市的紧凑度作为量化指标，紧凑度指城市建成区面积与城市建成区的最小外接圆面积的比值。统计 117 个案例城市的城市紧凑度，可得到图 2-2 所示结果。

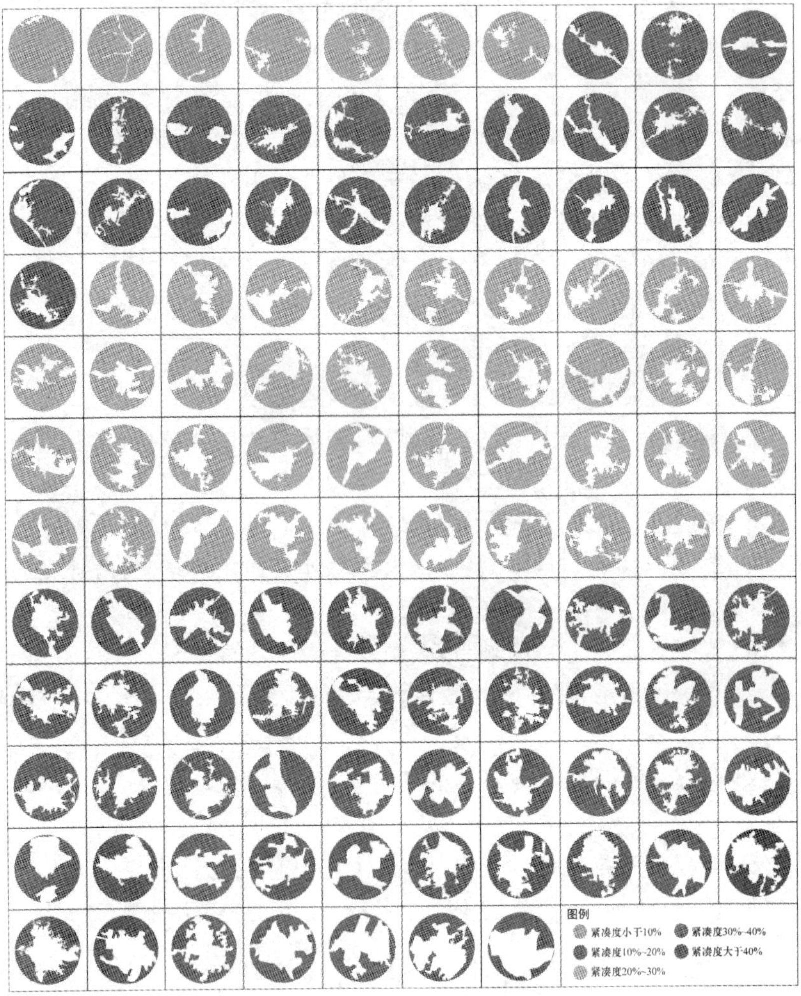

图 2-2 117 个案例城市的城市形态

从图上可以看出，紧凑度小于 10%多是由于地形而产生的组团状城市，紧凑度 10%～20%的城市形态多表现为带状城市，紧凑度 20%～30%的城市多表现为在 1～2 个方向上星形放射的城市，紧凑度大于 40%的城市多表现为饼状拓展的城市，而紧凑度 30%～40%的城市形态介乎紧凑度 20%～30%的城市与紧凑度大于 40%的城市之间。

二、人均城市建设用地分析

（一）各组数据比较分析

统计不同紧凑度下每组城市的人均城市建设用地数量，可得表 2-12 所示结果：

表 2-12　不同紧凑度城市人均城市建设用地分析

	<10%	10%～20%	20%～30%	30%～40%	>40%
平均值/m^2	119.61	114.29	99.28	98.85	111.19
标准差	44.50	34.71	18.59	19.93	31.81
最大值/m^2	209.59	226.02	159.77	148.39	183.07
最小值/m^2	68.45	63.97	58.02	55.12	49.47
中位数/m^2	108.93	100.95	99.79	97.25	106.92

就人均城市建设用地而言，紧凑度在 20%～40%之间的人均城市建设用地最小，标准差较低；而紧凑度小于 20%以及紧凑度大于 40%的人均城市建设用地均有增大的趋势，标准差也较高。平均值最高的出现在小于 10%组内，标准差也最高。

城市紧凑度小于 20%时，标准差较大，可知各城市之间人均城市建设用地差异较大。城市紧凑度小可以归纳为以下 4 种类型：第一种是由于地形的原因导致产生的带状发展的城市或者组团发展的城市，如延安、霍林郭勒、阿尔山、拉萨、阿勒泰、绵阳、宜昌、西宁、重庆、开远、信宜、扎兰屯等城市；第二种是由于交通的带动作用或者滨河等因素产生的带状发展的城市，如宜兴、清远、瑞安、满洲里、鹤岗、秦皇岛、芜湖、咸阳、嵊州、南康、江都等城市；第三种是组团发展的城市，如常熟、泰州、丰城、永城、天津、樟树等城市；第四种是上述多种原因混合形成的城市，如辽阳、海门等城市。

第一类的城市人均城市建设用地相差较大，延安的人均城市建设用地只有 68 m^2/人，而霍林郭勒的人均城市建设用地达到 210 m^2/人，主要在于该类城市内部的类型很不相同，既有典型的工业城市，也有少数民族地区的城市，还有一些特大城市。少数民族地区的城市人口不多，所以人均城市建设用地一般较高，如拉萨达到 182 m^2/人，阿勒泰达到 160 m^2/人；山区的工业城市多为由于具有资源能源的优势而建立的城市，人口规模不大，但是由于用于工业生产、仓储、运输等的工业用地、仓储用地、对外交通用地等占地规模较大，导致人均城市建设用地较高，典型者如霍林郭勒，人均城市建设用地达到 210 m^2/人。而一些受地形影响、但由于历史原因导致人口集聚的城市人均城市建设用地较低，如延安的人均城市建设用地只有 68 m^2/人，重庆的人均城市建设用地只有 64 m^2/人。除去这些个案类型之后，其他城市的人均城市建设用地一般在 90～100 m^2/人之间。

第二类城市除了秦皇岛与满洲里以外，其他城市的人均城市建设用地均在 95～105 m^2/人之间，秦皇岛由于是典型的港口城市，导致仓储用地、对外交通用地、道路交通用地偏大，而满洲里既因其属于少数民族地区，也由于日照间距较大，导致人均居住用地达到 97 m^2/人，从而导致人均城市建设用地 226 m^2/人。

第三类城市人均城市建设用地从天津的 88 m^2/人到泰州、永城的 120 m^2/人，相差较大，差异的主要原因在于用地管理等人为方面，可以通过加强规划调控等手段加强土地的集约利用。

第四类城市人均城市建设用地在 105～110 m^2/人之间，由于样本数较小，无法得出结论。

(二) 人均城市建设用地与经济发展水平之间的关系

将不同紧凑度的城市按 人均 GDP 的高低分为 4 组，分别统计每组城市的人均城市建设用地数量，可得到表 2-13 所列结果：

表 2-13　不同紧凑度城市人均城市建设用地与经济发展水平间关系

城市类别 \ 人均 GDP/(万元・人$^{-1}$)		<1	1～2	2～3	>3
<10%	平均值/m^2	135.85	103.19	108.49	139.02
	最大值/m^2	135.85	110.88	108.93	209.59
	最小值/m^2	135.85	95.50	108.05	68.45
	标准差		10.88	0.62	99.80
	中位数/m^2	135.85	103.19	108.49	139.02
10%～20%	平均值/m^2	110.79	97.18	139.05	94.64
	最大值/m^2	160.21	133.56	226.02	100.87
	最小值/m^2	90.93	63.97	93.87	88.41
	标准差	21.66	22.51	49.01	8.82
	中位数/m^2	101.04	96.08	120.34	94.64
20%～30%	平均值/m^2	87.42	103.95	105.19	103.00
	最大值/m^2	121.98	159.77	111.39	122.31
	最小值/m^2	58.02	85.50	98.10	78.94
	标准差	19.82	19.09	5.13	15.62
	中位数/m^2	90.90	98.94	104.23	106.18

续表

城市类别 \ 人均 GDP/(万元・人$^{-1}$)		<1	1～2	2～3	>3
30%～40%	平均值/m^2	85.07	101.80	104.28	102.55
	最大值/m^2	109.09	145.22	148.39	144.14
	最小值/m^2	55.12	82.03	86.80	77.83
	标准差	18.47	16.05	22.16	36.23
	中位数/m^2	85.47	98.18	97.94	85.70
>40%	平均值/m^2	120.11	110.04	112.22	86.84
	最大值/m^2	183.07	121.85	118.54	135.11
	最小值/m^2	94.83	99.31	101.24	49.47
	标准差	42.19	11.31	9.54	43.85
	中位数/m^2	101.26	108.96	116.88	75.92

在不同紧凑度的城市中，人均城市建设用地与经济发展水平之间没有明显的联系。

在人均地区生产总值小于 1 万元的城市中：随着紧凑度的提高，人均城市建设用地逐渐提高；但当紧凑度大于 40%时，人均城市建设用地又出现明显的增加。在人均地区生产总值 1～2 万元的城市中，紧凑度小于 40%的城市人均城市建设用地均在 100 m^2/人左右，而紧凑度大于 40%的城市人均城市建设用地为 110.04 m^2/人。在人均地区生产总值大于 2 万的城市中，紧凑度与城市人均城市建设用地之间没有明显的变化趋势。

(三) 人均城市建设用地与城镇化发展水平之间的关系

将不同紧凑度的城市按城镇化水平的高低分为 4 组，分别统计每组城市的人均城市建设用地数量，可得到表 2-14 所列结果：

表 2-14　不同紧凑度城市人均城市建设用地与城镇化发展水平间关系

城市类别 \ 城镇化水平		<30%	30%～50%	50%～70%	>70%
<10%	平均值/m^2		88.69	109.46	135.85
	最大值/m^2		108.93	110.88	135.85
	最小值/m^2		68.45	108.05	135.85
	标准差		28.62	2.00	
	中位数/m^2		88.69	109.46	135.85

续表

城市类别 \ 城镇化水平		<30%	30%～50%	50%～70%	>70%
10%～20%	平均值/m²	107.47	109.07	135.77	96.10
	最大值/m²	120.07	160.21	181.97	103.80
	最小值/m²	94.88	63.97	89.57	88.41
	标准差	17.81	28.66	65.34	10.89
	中位数/m²	107.47	99.88	135.77	96.10
20%～30%	平均值/m²	89.12	105.39	106.22	99.79
	最大值/m²	121.98	137.27	159.77	99.79
	最小值/m²	58.02	93.31	78.94	99.79
	标准差	21.85	11.50	30.10	
	中位数/m²	90.16	102.24	97.11	99.79
30%～40%	平均值/m²	100.56	94.01	90.65	148.39
	最大值/m²	145.22	115.34	97.29	148.39
	最小值/m²	55.12	76.24	86.80	148.39
	标准差	23.20	12.27	5.78	148.39
	中位数/m²	99.06	97.94	87.87	148.39
>40%	平均值/m²	129.68	118.30		62.70
	最大值/m²	183.07	148.97		75.92
	最小值/m²	99.31	94.83		49.47
	标准差	39.20	19.96		18.70
	中位数/m²	118.17	116.88		62.70

在城镇化水平小于30%的城市中，紧凑度在20%～30%之间的城市人均城市建设用地最小，为89.12 m²/人；随着紧凑度向两边的推移，人均城市建设用地不断提高。

其他三组不同城镇化的城市数据显示，紧凑度与城市人均城市建设用地之间没有明显的变化趋势。

（四）人均城市建设用地与产业结构之间的关系

将不同紧凑度的城市分别按一产、二产、三产在城市中所占比例的高低分为6组，分别统计每组城市的人均城市建设用地数量，可得到表2-15—表2-17所列结果：

表 2-15　不同紧凑度城市人均城市建设用地与第一产业间关系

城市类别 \ 第一产业比重	＜1%	1%～5%	5%～10%	10%～20%	20%～30%	＞30%
＜10%/平均值 m^2		129.64	108.49	95.5	135.85	
10%～20%/平均值 m^2		125.00	104.06	109.58	113.56	116.97
20%～30%/平均值 m^2	98.94	100.68	96.14	99.50	96.11	107.29
30%～40%/平均值 m^2	117.60	97.12	96.71	104.29	94.27	75.80
＞40%/平均值 m^2	49.47	104.09	116.88	113.23	102.89	140.36

表 2-16　不同紧凑度城市人均城市建设用地与第二产业间关系

城市类别 \ 第二产业比重	＜20%	20%～30%	30%～40%	40%～50%	50%～60%	＞60%
＜10%/平均值 m^2	135.85			95.50	109.46	128.99
10%～20%/平均值 m^2		171.09	131.93	102.25	97.67	107.10
20%～30%/平均值 m^2		96.17	102.04	94.61	99.89	100.91
30%～40%/平均值 m^2		102.67	92.82	93.39	94.25	111.76
＞40%/平均值 m^2	183.07		96.85	74.39	109.11	126.00

表 2-17　不同紧凑度城市人均城市建设用地与第三产业间关系

城市类别 \ 第三产业比重	＜20%	20%～30%	30%～40%	40%～50%	50%～60%	＞60%
＜10%/平均值 m^2	68.45	209.59	102.21	109.46	135.85	
10%～20%/平均值 m^2		106.97	102.80	95.31	160.21	160.89
20%～30%/平均值 m^2	100.78	105.31	98.29	102.65	88.33	
30%～40%/平均值 m^2	94.10	100.61	103.35	93.29	89.50	122.84
＞40%/平均值 m^2	183.07	103.12	120.09	89.75		75.92

通过上述三个表的统计数据分析，对于不同紧凑度的城市，各产业所占比重与人均城市建设用地之间没有明显的变化规律。

三、单项城市建设用地分析

（一）人均单项城市建设用地分析

统计不同紧凑度下每组城市的人均单项城市建设用地数量，可得到表 2-18 所列结果：

表 2-18 不同紧凑度城市人均单项城市建设用地分析

		R	C	M	W	T	S	U	G	D
<10%	平均值/m^2	40.75	12.29	33.48	5.84	3.30	12.90	3.42	6.20	1.44
	最大值/m^2	64.46	18.58	81.83	13.89	10.00	20.02	7.45	8.84	3.44
	最小值/m^2	24.60	6.10	4.26	0.40	0.25	3.32	1.30	2.68	0.21
	标准差	13.20	4.62	26.14	5.69	3.25	5.15	2.36	2.12	1.32
10%~20%	平均值/m^2	44.24	16.74	21.09	3.72	3.57	13.40	2.62	6.89	2.02
	最大值/m^2	96.96	43.82	38.88	12.38	11.19	35.78	7.43	21.88	15.75
	最小值/m^2	23.48	5.03	6.35	0.49	0.21	5.67	0.19	0.79	0.00
	标准差	17.74	9.09	7.92	3.01	3.07	6.85	1.75	5.15	3.56
20%~30%	平均值/m^2	36.85	13.69	22.32	2.54	4.29	9.71	2.32	5.73	1.82
	最大值/m^2	66.74	28.84	41.35	7.69	16.23	18.90	8.76	27.72	8.12
	最小值/m^2	5.20	5.38	7.59	0.66	0.14	3.44	0.13	0.00	0.00
	标准差	11.03	5.25	8.47	1.59	3.75	3.20	1.52	4.68	2.20
30%~40%	平均值/m^2	40.20	13.67	18.32	2.21	4.40	11.53	2.36	4.56	1.59
	最大值/m^2	71.74	30.54	69.39	4.90	43.37	25.73	9.44	13.59	8.41
	最小值/m^2	15.64	6.49	3.88	0.57	0.06	3.63	0.79	0.02	0.00
	标准差	13.74	5.65	11.75	1.29	7.56	5.38	1.55	3.29	1.85
>40%	平均值/m^2	49.92	11.97	22.01	2.37	4.13	12.58	2.53	4.00	1.67
	最大值/m^2	138.67	16.63	55.11	6.20	9.53	21.34	6.39	9.92	6.06
	最小值/m^2	17.55	4.75	5.00	0.39	0.00	4.74	0.85	0.00	0.00
	标准差	29.36	2.95	13.55	1.65	3.28	5.34	1.34	3.08	1.79

就人均居住用地(R)而言，紧凑度大于40%的城市人均居住用地最大，达到49.92 m^2/人；而紧凑度在20%～30%之间的人均居住用地最小，为36.85 m^2/人。

就人均公共设施用地(C)而言，紧凑度10%～20%的城市人均公共设施用地最大，为16.74 m^2/人。随着紧凑度的升高，人均公共设施用地逐步下降，紧凑度大于40%的城市人均公共设施用地只有11.97 m^2/人。同时，紧凑度小于10%的城市人均公共设施用地也较低，只有12.29 m^2/人。

就人均工业用地(M)而言，紧凑度30%～40%的城市人均工业用地最小，为18.32 m^2/人；紧凑度10%～20%、20%～30%以及大于40%的城市人均工业用地均在 22 m^2/人左右；而紧凑度小于 10%的城市人均工业用地达到 33.48 m^2/人，但其标准差也最大。

就人均仓储用地(W)而言，紧凑度 30%～40%的城市人均仓储用地最小，为 2.21 m^2/人。随着紧凑度向两边的推移，人均仓储用地逐步提高，紧凑度小于 10%的城市人均仓储用地达到 5.84 m^2/人，但其标准差也最大。

就人均对外交通用地(T)而言，紧凑度小于 10%的城市人均对外交通用地最小，为 3.30 m^2/人。随着紧凑度的提高，人均对外交通用地逐步提高，在紧凑度 30%～40%的城市人均对外交通用地最大，为 4.40 m^2/人，紧凑度大于 40%的城市人均对外交通用地也达到 4.13 m^2/人。

就人均道路交通用地(S)而言，紧凑度在 20%～30%之间的城市人均道路交通用地最小，为 9.71 m^2/人；而紧凑度在 10%～20%之间的城市人均道路交通用地最大，为 13.40 m^2/人。

就人均市政公用设施用地(U)而言，紧凑度在 20%～30%之间的城市人均市政公用设施用地最小，为 2.32 m^2/人。随着紧凑度向两边的推移，人均市政公用设施用地逐步提高。紧凑度小于 10%的城市人均市政公用设施用地 3.42 m^2/人，紧凑度大于 40%城市人均市政公用设施用地 2.53 m^2/人。

就人均绿地(G)而言，紧凑度大于 40%的城市人均绿地最小，为 4.00 m^2/人。随着紧凑度的降低，人均绿地逐步升高。紧凑度 10%～20%的城市人均绿地最大，为 6.89 m^2/人；而紧凑度小于 10%的城市人均绿地也达到 6.20 m^2/人。

就人均特殊用地(D)而言，紧凑度小于 10%的城市人均特殊用地最小，为 1.44 m^2/人；而紧凑度在 10%～20%之间的城市人均特殊用地最大，为 2.02 m^2/人。

总体来说，紧凑度对于人均公共设施用地、人均对外交通用地、人均市政公用设施用地以及人均绿地的影响较为明显。

(二) 城市建设用地结构分析

统计不同紧凑度下每组城市的人均单项城市建设用地在城市建设用地中的比例，可得到表 2-19 所列结果：

表 2-19 不同紧凑度城市城市建设用地结构

		R	C	M	W	T	S	U	G	D
<10%	平均值/(%)	35.99	10.33	26.46	4.23	2.62	10.62	2.68	5.87	1.19
	最大值/(%)	56.74	13.68	39.33	9.06	5.89	13.55	4.50	12.92	2.53
	最小值/(%)	24.00	8.00	3.14	0.41	0.26	4.85	1.36	2.42	0.22
	标准差	12.17	2.07	15.31	3.66	2.05	2.86	1.06	3.52	1.06
10%~20%	平均值/(%)	38.48	14.21	19.56	3.17	3.11	11.59	2.25	5.91	1.73
	最大值/(%)	56.38	25.49	36.84	9.11	8.88	22.01	5.45	13.69	11.79
	最小值/(%)	23.56	5.17	5.29	0.54	0.21	6.24	0.18	0.83	0.00
	标准差	8.52	5.35	8.24	2.41	2.50	4.13	1.28	3.64	2.98
20%~30%	平均值/(%)	37.30	14.05	22.21	2.57	4.46	9.85	2.32	5.53	1.72
	最大值/(%)	55.78	31.72	39.67	6.31	15.35	17.44	5.48	20.20	6.72
	最小值/(%)	8.97	6.30	8.40	0.62	0.16	3.83	0.20	0.00	0.00
	标准差	10.19	5.50	6.91	1.45	3.96	2.83	1.27	3.78	1.97
30%~40%	平均值/(%)	40.79	13.89	18.57	2.26	4.14	11.52	2.45	4.69	1.70
	最大值/(%)	67.26	28.90	48.14	4.89	29.23	25.35	9.47	14.44	9.81
	最小值/(%)	16.62	7.35	2.62	0.61	0.05	3.64	0.81	0.02	0.00
	标准差	11.78	4.83	9.22	1.27	5.43	4.26	1.62	3.32	2.04
>40%	平均值/(%)	43.00	11.22	20.31	2.27	4.17	11.14	2.32	4.02	1.56
	最大值/(%)	75.75	18.65	36.99	4.59	9.09	15.33	5.87	13.07	6.10
	最小值/(%)	27.56	5.17	2.73	0.29	0.00	6.51	1.17	0.00	0.00
	标准差	13.20	3.09	9.80	1.45	3.37	2.80	1.18	3.44	1.67

就居住用地(R)比重而言，紧凑度大于40%的城市居住用地比重最大，为43%；而随着紧凑度的降低，居住用地比重逐步降低，紧凑度小于10%的城市居住用地比重最小，为35.99%。

就公共设施用地(C)比重而言，紧凑度在10%～20%之间的城市公共设施用地比重最大，为14.21%。随着紧凑度向两边的推移，公共设施用地比重逐步降低。紧凑度小于10%的城市公共设施用地比重为10.33%，紧凑度大于40%的城市公共设施用地比重为11.22%。

就工业用地(M)比重而言，紧凑度在30%～40%之间的城市工业用地比重最小，为18.57%；紧凑度小于10%的城市工业用地比重最大，为26.46%。

就仓储用地(W)比重而言，紧凑度小于10%的城市仓储用地比重最大，为4.23%。随着紧凑度的提高，仓储用地比重在下降，紧凑度在30%～40%之间的城市仓储用地比重为2.26%，紧凑度大于40%的城市仓储用地比重为2.27%。

就对外交通用地(T)比重而言,紧凑度在20%～30%的城市对外交通用地比重最大,为4.46%。随着紧凑度的提高,对外交通用地比重下降不多,在4.16%左右徘徊;随着紧凑度的降低,对外交通用地比重下降明显,紧凑度小于10%的城市对外交通用地比重只有2.62%。

就道路交通用地(S)比重而言,紧凑度在20%～30%之间的城市道路交通用地比重最小,为9.85%,紧凑度在10%～20%之间的城市道路交通用地比重最大,为11.59%。

就市政公用设施用地(U)比重而言,紧凑度在10%以下的城市市政公用设施用地比重最大,为2.68%;紧凑度在10%～20%的城市市政公用设施用地比重最小,为2.25%。

就绿地(G)比重而言,紧凑度在40%以上的城市绿地比重最小,为4.02%。随着紧凑度的提高,绿地比重逐步提高。紧凑度在10%～20%的城市绿地比重最大,为5.91%;紧凑度10%以下的城市绿地比重也达到5.87%。

就特殊用地(D)比重而言,紧凑度在10%～20%之间的城市特殊用地比重最大,为1.73%;而紧凑度在10%以下的城市特殊用地比重最小,为1.19%。

四、小结

紧凑度对于居住用地比重、公共设施用地比重、仓储用地比重、对外交通用地比重以及绿地比重的影响较为明显。

但在不同紧凑度的城市中,人均城市建设用地与经济发展水平之间、人均城市建设用地与城镇化水平之间、人均城市建设用地与各产业结构比重之间,均没有明显的变化规律。城市紧凑度与城市所处地形有着密切的联系,但地形对于人均城市建设用地的影响较为复杂,不宜制定统一的标准。

第四节　城市规模对于城市建设用地的影响分析

一、不同规模城市的城市建设用地基本特征

(一) 样本城市按照人口规模分类情况

将117个城市数据按照城市人口规模的不同分为5类,具体如表2-20所示。

表 2-20 样本城市按照人口规模分类情况一览表

城市分类（人口规模）		样本城市数量/个	占样本总数的比例/(%)	样本城市名称
超大城市	＞200万人	8	6.84	北京、上海、天津、重庆、杭州、西安、太原、南昌
特大城市	100～200万人	8	6.84	芜湖、常州、邯郸、宁波、无锡、徐州、海口、吉林
大城市	50～100万人	20	17.09	蚌埠、萍乡、咸阳、扬州、湛江、大同、鹤岗、衡阳、淮北、焦作、辽阳、牡丹江、西宁、株洲、秦皇岛、瑞安、柳州、湘潭、宜昌、绵阳
中等城市	20～50万人	41	35.04	昆山、松原、延安、漳州、德州、濮阳、常熟、拉萨、满洲里、宜兴、滕州、溧阳、泰州、海门、德阳、肥城、余姚、上饶、信阳、盐城、滁州、白山、通辽、铁岭、东台、铜山、巴彦淖尔、乌兰察布、嵊州、清远、榆林、宿迁、邵阳、丰城、宣城、信宜、新沂、永州、邳州、汉中、阜阳
小城市	＜20万人	40	34.19	高唐、东乡、霍林郭勒、玉门、二连浩特、遵化、宁国、大丰、香河、漳平、安泽、凤城、五家渠、赵县、大城、楚雄、沁阳、开远、江都、黄山、阿尔山、丽江、扎兰屯、汕尾、沅江、湘乡、樟树、醴陵、普洱、阿勒泰、图木舒克、兴化、张掖、永城、高平、南康、会泽、鲁山、凤凰、陆丰
合计		117	100.00	

（二）不同规模城市的城市建设用地基本特征

基于样本城市的数据统计分析，可得到表 2-21 所列的基本特征比较。

表 2-21　样本城市建设用地基本特征比较

城市分类	人口规模小计/万人	城市建设用地规模小计/km²	平均城市建设用地水平/(m²/人)	城市建设用地水平的中位数/(m²/人)	人均城市建设用地最高值/(m²/人)	人均城市建设用地最低值/(m²/人)
超大城市	3730.35	2746.29	73.62	80.49	99.79(太原)	49.47(上海)
特大城市	1050.72	1056.54	100.55	99.49	118.9(宁波)	85.7(徐州)
大城市	1444.4	1426.33	98.75	99.53	144.65(秦皇岛)	82.17(衡阳)
中等城市	1341.36	1428.18	106.47	104.23	226.02(满洲里)	55.12(永州)
小城市	413.43	440.86	106.64	103.77	209.59(霍林郭勒)	58.02(高平)
合计	7980.26	7098.20	88.95	99.79	226.02(满洲里)	49.47(上海)

基于样本城市的数据统计分析，不同规模的城市其人均用地水平差异较大。117 个样本城市的平均人均城市建设用地为 88.95 m^2，其中：低于全部样本平均值的是超大城市，其平均的人均城市建设用地为 73.62 m^2；其他组别的平均数值均高于全部样本平均值，特大城市平均的人均城市建设用地为 100.55 m^2，大城市为 98.75 m^2，中等城市为 106.47 m^2，小城市为 106.64 m^2。

117 个样本城市的人均城市建设用地的中位数为 99.79 m^2，其中超大城市为 80.49 m^2，特大城市 99.49 m^2，大城市 99.53 m^2，中等城市为 104.23 m^2，小城市为 103.77 m^2。

以上两组数据基本表明，特大城市与大城市的平均用地水平相差不大，中等城市与小城市的平均用地水平相差不大。这样，不同规模城市的人均城市建设用地水平大致可以划分为 3 组，即超大城市的 80 m^2、特大与大城市的 100 m^2、中等与小城市的 105 m^2 左右。

当然，从不同规模城市的人均城市建设用地最高值和最低值来看，与上述结论也有较大的差距。如超大城市中太原的用地达到了近 100 m^2/人，而上海仅有 50 m^2/人左右；但如果将同一规模组内的城市，按照人口规模进一步分析，上海、太原这两个城市的人口规模也有较大的差别，同样可以得出结论：城市规模越大，其人均城市建设用地水平越小，即城市用地越集约。

以上数据表明，城市规模越小，人均建设用地越大。总结来看，随着人类聚集模式的改变，即由乡村→集镇→建制镇→小城市→中等城市→大城市→特大城市→超大城市的转变，亦即城市化的过程，是人类物质、精神文明进步的体现，也是土地利用效益从低向高转化的过程。

不同规模城市的用地水平极值见图 2-3。

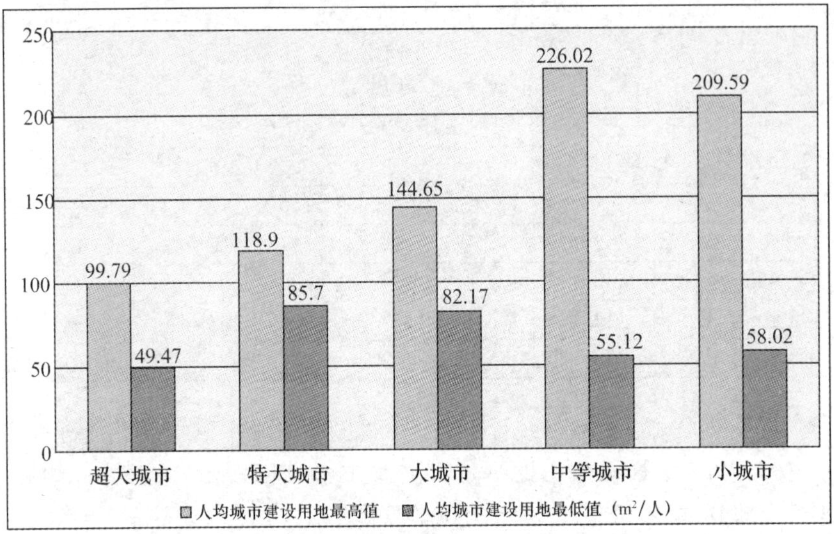

图 2-3　不同规模城市的用地水平极值

二、不同规模城市的城市建设用地特征与经济发展水平间的关系

分析不同规模城市的平均城市建设用地水平与该市经济发展水平之间的关系，尽管城市的人均建设用地水平似乎与其经济发展水平没有得出非常明显的函数关系，但从表 2-22，表 2-23 可以大致判断得出如下结论：

——城市人口规模越大，在人均城市建设用地较小的同时，其人均 GDP 水平也相对较高；

——从地均 GDP 水平比较来看，随着城市规模的增大，地均 GDP 水平也逐渐增大，其中超大城市、特大城市的地均产出要远远高于全部样本城市的平均值，反映出超大城市、特大城市的经济运行效率较高；

——将人均 GDP 进一步划分为小于 1 万元、1～2 万元、2～3 万元及大于 3 万元四个等级进行分析，有意思的是，人均 GDP 为 2～3 万元的城市，其人均建设用地水平在相应组别的城市中最高(仅有小城市中的霍林郭勒一个城市属于例外)。表明随着城市综合实力在逐渐增强的过程中，人均城市建设用地水平也逐渐增大；但在人均 GDP 超过 3 万元之后，城市进入集约发展阶段，亦即城市经济的增长不再仅仅依靠资源的投入而增长，人均城市建设用地水平相应地逐渐随之减小。

表 2-22　样本城市经济发展与人均建设用地的相关关系(1)

城市分类	平均用地水平/(m^2/人)	平均的人均 GDP/(元/人)	平均的地均 GDP/(元/m^2)	人均 GDP 的中位数/(元/人)	人均 GDP 最高值/(元/人)	人均 GDP 最低值/(元/人)
超大城市	73.62	29637.92	403	31928.77	39695(天津)	17080(重庆)
特大城市	100.55	35324.40	351	35524.62	60381(宁波)	17482(海口)
大城市	98.75	19327.00	196	20809.21	25859.61(秦皇岛)	15457(衡阳)
中等城市	106.47	16808.76	158	17353.00	51786.03(昆山)	4229(阜阳)
小城市	106.64	5556.45	52	9357.16	36796.67(霍林郭勒)	3208.9(陆丰)
合计	88.95	23056.92	259	16396.00	60381(宁波)	3208.9(陆丰)

表 2-23　样本城市经济发展与人均建设用地的相关关系(2)

城市类别	人均 GDP/(万元·人$^{-1}$)	<1	1～2	2～3	>3
超大城市	样本数/个	0	2	1	5
	人均城市建设用地/(m^2/人)	—	69.54	86.8	72.52
特大城市	样本数/个	0	1	2	5
	人均城市建设用地/(m^2/人)	—	97.29	103.65	99.9
大城市	样本数/个	1	12	7	0
	人均城市建设用地/(m^2/人)	90.93	95.65	105.02	—
中等城市	样本数/个	9	16	10	6
	人均城市建设用地/(m^2/人)	91.8	101.27	124.05	112.2
小城市	样本数/个	24	12	3	1
	人均城市建设用地/(m^2/人)	100.09	111.81	125.14	209.59

在同一规模等级的城市中，不同城市的人均 GDP 水平也有较大的差异，如特大城市中的宁波和海口，其人均 GDP 水平相差高达 3.5 倍，而其人均的城市建设用地水平仅相差 1.2 倍；中等城市中的昆山和阜阳，其人均 GDP 水平相差更是高达 12.2 倍。

图 2-4 给出了不同经济发展水平下的人均城市建设用地的直方图，表 2-24 给出了特大城市建设用地特征与经济发展水平间的关系。

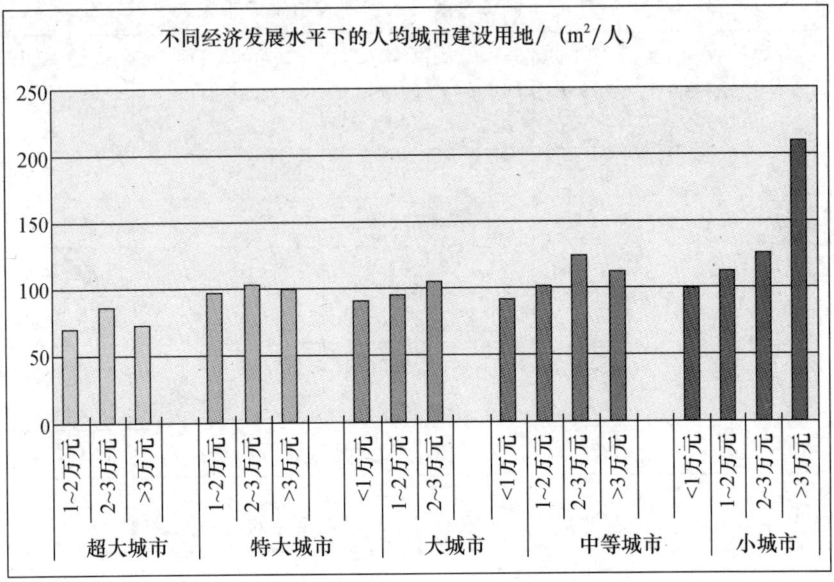

图 2-4 不同经济发展水平下的人均城市建设用地

表 2-24 特大城市中建设用地特征与经济发展水平间的关系

城市	人口/万人	GDP/万元	人均 GDP/(元/人)	人均城市建设用地/(m^2/人)
常州	229	8310200	36335.00	106.18
无锡	213	8005606	37572.66	88.04
宁波	209	12600292	60381.00	118.90
徐州	181	7477100	41369.00	85.70
吉林	180	4055765	22475.00	108.77
海口	172	3013506	17482.00	97.29
邯郸	144	3605373	25081.00	98.10
芜湖	104	3491711	33734.00	100.87

三、不同规模城市的城市建设用地特征与城市三种产业结构间的关系

（一）三种产业比重与人均城市建设用地的相关关系

分别分析不同规模城市中的三种产业比重与人均城市建设用地的相关关系，初步判断得出结论如下：

——城市第一产业比重与人均建设用地的相关关系：城市规模越大，其第一产业所占比重越小；大城市以上规模的城市，其第一产业所占比重均小于10%，而中小城市中出现第一产业所占比重大于30%的情况，甚至于存在第一产业所占比重高达65.91%的特例(图木舒克，新疆)。但第一产业比重与人均建设用地之间没有发现明显的规律，见表2-25。

——城市第二产业比重与人均建设用地的相关关系：城市规模越小，其第二产业所占比重越大。第二产业比重与人均建设用地之间没有发现明显的规律，见表2-26。

——城市第三产业比重与人均建设用地的相关关系：城市规模越小，其第三产业所占比重也越小。第三产业比重与人均建设用地之间没有发现明显的规律。中等城市以上规模的城市，在第三产业比重为50%～60%时，人均城市建设用地较为集约；小城市在第三产业比重为30%～40%时，人均城市建设用地较为集约，见表2-27。

总之，随着城市规模的由小变大，其第一产业、第二产业比重逐渐减小，第三产业比重逐渐增大，反映出城市的"中心"地位逐渐的加强；但三种产业比重与人均城市建设用地之间均没有发现明显的规律。

表2-25　样本城市第一产业比重与人均建设用地的相关关系

城市类别 \ 第一产业比重		>30%	20%～30%	10%～20%	5%～10%	1%～5%	<1%
超大城市	样本数/个	0	0	0	1	4	3
	人均城市建设用地/(m^2/人)	—	—	—	63.97	80.45	68.67
特大城市	样本数/个	0	0	0	2	5	1
	人均城市建设用地/(m^2/人)	—	—	—	103.8	99.9	98.1
大城市	样本数/个	0	0	0	6	14	0
	人均城市建设用地/(m^2/人)	—	—	—	95.36	100.03	—
中等城市	样本数/个	3	6	11	10	11	0
	人均城市建设用地/(m^2/人)	101.92	94.41	102.56	106.85	116.28	—
小城市	样本数/个	7	12	16	1	1	1
	人均城市建设用地/(m^2/人)	101.06	100.49	104.64	94.1	209.56	148.97

表 2-26　样本城市第二产业比重与人均建设用地的相关关系

城市类别 \ 第二产业比重		>60%	60%～50%	50%～40%	40%～30%	30%～20%	<20%
超大城市	样本数/个	0	2	5	1	0	0
	人均城市建设用地/(m^2/人)	—	86.49	68.8	75.92	—	—
特大城市	样本数/个	2	5	0	0	1	0
	人均城市建设用地/(m^2/人)	102.25	100.42	—	—	97.29	—
大城市	样本数/个	5	11	0	4	0	0
	人均城市建设用地/(m^2/人)	97.18	99.48	—	98.77	—	—
中等城市	样本数/个	10	12	11	8	1	0
	人均城市建设用地/(m^2/人)	113.96	101.52	93.27	113.51	181.97	—
小城市	样本数/个	6	6	7	10	7	2
	人均城市建设用地/(m^2/人)	122.22	100.35	108.05	96.94	107.49	147.2

表 2-27　样本城市第三产业比重与人均建设用地的相关关系

城市类别 \ 第三产业比重		>60%	60%～50%	50%～40%	40%～30%	30%～20%	<20%
超大城市	样本数/个	1	2	5	0	0	0
	人均城市建设用地/(m^2/人)	75.92	91.77	67.09	—	—	—
特大城市	样本数/个	1	0	4	3	0	0
	人均城市建设用地/(m^2/人)	97.29	—	100.33	101.82	—	—
大城市	样本数/个	2	2	6	9	1	0
	人均城市建设用地/(m^2/人)	114.2	85.19	99.98	98.49	93.87	—

续表

城市类别 \ 第三产业比重		>60%	60%～50%	50%～40%	40%～30%	30%～20%	<20%
中等城市	样本数/个	2	4	7	21	5	2
	人均城市建设用地/(m^2/人)	199.06	88.03	103.24	107.14	98.27	96.96
小城市	样本数/个	1	5	5	13	11	3
	人均城市建设用地/(m^2/人)	148.39	112.91	105.2	99.16	108.96	101.91

(二) 第二产业比重与工业用地之间的关系

分别分析不同规模城市中的第二产业比重与工业用地间的相关关系，初步判断得出结论如下：

在115个样本城市中，仅有2个城市(阿尔山、图木舒克，且是小城市)的第二产业比重低于20%；低于30%的城市仅有11个；90%的城市的第二产业比重高于30%；70%的城市的第二产业比重高于40%；50%的城市的第二产业比重高于50%(详见表2-28)。近60%的城市的工业用地比例在15%～30%，与用地国标的要求基本相当(详见表2-29)。

在中等城市以上规模等级的城市中，第二产业比重越高，其工业用地占城市建设总用地的比例也相对较高，平均来看，该比例的变化幅度较大，在9.04%～33%之间。随着第二产业比重的提高，其人均工业用地也随之逐渐增大，平均来看，该数值在8.79～33.4 m^2/人之间(详见表2-30)。

在小城市中，以上规律不太明显，即不存在随着第二产业比重的提高，其工业用地占城市建设总用地的比重、人均工业用地相应增加的规律。

旅游城市阿尔山、农业城市图木舒克的平均工业用地比例仅为3%、人均工业用地仅有4.44 m^2。

总的来看，工业用地占城市建设总用地的比重、人均工业用地增加，有助于第二产业比重的增长，这也可以从一个侧面反映了下述现象，即在城市化发展的过程中，各级城市政府均热衷于扩大工业用地规模以促进产业结构调整。

表 2-28　不同规模样本城市中城市的第二产业比重分布概况

第二产业比重	超大城市/个	特大城市/个	大城市/个	中等城市/个	小城市/个	小计/个	占样本总数的比例/(%)
＞60%	0	2	5	10	6	23	20.00
50%～60%	2	5	11	11	6	35	30.43
40%～50%	5	0	0	11	7	23	20.00
30%～40%	1	0	4	8	10	23	20.00
20%～30%	0	1	0	1	7	9	7.83
＜20%	0	0	0	0	2	2	1.74

注：有 2 个城市没有经济数据，故样本总数为 115 个城市。

表 2-29　不同规模样本城市中城市的工业用地比例分布概况

工业用地比例	超大城市/个	特大城市/个	大城市/个	中等城市/个	小城市/个	小计/个	占样本总数的比例/(%)
＞30%	0	3	2	8	2	15	12.82
25%～30%	2	3	4	9	4	22	18.80
20%～25%	3	1	8	5	8	25	21.37
15%～20%	2	0	6	9	6	23	19.66
10%～15%	1	0	0	5	10	16	13.68
5%～10%	0	1	0	5	6	12	10.26
＜5%	0	0	0	0	4	4	3.42
合　　计	8	8	20	41	40	117	100.00

表 2-30　样本城市第二产业比重与工业用地间的相关关系

城市类别 \ 第二产业比重		＞60%	60%～50%	50%～40%	40%～30%	30%～20%	＜20%
超大城市	样本数/个	0	2	5	1	0	0
	工业用地比例/(%)	—	20.37	23.37	13.09	—	—
	人均工业用地/(m^2/人)	—	17.62	16.01	9.93	—	—
特大城市	样本数/个	2	5	0	0	1	0
	工业用地比例/(%)	32.62	28.82	—	—	9.04	—
	人均工业用地/(m^2/人)	33.36	28.54	—	—	8.79	—

续表

城市类别 \ 第二产业比重		>60%	60%～50%	50%～40%	40%～30%	30%～20%	<20%
大城市	样本数/个	5	11	0	4	0	0
	工业用地比例/(%)	24.65	22.82	—	20.62	—	—
	人均工业用地/(m^2/人)	23.95	22.7	—	20.37	—	—
中等城市	样本数/个	10	11	11	8	1	0
	工业用地比例/(%)	26.77	24.91	23.49	11.9	11.62	—
	人均工业用地/(m^2/人)	30.51	25.29	21.91	13.51	21.15	—
小城市	样本数/个	6	6	7	10	7	2
	工业用地比例/(%)	20.94	15.98	20.47	14.44	16.39	3.01
	人均工业用地/(m^2/人)	25.6	16.03	22.12	14	17.61	4.44

(三) 第三产业比重与公共服务设施用地之间的关系

分别分析不同规模城市中的第三产业比重与公共服务设施用地间的相关关系，初步判断得出结论如下：

——在 115 个样本城市中，仅有 5 个中小城市的第三产业比重低于 20%；低于 30%的城市仅有 22 个，占到样本总数的 19%；第三产业比重高于 30%的城市占到样本总数的 81%，其中 40%的城市第三产业为 30%～40%、23%的城市第三产业为 40%～50%(详见表 2-31)。

——从平均情况来看，无论城市规模大小，也无论第三产业比重高低，所有样本城市的平均公共服务设施用地比例均高于 10%。考查每一个城市的公共服务设施用地比例，仅有 27 个城市(占样本城市总量的 23.1%)的该比例低于 10%，并且均高于 5%；公共服务设施用地比例高于 10%的城市占到了样本总数的 77%，其中，48.7%的城市的公共服务设施用地比例为 10%～15%，18.8%的城市的公共服务设施用地比例为 15%～20%。这组数据表明，绝大多数城市的公共服务设施用地比例处于 10%～20%之间，其中，10%可以作为城市的基本构成，20%可以作为中心城市努力的目标。

表 2-31 不同规模样本城市中城市的第三产业比重分布概况

第三产业比重	超大城市/个	特大城市/个	大城市/个	中等城市/个	小城市/个	小计/个	占样本总数的比例/(%)
＞60％	1	1	2	2	1	7	6.09
50％～60％	2	0	2	4	5	13	11.30
40％～50％	5	4	6	7	5	27	23.48
30％～40％	0	3	9	21	13	46	40.00
20％～30％	0	0	1	5	11	17	14.78
＜20％	0	0	0	2	3	5	4.35
合　计	8	8	20	41	38	115	100.00

注：有 2 个城市没有经济数据，故样本总数为 115 个城市。

——在 117 个样本城市中，仅有 4 个小城市的公共服务设施用地比例高于 25％，其中旅游城市普洱市的公共服务设施用地比例在样本城市中最高，达到了 31.72％(详见表 2-32)。

表 2-32 不同规模样本城市中城市的公共服务设施用地比例分布概况

公共服务设施用地比例	超大城市/个	特大城市/个	大城市/个	中等城市/个	小城市/个	小计/个	占样本总数的比例/(%)
＞30％	0	0	0	0	1	1	0.85
25％～30％	0	0	0	0	3	3	2.56
20％～25％	1	0	0	4	2	7	5.98
15％～20％	3	2	4	2	11	22	18.80
10％～15％	3	4	11	25	14	57	48.72
5％～10％	1	2	5	10	9	27	23.08
合　计	8	8	20	41	40	117	100.00

——随着第三产业比重的增加，人均公共服务设施用地、公共服务设施用地比例二者均有一定程度的扩大，但在大城市、中等城市规模组中有一些例外，如大城市在第三产业 40％～50％时的公共服务设施用地比例较高，为 13.45％，而第三产业增加或减少 10％时，该用地比例又减小。这可能与公共服务设施建设的周期性有关，当经济发展水平达到一定阶段，公共服务设施进入下一个建设高潮；当经济发展水平未达到一定阶段或公共服务设施未进入建设高潮时，人均公共服务设施用地、公共服务设施用地比例水平则较低(详见表 2-33)。

表 2-33　样本城市第三产业比重与公共服务设施用地间的相关关系

城市类别 \ 第三产业比重		>60%	60%～50%	50%～40%	40%～30%	30%～20%	<20%
超大城市	样本数/个	1	2	5	0	0	0
	公共服务设施用地比例/(%)	18.65	17.28	12.6	—	—	—
	人均公共服务设施用地/(m^2/人)	14.16	15.86	8.45	—	—	—
特大城市	样本数/个	1	0	4	3	0	0
	公共服务设施用地比例/(%)	19.73	—	10.62	11.17	—	—
	人均公共服务设施用地/(m^2/人)	19.2	—	10.65	11.38	—	—
大城市	样本数/个	2	2	6	9	1	0
	公共服务设施用地比例/(%)	17.09	10.37	13.45	11.57	10.03	—
	人均公共服务设施用地/(m^2/人)	19.51	8.83	13.44	11.4	9.42	—
中等城市	样本数/个	2	4	7	21	5	2
	公共服务设施用地比例/(%)	18.73	14.15	10.72	11.94	14.9	10.84
	人均公共服务设施用地/(m^2/人)	37.28	12.46	11.07	12.79	14.64	10.51
小城市	样本数/个	1	5	5	13	11	3
	公共服务设施用地比例/(%)	20.58	19.86	18.03	15.51	10.7	12.93
	人均公共服务设施用地/(m^2/人)	30.54	22.42	18.97	15.38	11.66	13.18

四、不同规模城市的城市建设用地特征与城镇化水平间的关系

分别分析不同规模城市中的城镇化水平与人均城市建设用地间的相关关系，初步判断得出结论如下：

——一般来说，城镇规模越大，其城镇化水平较高的城市数量也越多。在有城镇化水平数据的89个样本城市中，城镇化水平高于70%的城市有7个(超大城市4个，大城市1个，小城市2个——口岸城市二连浩特、旅游城市阿尔山属于特例)；城镇化水平居于60%～70%之间的城市有4个(超大城市、特大城市、中等城市、小城市各有1个，其中小城市中的新疆五家渠市应属于特例)；城镇化水平小于30%的城市有25个(小城市占14个)。

——在89个样本城市中，城镇化水平高于60%的城市占样本总数的12.36%，高于50%的城市占样本总数的24.72%；城镇化水平居于30%～50%的城市占样本总数的47.19%；小于30%的城市占样本总数的28%(见表2-34)。

——在同一规模等级的城市中，不存在城镇化水平高、其人均城市建设用地水平高或低的关系，即城镇化水平与人均城市建设用地水平没有发现相应的明显规律。在相同城镇化水平的情况下，城市规模越大，其人均城市建设用地水平越小(见表2-35，2-36)，与本章第二节所述规律一致。

表2-34 样本城市中不同规模城市中的城镇化水平分布概况

城镇化水平	超大城市/个	特大城市/个	大城市/个	中等城市/个	小城市/个	小计/个	占样本总数的比例/(%)
>70%	4	0	1	0	2	7	7.87
60%～70%	1	1	0	1	1	4	4.49
50%～60%	1	3	4	3	0	11	12.36
40%～50%	2	1	5	8	3	19	21.35
30%～40%	0	2	4	12	5	23	25.84
<30%	0	0	3	8	14	25	28.09
合　计	8	7	17	32	25	89	100.00

表 2-35　不同规模下城镇化水平与人均城市建设用地间的相关关系(1)

城市类别	城镇化水平	>70%	60%～70%	50%～60%	40%～50%	30%～40%	<30%
超大城市	样本数/个	4	1	1	2	—	—
	人均城市建设用地/(m²/人)	71.89	86.8	78.94	69.54	—	—
	人均城市建设用地中位数/(m²/人)	82.16	86.8	78.94	73	—	—
特大城市	样本数/个	—	1	3	1	2	—
	人均城市建设用地/(m²/人)	—	97.29	104.14	108.77	91.45	—
	人均城市建设用地中位数/(m²/人)	—	97.29	106.18	108.77	91.9	—
大城市	样本数/个	1	—	4	5	4	3
	人均城市建设用地/(m²/人)	103.8	—	94.59	99.01	108.04	92.72
	人均城市建设用地中位数/(m²/人)	103.8	—	88.72	99.6	100.3	94.88
中等城市	样本数/个	—	1	3	8	12	8
	人均城市建设用地/(m²/人)	—	85.5	130.44	111.39	98.59	99.11
	人均城市建设用地中位数/(m²/人)	—	85.5	108.05	108.65	98.68	96.3

续表

城市类别＼城镇化水平		>70%	60%～70%	50%～60%	40%～50%	30%～40%	<30%
小城市	样本数/个	2	1	—	3	5	14
	人均城市建设用地/(m^2/人)	144.09	159.77	—	131.13	103.6	104.36
	人均城市建设用地中位数/(m^2/人)	144.09	159.77	—	133.56	94.83	103.87

注：有城镇化水平数据的样本城市总数为89个。

表2-36　不同规模下城镇化水平与人均城市建设用地间的相关关系(2)

城镇化水平	人均城市建设用地/(m^2/人)				
	超大城市	特大城市	大城市	中等城市	小城市
>70%	71.89	—	103.80	—	144.09
60%～70%	86.8	97.29	—	85.5	159.77
50%～60%	78.94	104.14	94.59	130.44	—
40%～50%	69.54	108.77	99.01	111.39	131.13
30%～40%	—	91.45	108.04	98.59	103.60
<30%	—	—	92.72	99.11	104.36

注：有城镇化水平数据的样本城市总数为89个。

五、不同规模城市的城市用地结构分析

分别分析不同规模城市中的各类城市用地间的相关关系，初步判断得出结论如下(详见表2-37)：

——居住用地(R)：随着城市规模的扩大，人均居住用地水平逐渐降低，居住用地占城市建设总用地的比例也逐渐降低。

——公共设施用地(C)：随着城市规模的扩大，人均公共设施用地水平逐渐降低，公共设施用地占城市建设总用地的比例也逐渐降低(但超大城市中，该比例较大)。

——工业用地(M)：在不同规模的城市中，人均工业用地及其比例呈现的规律不明显。超大城市的人均工业用地水平最低，小城市略大，特大城市的人均工业用地水平及其比例最高。

——仓储用地(W)：在不同规模的城市中，人均仓储用地及其比例呈现的规律不明显，大城市的人均仓储用地及其比例最大。

——对外交通用地(T)：在不同规模的城市中，人均对外交通用地及其比例呈现的规律不明显。特大城市、大城市的人均对外交通用地及其比例较高。

——道路广场用地(S)：随着城市规模的扩大，人均道路广场用地水平逐渐降低。在不同规模的城市中，道路广场用地占城市建设总用地的比例则呈现出"两头大"的态势，即大城市的道路广场用地占城市建设总用地的比例最小，该比例向人口规模扩大、减小两个方向逐渐扩大。

——市政设施用地(U)：随着城市规模的扩大，人均市政设施用地水平逐渐降低，但市政设施用地占城市建设总用地的比例呈现的规律不明显，大城市中的该比例较高。

——绿地(G)：随着城市规模的扩大，人均绿地水平及其占城市建设总用地的比例有逐渐增大的趋势，特大城市的人均绿地水平及其占城市建设总用地的比例最大。

——特殊用地(D)：特大城市、大城市中的人均特殊用地及其占城市建设总用地的比例较高。

表 2-37　不同规模城市的城市结构比较分析

		R	C	M	W	T	S	U	G	D	总用地
超大城市	人均用地/(m^2/人)	24.02	11.09	14.95	2.51	3.56	8.7	1.86	5.41	1.5	73.62
	用地比例/(%)	32.63	15.07	20.31	3.41	4.84	11.81	2.53	7.35	2.04	100
特大城市	人均用地/(m^2/人)	31.33	11.72	27.8	2.47	5.48	9.62	2.04	6.89	3.22	100.55
	用地比例/(%)	31.15	11.65	27.65	2.46	5.45	9.57	2.03	6.85	3.2	100
大城市	人均用地/(m^2/人)	35.53	12.43	22.53	3.36	4.96	9.39	2.56	5.39	2.61	98.75
	用地比例/(%)	35.98	12.58	22.82	3.4	5.02	9.51	2.59	5.46	2.64	100
中等城市	人均用地/(m^2/人)	42.17	13.49	23.76	2.72	3.33	11.6	2.35	5.84	1.22	106.47
	用地比例/(%)	39.61	12.67	22.31	2.56	3.13	10.9	2.2	5.48	1.14	100

续表

		R	C	M	W	T	S	U	G	D	总用地
小城市	人均用地/(m^2/人)	44.09	15.52	19.11	2.9	4.19	12.17	2.63	4.45	1.58	106.64
	用地比例/(%)	41.34	14.56	17.92	2.72	3.93	11.41	2.47	4.17	1.48	100
合计	人均用地/(m^2/人)	31.16	12.05	19.71	2.71	4.06	9.61	2.13	5.62	1.88	88.95
	用地比例/(%)	35.03	13.55	22.16	3.05	4.57	10.81	2.4	6.32	2.12	100

第五节　结　　论

通过上述分析可知，城市建设用地与地域、城市形态、城市规模和城市职能有着明显的相关关系，主要相关因素可进一步细分为日照、气候分区、规模、产业结构、经济、城市性质等(见表 2-38)。

表 2-38　各单项建设用地的主要相关因素

	日照	气候分区	经济	城市规模	产业结构	城市性质
居住用地(R)	●			●		●
公共管理与公共服务用地(C) 商业服务业设施用地(B)				●	●	●
工业用地(M) 仓储物流用地(W)			●		●	●
交通设施用地(S)			●	●		●
公用设施用地(U)						
绿地(G)		●	●	●		●
城市建设用地	●	●	●	●		●

注：●——有显著影响的因素

在表 2-38 所列的六个因素中，可以将其分为两类：第一类是可以量化的指标，比如日照、气候分区、经济发展水平、产业结构、城市规模。对于该类指标，可以通过模型建构的方式确定其与人均城市建设用地之间的关系。第二类是不可以量化、但可以在分析第一类因素的基础上通过适当数值的增减而得到的指标，虽然无法构建严格的函数来模拟这个变化规律，但也可以在模型中予以表示。在上述因素中主要是城市性质。

第三章 城市用地标准研究

第一节 现行城市用地标准利用状况以及新要求

一、传统用地标准的控制

(一)《城市用地分类与规划建设用地标准》(1990)对建设用地的控制指标

根据《城市用地分类与规划建设用地标准(GBJ137-90)》,人均城市建设用地分为4级,见表3-1。

表3-1 规划人均建设用地指标

指标级别	用地指标/(m^2/人)
Ⅰ	60.1～75
Ⅱ	75.1～90
Ⅲ	90.1～105
Ⅳ	105.1～120

数据来源:《城市用地分类与规划建设用地标准(GBJ137-90)》。

新建城市的规划人均建设用地指标宜在第Ⅲ级内确定;当城市的发展用地偏紧时,可在第Ⅱ级内确定。

现有城市的规划人均建设用地指标,应根据现状人均建设用地水平,按表3-2的规定确定。所采用的规划人均建设用地指标应同时符合表中指标级别和允许调整幅度双因子的限制要求,调整幅度是指规划人均建设用地比现状人均建设用地增加或减少的数值。

表3-2 规划人均建设用地指标允许调整幅度

<table>
<tr><th rowspan="2">现状人均建设用地水平/(m²/人)</th><th colspan="2">允许采用的规划指标</th><th rowspan="2">允许调整幅度/(m²/人)</th></tr>
<tr><th>指标级别</th><th>规划人均建设用地指标/(m²/人)</th></tr>
<tr><td>≤60.0</td><td>Ⅰ</td><td>60.1～75.0</td><td>+0.1～+25.0</td></tr>
<tr><td rowspan="2">60.1～75.0</td><td>Ⅰ</td><td>60.1～75.0</td><td>>0</td></tr>
<tr><td>Ⅱ</td><td>75.1～90.0</td><td>+0.1～+20.0</td></tr>
</table>

续表

现状人均建设用地水平/(m²/人)	允许采用的规划指标		允许调整幅度/(m²/人)
	指标级别	规划人均建设用地指标/(m²/人)	
75.1～90.0	Ⅱ	75.1～90.0	不限
	Ⅲ	90.1～105.0	+0.1～+15.0
90.1～105.0	Ⅱ	75.1～90.0	−15.0～0
	Ⅲ	90.1～105.0	不限
	Ⅳ	105.1～120.0	+0.1～+15.0
105.1～120.0	Ⅲ	90.1～105.0	−20.0～0
	Ⅳ	105.1～120.0	不限
>120.0	Ⅲ	90.1～105.0	<0
	Ⅳ	105.1～120.0	<0

数据来源：《城市用地分类与规划建设用地标准(GBJ137-90)》。

首都和经济特区城市的规划人均建设用地指标宜在第Ⅳ级内确定。当经济特区城市的发展用地偏紧时，可在第Ⅲ级内确定。

另外，边远地区和少数民族地区中地多人少的城市，可根据实际情况确定规划人均建设用地指标，但不得大于150.0 m²/人。

(二)《镇规划标准》(2007)对建设用地的控制指标

根据《镇规划标准(GB50188-2007)》，镇人均建设用地指标分为4级，见表3-3。

表3-3 规划人均建设用地指标

级　别	一	二	三	四
人均建设用地指标/(m²/人)	>60～≤80	>80～≤100	>100～≤120	>120～≤140

数据来源：《镇规划标准(GB50188-2007)》。

新建镇区的规划人均建设用地指标应按上表中第二级确定；当地处现行国家标准《建筑气候区划标准(GB50178)》的Ⅰ、Ⅶ建筑气候区时，可按第三级确定；在各建筑气候区内均不得采用第一、四级人均建设用地指标。

对现有的镇区进行规划时，其规划人均建设用地指标应在现状人均建设用地指标的基础上，按表3-4规定的幅度进行调整。第四级用地指标可用于Ⅰ、Ⅶ建筑气候区的现有镇区。

表 3-4　规划人均建设用地指标允许调整幅度

现状人均建设用地指标/(m^2/人)	规划调整幅度/(m^2/人)
≤60	增 0～15
>60～≤80	增 0～10
>80～≤100	增、减 0～10
>100～≤120	减 0～10
>120～≤140	减 0～15
>140	减至 140 以内

资料来源：《镇规划标准(GB50188-2007)》。

注：规划调整幅度是指规划人均建设用地指标对现状人均建设用地指标的增减数值。地多人少的边远地区的镇区，可根据所在省、自治区人民政府规定的建设用地指标确定。

(三)《村镇规划标准》(1993)对建设用地的控制指标

根据《村镇规划标准(GB50188-93)》，村镇人均建设用地指标分为5级，见表3-5。

表 3-5　规划人均建设用地指标

级　别	一	二	三	四	五
人均建设用地指标/(m^2/人)	>50～≤60	>60～≤80	>80～≤100	>100～≤120	>120～≤150

数据来源：《村镇规划标准(GB50188-93)》。

新建村镇的规划，其人均建设用地指标宜按表3-5中第三级确定；当发展用地偏紧时，可按第二级确定。

对已有的村镇进行规划时，其人均建设用地指标应以现状建设用地的人均水平为基础，根据人均建设用地指标级别和允许调整幅度确定，并应符合表3-6及本条各款的规定。

第一级用地指标可用于用地紧张地区的村庄，集镇不得选用。

地多人少的边远地区的村镇，应根据所在省、自治区政府规定的建设用地指标确定。

表 3-6 规划人均建设用地指标

现状人均建设用地水平/(m^2/人)	人均建设用地指标级别	允许调整幅度/(m^2/人)
≤50	一,二	应增 5～20
50.1～60	一,二	可增 0～15
60.1～80	二,三	可增 0～10
80.1～100	二,三,四	可增、减 0～15
100.1～120	三,四	可减 0～15
120.1～150	四,五	可减 0～20
>150	五	应减至 150 以内

数据来源:《村镇规划标准(GB50188-93)》。允许调整幅度是指规划人均建设用地指标对现状人均建设用地水平的增减数值。

(四) 各地执行中的农村宅基地标准

2007 年 5 月 1 日之前,除了《村镇规划标准》对村庄建设用地进行控制之外,主要是各个地方自制的法规政策。在《村镇规划标准》被废止后,地方性标准成为了目前指导乡村规划建设的主要指标。

全国各省、市、自治区农村户均宅基地面积标准见表 3-7。

表 3-7 全国各省份农村户均宅基地面积标准

省 份	户均宅基地面积标准/(m^2/户)	备 注
北京市	167～200	
天津市	167～270	
河北省	200～467	
陕西省	130～200	
内蒙古	250～600	
辽宁省	200～400	
吉林省	120～330	
黑龙江省	350	
上海市	150～200	
江苏省	135～200	
浙江省	125～160	
安徽省	167～300	
福建省	80～120	
江西省	120～240	
山东省	133～267	
河南省	133～233	

续表

省　份	户均宅基地面积标准/(m^2/户)	备　注
湖北省	140～200	
湖南省	130～210	
广东省	80～150	
广　西	100～150	
海南省	150～175	
重庆市	90～150	每人 30 m^2,3 人以下户按 3 人计算,4 人户按 4 人计算,5 人以上户按 5 人计算。
四川省	60～150	每人 20～30 m^2;3 人以下的户按 3 人算,4 人的户按 4 人算,5 人以上的户按 5 人计算。
贵州省	120～200	
云南省	120～220	
西　藏	藏民房屋与内地民居相比,其宅基地普遍较大,有的特大。建构也较为随意。只要合乎比例,增减尺度无大碍。据 1991 年中甸县城建局的普查资料,该县境内藏区民居建筑面积一般是 200～400 m^2,500～700 m^2 的也不少;超过 800 m^2 者也并不罕见。——因此可能指标难以控制,故无明确规定。	“农村村民建住宅,应当符合乡(镇)土地利用总体规划,结合旧村改造,充分利用原有的宅基地、村内空闲地,严格控制占用耕地。宅基地用地的具体标准和办法由自治区人民政府作出规定。”
陕西省	133～267	
甘肃省	133～333	
青海省	200～350	
宁　夏	133～534	
新　疆	200～800	

纵观表 3-7,四川省、重庆市等山地省市,浙江省、广东省、福建省等沿海省份的村庄户均宅基地标准相对较小;而北部地区,如河北省、辽宁省、内蒙古、宁夏、新疆等地的村庄宅基地面积较大。

(五)启示

对有关标准和政策分析,提供了如下启示:静态式的人均用地控制缺乏地域差异考虑似乎成为惯例,以各类标准的高限值为上限应具备可接受性。具体体现在下述几方面:

(1) 通过制定规划人均建设用地标准对规划建设用地整体规模进行控制，以人定地、规划期末静态式调控成为各类相关技术标准的习惯性思维。

如在《城市用地分类与规划建设用地标准》中，首先，将人均建设用地标准分为4级，总体上为60～120 m^2/人；其次，制定了针对现状水平，允许调整的幅度，但允许调整幅度表在实际规划工作中往往被忽视，导致大量出现人均建设用地现状水平低而规划末期高的情况。

(2) 地域差异的揭示成为标准制定的重要因素，关键是如何找到带有普适性的规律特征，这恰恰是巨大的挑战。

我国各地实际情况、条件差异巨大，就常理而言是不宜进行一刀切的控制的。而从上述所有标准的控制指标中可以看出，对于地域差异的考虑均比较薄弱，虽有一些文字性的补充说明，然而不是强制性的指标，在实际的工作中可操作性较差。一般而论，地域差异大是对中国问题的基本共识，研究中国问题都会在这一领域进行思考，但对于一个全国使用的技术标准问题，能否找到针对微观空间对象的普适性规律是关键，同样也是极大的挑战。倘若无法满足普适性规律的要求，必须另辟蹊径。

(3) 在实际的规划工作中，对于人均量的控制基本上采用的都是标准的上限(即不大于上限即可)，有关指标的高限值应具备可接受性。

城市规划建设用地标准的上限120 m^2/人，在很大程度上起到了控制城市用地盲目扩张的作用。目前虽然有少数城市指标超过了这一标准，在节约集约用地这一大前提下，120 m^2/人的城市人均用地指标是能够被接受的。

《镇规划标准》中对于镇人均建设用地指标的上限定为140 m^2/人。由于镇一级别小城镇用地普遍较大城市人均用地更高，即城镇规模越大，用地相对越集约，140 m^2/人的标准还要在实践中接受检验。

曾经执行的《村镇规划标准》中，对于村镇人均建设用地的上限定为150 m^2/人，许多地区的村庄规划是以此为上限控制村庄规划人均建设用地。

二、现行城市规划建设用地标准问题分析

(一) 城乡割裂、着重调控城市建设用地的方式无助于促进建设用地整体的节约集约利用

1990版国标制定之时，正是《中华人民共和国城市规划法》实施之际，它是以《城市规划法》为依据出台的，其针对的对象是城市用地，主

要适用范围在于城市的总体规划工作和城市用地统计工作。因此，有关规划建设用地标准实际是针对城市建设用地来制定的，并不覆盖城市地域的整体，即不涉及乡村建设用地的控制。由于客观存在仅关注城市建设方面的需求，忽略城市所在区域整体建设规模的控制，忽视对乡村建设用地的管控，无助于对建设用地整体的调控和利用效率提高的引导。

与乡村建设用地对比，城市建设用地的利用效率明显高出一筹，2005年人均乡村建设用地为199.5 m^2/人，人均城镇建设用地为120.7 m^2/人。特别是近些年，城镇、乡村非农建设占用农用地资源的势头依然迅猛，不加强对城乡建设用地的整体控制，就很难达到节约集约利用土地的效果。

（二）忽视区域差异、注重期末静态考量的用地控制标准导致在实践中执行难度大

1990版国标对规划城市建设用地标准设定采用在现状基础上分档增减的方式，最高限一般控制在人均120 m^2以内，而实践中的普遍共识是规划人均城市建设用地水平基本在100 m^2左右。尽管上述标准的应用应在考虑现状的人均城市建设用地水平差异的基础上实施，但最终结果却存在一刀切之嫌，在实际执行中往往难以被接受。

深究其间缘由，忽视区域差异、注重期末静态考量是主要因素。一方面，我国幅员辽阔，地域差异显著，总体上看，不论人均城乡建设用地，还是人均城市建设用地水平存在小城市比大城市高的统计分布特征，但是，在同类分组中，却受地形、社会经济发展水平等多方面因素影响，依然存在巨大差异。例如，2005年在661个设市城市中，人均城乡建设用地最小的普宁市只有人均59 m^2，而最大的玉门市人均城乡建设用地高达845 m^2，后者竟超出14倍。另一方面，由于采用期末静态指标的一刀切做法，对于部分现状人均城市建设用地水平远大于120 m^2的城市，如新疆、内蒙古、东北三省的部分城市，希望规划期末将人均城市建设用地控制到120 m^2以内，只有采取各种非科学的技术手段才能达到。

由于存在一刀切的做法，1990版国标的实施可能引发和其他规划标准的冲突。如《城市居住区规划规范》中有建筑区划，对日照间距有明确的要求，像北方城市由于日照间距要求高，对应的城市建设用地规模也相应大，在此情况下，不同技术标准之间容易产生冲突。同时，由于1990版国标在实际应用中，对现状人均城市建设用地水平低于120 m^2的城市，普遍采用规划期末比现状增加15 m^2的做法，其结果不利于土地利用效率的整体提高，与现行政策目标不一致。

(三) 城乡空间边界模糊、人口统计方式多样导致用地标准较难真正落实

应用1990版国标来规划和调控未来的城市建设用地规模，很重要的工作基础是必须明确城市空间在哪里？与之对应的人口是什么？有多少？在这个基本问题上，一直未形成统一的认识，这也是导致对1990版国标有诸多质疑的原因之一。

关于城市空间实体的识别，迄今为止，我国城市与乡村的边界都未能形成共同认可的划分办法，不少学者对城乡的划分方法进行了研究。而在行政区划管理方面，由于我国设立市和设立镇方式的演变，导致现行的建制市或建制镇行政辖区内包含了大量的农村地区，无法根据市镇直接辖区的行政界线划分城乡。为此，为统计管理的需要，国家统计局多次变更城乡划分方法。1999年，国家统计局制定了《关于统计上划分城乡的规定(试行)》，对城区的判识采用市辖区的人口密度或者“城区建设已经延伸到的区域”作为标准。2006年4月，国家统计局又修订了该标准，发布并实施了《关于统计上划分城乡的暂行规定》，将最小划分单元统一为村(居)委会，取消了人口密度的指标，而是根据“城市公共设施、居住设施等连接到的其他居民委员会和村民委员会地域”作为城区的判识依据。由于城市空间概念模糊，所采用的城市空间范围概念有近十种，包括市域、市区、规划区、主城区、建成区、规划建成区、中心区、中心城区等。

关于城市总体规划涉及的人口口径也是形式多样。主要涉及：

(1) 非农人口口径。按照1990版国标第4.0.2条提出：“在计算建设用地标准时，人口计算范围必须与用地范围相一致，人口数量宜以非农业人口为准”。

(2) 城市(镇)建成区实际居住人口口径。20世纪90年代以后，随着人口在区域间的流动和迁移不断增大，以非农业人口来确定城市(镇)人口规模，与实际情况存在偏差，为此，建设部原城市规划司于1999年下发建规函[1999]98号文件，将城市总体规划工作中涉及的城市(镇)人口定义为城市(镇)建成区内实际居住人口作为城市(镇)人口，包括非农人口、农业人口和暂住一年以上的非户籍人口。

(3) “五普”人口口径。按照“五普”的要求，涉及常住人口、城镇人口不同概念。所谓常住人口，是指在特定时点(人口普查时指调查时点)在特定区域(人口普查时指调查区对应的乡镇、街道)居住半年以上的人口，即户口登记地在本地且在本地居住半年以上的人口和居住在本地、户口不在本地且已经离开户口登记地半年以上的人口以及居住在本地、户口

待定人口。一般而言，与户籍人口对应，可以采用如下公式：

常住人口＝户籍人口＋流入人口－流出人口

＝户籍人口＋(居住在本地、户口不在本地但已经离开户口登记地半年以上的人口＋居住在本地、户口待定人口)－户口在本地但已经离开户口登记地半年以上人口

而城镇人口则是在统计常住人口基础上，应用1999年国家统计局颁布的城乡划分标准来推算。具体情况为：1999年，国家统计局以[1999]114号文件下发《关于统计上划分城乡的规定》，其中，对于城镇地区的确定主要考虑了人口密度因素，即规定：① 人口密度在1500人/km^2及以上的市辖区行政区域；② 人口密度不足1500人/km^2的市辖区政府驻地，区辖其他街道办事处地域以及城区建设已经延伸到的周边建制镇(乡)的全部行政区域；③ 不设区市政府驻地和市辖其他街道办事处地域以及城区建设已经延伸到的周边建制镇(乡)的全部行政区域。该文件将镇区范围规定为：镇政府驻地和镇辖的其他居委会地域以及城区建设已经延伸到的周边村委会地域。上述规定范围外的地域为乡村地区。在城镇地区统计到的常住人口都为城镇人口。

由于城市总体规划实践工作中，往往涉及城镇化水平的分析和预测，区域人口基数口径的变化直接影响对城市(镇)人口、中心城市人口规模的判断。特别是“五普”口径作为正式公布统计数据的官方口径，其出台对1990版国标的规划建设用地标准实施带来了显著的影响。

由于城市空间范围、城市人口口径的不确定，导致1990版国标在实际应用时，往往出现基础支撑不足的情形，标准执行容易产生偏差，无法真正落到实处。

三、启示

(一) 强调对城、乡建设用地的整体管控

我国于21世纪提出了“坚持以人为本，树立全面、协调、可持续的发展观，促进经济社会和人的全面发展”的理念，标志着我国开始从强调经济增长的发展模式转变为综合发展的模式，这种发展模式重视可持续发展和人本发展，是符合我国当前国情的。为了贯彻落实科学发展观，大力推进社会主义经济、政治、文化、社会的全面发展，就要努力做到“五个统筹”，这其中就包括城乡统筹。在建设用地标准方面，如前所述，城乡割裂、着重调控城市建设用地的用地标准忽略了城市所在区域整体建设规模的控制，忽视了对乡村建设用地的管控，造成了乡村建设用地的过高水

平和过猛发展。不加强对城、乡建设用地的整体管理和控制，就很难达到节约集约利用土地的效果。

(二) 注重用地标准的区域差别化指导

人多地少、区域差异大是中国的基本国情。规划建设用地标准的修订不能脱离这一基本条件，注重区域差别化指导是必须考虑的因素。而其间的关键和难点在于：如何选择合适的指标简化地表征区域差异问题？在过去众多研究中，可供选择的因素和组合方式都很多，如气候地域分组、人口规模分组、地形条件分组、人口城镇化水平分组等，本次研究中都会予以探讨。

(三) 注重用地标准的政策性和可接受性

规划建设用地标准是《城乡规划法》法律体系的重要技术支撑，也是相应法律法规的重要组成部分。因此，开展规划建设用地标准的修订，应体现标准的政策性，注重标准的可接受性。具体而言，标准应能和现行的法律法规相衔接，能和现行的相关技术标准进行有机的协调，能便于被标准的执行者所接受。如与地方现行法律协调、延续必要的人地关系来制定标准的思路。又比如，针对各城市现状人均用地水平之间小则几十、大则几百的巨大差异，在制定用地标准时就应注意将存量用地和新增用地区别对待，以增加控制总量用地的可行性。

第二节 建立新城市用地标准的思路探讨

一、以人均用地为切入点，规划城乡建设用地标准设计路径

(一) 规划城乡建设用地标准针对的空间对象

根据上文分析，规划区作为城乡规划管理的实质性空间单元，也应作为规划城乡建设用地标准针对的空间对象。

从实际的城市总体规划编制工作看，规划区作为一个管理区域，往往和行政区划有着密不可分的关系。一般而言，直辖市以整个行政区管辖范围为规划区，地级及副省级城市的规划区通常包括市辖区的整体，而县级市则有涉及整个行政区、也有围绕中心城区的部分地域。从经济发达地区的发展趋势看，将整个行政辖区纳入规划区是一个重要动向，如浙江推行市域(县级单元)总体规划等。

因此，从分析问题的对象和方法看，以地级及以上城市的市辖区整体、县级市行政区整体作为对象分析，基本能满足规划区的空间口径要求。

(二) 城乡建设用地的口径分析

城镇和乡村是人类社会赖以生存的两个相对对立又统一的空间体系。从广义上看,在陆地上存在的所有建设用地都可以归入城乡建设用地的范畴,譬如城镇、乡村这样的居民点以及支撑它们的各种交通设施、水利设施等。但是,从人类生产生活的主要场所以及社会财富积累的主要地域来看,城镇、乡村以及提供非农生产活动重要载体的工矿用地是建设用地的主体部分,也是人类社会经济活动的主要空间。因此,城乡建设用地的关注点应该在城镇、农村居民点和独立型建设用地上,不涉及区域基础设施用地、非建成区内的军事设施用地等。

根据研究,我们设计的城乡建设用地包括城市建设用地、城镇建设用地、乡建设用地、村庄建设用地以及独立建设用地。

(三) 规划城乡建设用地标准涉及的人口口径分析

规划城乡建设用地标准可能涉及的人口口径,包括常住人口和城镇人口。

常住人口是指“五普”的人口口径,即在特定时点、在特定区域居住半年以上的人口。

城镇人口也是“五普”城镇人口(如统计城镇规模和城镇化率使用)。城镇地区的确定主要考虑人口密度因素,如人口密度在1500人/km^2及以上的市辖区行政区域等。在城镇地区统计到的常住人口都为城镇人口。

(四) 规划城乡建设用地调控思路探讨

结合以往的经验,从规划城乡建设用地调控思路看,可能包括三种方式,即期末人均城乡建设用地、规划期新增人口人均城乡建设用地以及期末人均城乡建设用地和规划期新增人口人均城乡建设用地的组合。

上述方式的难点在于如何揭示区域差异、类型差异。可供的分组选择包括城市规模分组、气候区划分组、地貌类型区分组、行政区划分区、城镇化水平分组等。

二、以人均单项用地为切入点,规划城市建设用地标准设计路径

(一) 规划城市建设用地标准针对的空间对象

规划城市建设用地标准针对的空间对象应是城市建成区。

所谓城市建成区,是指城市行政区内实际已成片开发建设、市政公用设施和公共设施基本具备的地区。城市建成区范围的划定,要考虑自然

地形、地貌、基层行政单位的管理界线等因素，以及城市各项用地的完整性，并尽可能与人口统计的地域范围相一致。城市近郊的一些建成地段，尽管未同市区连成一片，但同市区的联系十分密切，已成为城市不可分割的一部分，也可视做城市建成区。

城市建成区在单核心城市和一城多镇有不同的反映。在单核心城市，建成区是一个实际开发建设起来的集中连片的、市政公用设施和公共设施基本具备的地区，以及分散的若干个已经成片开发建设起来、市政公用设施和公共设施基本具备的地区。对一城多镇来说，建成区就由几个连片开发建设起来的、市政公用设施和公共设施基本具备的地区所组成。

（二）城市建设用地的口径分析

城市建设用地，具体来讲，包括居住用地、公用设施用地、工业用地、仓储用地、对外交通用地、道路广场用地、市政公用设施用地、绿地和特殊用地等。

（三）规划城市建设用地标准涉及的人口口径分析

规划城市建设用地标准可能涉及的人口口径包括城区总人口和城镇人口。

城区总人口，指包括城区户籍人口和城区暂住人口在内的所有人口。

城镇人口是"五普"城镇人口（如统计城市规模使用）。城镇地区的确定主要考虑人口密度因素，如人口密度在 1500 人/km^2 及以上的市辖区行政区域等。在城镇地区统计到的常住人口都为城镇人口。

（四）规划城市建设用地调控思路探讨

结合以往的经验，从规划城市建设用地调控思路看，可能包括三种方式，即规划期末人均城市建设用地、规划期新增城区人口人均城市建设用地以及期末人均城市建设用地和规划期新增城区人口人均城市建设用地的组合。

与规划城乡建设用地调控类似，上述方式的难点也在于如何揭示区域差异、类型差异。可供的分组选择包括城市规模分组、气候区划分组、地貌类型区分组、行政区划分区等。

设计城市建设用地标准的具体思路是，从人均单项用地切入，在设计几项重要人均单项用地标准的基础上，根据此几项单项用地占总用地的一个比例系数，进一步得到人均城市建设用地。

第三节　城市用地标准方案设计

一、方案设计的总体原则

1. 强调节约用地的政策导向性

力争通过标准的引导，遏制当前全国人均城乡和城市建设用地不断增长的势头，这是标准制定的重要目标。

2. 强调方案设计的科学合理性

方案设计能符合城镇化及其进程中人地关系变化的基本规律。

3. 把握标准实施的可接受性

标准的设计及形成，应能为各方所接受，便于顺利实施。

4. 体现成果的继承与发展性

标准的制定需要和以往标准控制要求适当衔接。

5. 注意标准制定的粗细相宜

作为面向全国的标准制定，应遵循宜粗不宜细的指导思想。

二、人均城乡建设用地方案

（一）方案设计总体思路

总结上文的有关分析，规划城乡建设用地标准的方案设计总体思路可归纳为：

（1）通过新增人口用地规模的增量控制，逐步动态实施城乡建设用地节约集约用地。

（2）借鉴以往标准的经验，采取分段控制、可接受门槛引导的方法。

（二）方案设计的数据口径

1. 对象及空间范围

规划城乡建设用地标准针对对象为规划区。

2. 人口口径

人口口径采用居住人口口径，居住人口定义为在特定地区、特定时点的户籍人口、暂住半年以上人口之和。城镇化率将按居住人口口径计算。

之所以这样设定，理由如下：

（1）人口对用地的需求实质上涉及财产权问题，即便是原户籍人口向外地流动，本身已经占有的土地或房地产是作为财产形式必须予以保护，而“五普”等国家调查统计中设定的常住人口，需要扣减流出人口，实际上无法剥夺这部分人口的财产权。

(2) 对于暂住半年以上的人口,实际上在一年时段内需要城市提供相对完整的公共服务要求,同时,和“五普”等国家统计调查工作口径便于衔接。

3. 用地口径

用地口径为城乡建设用地,即包括独立工矿用地在内的城市、镇、乡、村庄、独立建设用地之和。

之所以如此设定,理由在于:城乡建设用地是人们在特定地区生活、工作的完整的基本载体,而其他区域性基础设施、军事设施等服务的范围可能超越整个特定区域,不易进行控制。

(三)新增人口用地指标调控方案

1. 方案的主要内容

方案的基本思路:① 制定新增人口人均城乡建设用地指标,通过控制新增量实现总量控制,达到节约集约用地总目标。② 新增人口人均城乡建设用地指标,以现状人均城乡建设用地作为主要依据;在城镇化水平作用显著的区间段,将现状城镇化水平作为辅助依据。

方案一的主要内容表述为:规划期末城乡建设用地总规模等于现状规模、规划期内新增城乡建设用地规模之和,而规划期内新增城乡建设用地规模为规划新增人口和规划新增人口人均城乡建设用地的乘积,具体公式为

规划期末城乡建设用地总规模=现状规模+规划期新增城乡建设用地规模
=现状规模+规划新增人口×规划新增人口人均城乡建设用地,

其中,规划新增人口人均城乡建设用地标准见表3-8。

表3-8 方案一:规划新增人口人均城乡建设用地指标

基本依据		规划新增人口人均城乡建设用地指标 $A/(m^2/人)$
现状人均城乡建设用地面积/$(m^2/人)$	现状城镇化水平	
>150	—	A≤150
>100~≤150	≥70%	A≤现状水平,且A≤120
	<70%	A≤现状水平,且A≤140
≤100	—	A≤100

2. 方案的要点说明

(1) 方案设计的背景信息

下文分析形成方案设计的有关背景信息,具体如下:

① 从节约集约用地角度出发，人均城乡建设用地、新增人口人均建设用地的扩大化趋势亟待遏制。

从政策层面分析，国发[2008]3号文件对于切实保护耕地，大力促进节约集约用地的政策要求、《城乡规划法》对城乡用地统筹调控的要求，表明节约集约利用土地、综合调控城乡用地是当前亟需解决的问题。而在现实生活中，以对2000—2005年间各省级单元人均城乡建设用地统计分析为例，大部分地区的人均用地都呈扩张趋势。这一现象表明新增人口的人均城乡建设用地远远大于现状人均城乡建设用地，用地正处于粗放增长，必须加强对新增人口人均城乡建设用地的控制，遏制人均城乡建设用地不断扩大的势头。

② 不同口径的统计分析表明，人均城乡建设用地和城镇化率之间在总体、100～150 m^2/人组存在显著的负相关关系，这对克服无法发现能满足规划城乡建设用地标准的普适性规律起到较好的弥补作用。

在揭示地域或类型差异方面，由于普遍存在组间、组内差异都大的情形，因此，很难选择一个完全满足统计规律的因素作为刻画差异的指标，而需要和城镇化发展的一般规律、有关用地政策导向结合考虑。

结合城镇化发展的一般规律，按照城镇化率小于30%、介于30%～70%之间和大于70%之间进行分组及不同口径数据统计，人均城乡建设用地由大转小的特征非常显著，特别通过回归分析发现，全国100～150 m^2/人组存在显著的人均城乡建设用地随城镇化率提高而下降的关系。

进一步比较城镇用地和农村建设用地利用方式的差异，可以认为随着城镇化率提高，特别是进入城镇化发展成熟阶段，新增城乡建设用地应以城市形态、标准来利用，新增人口人均城乡建设用地的需求应不低于城市建设用地的标准。

③ 现行的和曾经执行的各种建设用地标准对城乡建设用地的控制和引导发挥着积极的作用，特别是有关指标的控制上限标准应是社会可接受的政策标准。

从《城市用地分类与规划建设用地标准(GBJ137-90)》看，城市人均建设用地的上限为120 m^2/人；边远地区和少数民族地区中地多人少的城市，可根据实际情况确定规划人均建设用地指标，但不得大于150 m^2/人。显然，120 m^2/人对于绝大多数城市而言，是一种理想状况下的最高人均用地标准。此外，在实践中，社会普遍的认识是人均城市建设用地水平在100 m^2/人左右。

从《镇规划标准(GB50188-2007)》看,分成 60 m^2/人以下、60～80 m^2/人、80～100 m^2/人、100～120 m^2/人、120～140 m^2/人、140 m^2/人以上等级别,规划应用时镇人均建设用地的上限是 140 m^2/人,而对于100～120 m^2/人、120～140 m^2/人两个级别,采用降低人均用地指标的要求。因此,单纯从城市、县城镇以外的建制镇来看,140 m^2/人是规划标准的上限,不大于 140 m^2/人也是快速城镇化进程中引导的方向。

从曾经执行的《村镇规划标准(GB50188-93)》,村镇人均建设用地的上限是 150 m^2/人,这是一个被广泛接纳的人均城乡建设用地标准上限值,并在过去相当长时间发挥作用。

从所收集的各省、市、自治区地方性村庄人均建设用地标准看,最高的人均村庄建设用地标准为 150 m^2/人。换言之,目前各省、市、自治区关于村庄规划建设制定的标准,主要仍以《村镇规划标准(GB50188-93)》为依据。

综上分析,现行标准与已废止的标准对人均建设用地控制乏力主要问题在控制方式不能将用地控制在规定的上限以内,而不是控制上限定的过低或者过高;规划人均城市建设用地 120 m^2/人、人均镇建设用地140 m^2/人以及村庄人均建设用地 150 m^2/人的控制上限,已被广泛接受。在修订标准时,考虑到与现实已完成规划的相互衔接,不宜抛开这些指标另起炉灶。本研究并不否定上述标准的上限指标。

(2) 现状人均城乡建设用地分档作为标准调控的基本依据

按照现状人均城乡建设用地,分为 100 m^2/人以下、100～150 m^2/人、150 m^2/人以上三个区间段分别控制,涉及 100 m^2/人、150 m^2/人两个临界点。其主要理由为:

① 100 m^2/人:100 m^2/人及以下的城乡建设用地属于比较集约的用地方式。就城市而言,人均城市建设用地控制在 100 m^2/人以内是大部分城市的规划控制目标,也是一般认识中的人均城市建设用地标准水平。例如,2005 年现状人均城市建设用地中地级以上城市除部分北方城市以外均在此人均水平线以内。

《镇规划标准》中以人均 100 m^2/人的建设用地水平作为第二级别、第三级别的分界值,如人均 80～100 m^2/人时可以增加或者减少人均用地指标,人均 100～120 m^2/人或者 120～140 m^2/人时应减少人均用地指标。

目前关于村庄的建设标准中,只有地方标准,新建村庄的人均建设用地标准均低于 100 m^2/人。

在此,将 100 m^2/人作为用地集约使用的一个基准点。

② 150 m^2/人：150 m^2/人是城市、村镇曾经执行的最高人均用地标准。就所收集到的各省区市地方标准中，均未超过此水平的上限。

此外，选择上述两个临界点的另一理由在于：按照统计分析，100～150 m^2/人的区间内，人均城乡建设用地水平随着城镇化水平的提高而降低，人均用地和城镇化水平的关系具有统计上的显著性。而 100 m^2/人以下和 150 m^2/人以上区段，两者没有显著的相关性。

(3) 城镇化水平分档作为基本依据

选择 70%的城镇化水平作为辅助参考依据基于以下两方面原因：

① 根据诺瑟姆曲线，当城镇化水平达到 70%之后城镇化趋于稳定。进入平稳发展时期，这个时期由于城镇人口已经占据区域总人口的主导，城乡建设用地的增长中也以城镇式用地为主，此时的新增人口人均城乡建设用地应趋于城镇水平。

② 根据对城镇化发展阶段的分组分析，城镇化水平位于 70%以上组较位于 30%～70%组，人均城乡建设用地显著下降，用地明显集约。

(4) 新增人口人均城乡建设用地标准的确定

① >150 m^2/人：超过最高人均建设用地标准应严格控制，新增人口人均城乡建设用地不得大于 150 m^2/人。即便采用 150 m^2/人，也远低于现状人均城乡建设用地水平，结果将引导规划期末的人均城乡建设用地水平逐步下降，达到节约集约用地效果。

② ≤100 m^2/人：属于现状用地比较集约的城市，多分布在山区、经济发达地区，属于受自然、经济等因素影响应加以适当控制的城市，新增人口人均城乡建设用地不得大于 100 m^2/人。

③ 100～150 m^2/人且城镇化水平≥70%：属于进入城镇化成熟阶段的城市，城乡建设用地以城市型建设为主，故新增人口人均城乡建设用地以不超过现行城市建设用地标准的上限 120 m^2/人为宜；对于现状人均城乡建设用地就低于 120 m^2/人的城市，参照《镇规划标准》对于 100～120 m^2/人对应的第二档采用人均减少 0～10 m^2 控制的思路，以新增人口人均用地不超过现状人均用地水平为宜。

④ 100～150 m^2/人且城镇化水平<70%：属于城镇化尚未进入成熟发展的城市，用地增长介于城市和村镇之间，参照《镇规划标准》的上限 140 平方米为新增人口人均城乡建设用地控制上限。对于现状人均城乡建设用地就低于 140 m^2/人的城市，参照《镇规划标准》对于 100～120 m^2/人、120～140 m^2/人对应的第二、三档采用人均减少 0～10、0～15 m^2控制的思路，以新增人口人均用地不超过现状人均用地水平为宜。

三、人均城市建设用地方案

（一）方案设计总体思路

总结上文的有关分析，规划城市建设用地标准的方案设计总体思路归纳为：

（1）四项（居住、工业仓储、交通、绿地）人均建设用地占人均城市建设用地的比重相对稳定，约为75%～80%。

（2）人均城市建设用地以及四项人均单项建设用地，总体上均与城市规模存在显著的反相关。尽管各规模组内部变异系数大，城市规模仍应当作为人均城市建设用地的变化的参考因素，因为规模大的城市用地，用地功能混合，基础设施配置齐全，土地承载力大，用地趋于集约。

（3）现状四项人均建设用地的区间约为55～90 m^2/人；根据前面统计的相对比重，确定人均城市建设用地的控制区间为70～120 m^2/人。

（二）方案设计的数据口径

（1）对象及空间范围

规划城市建设用地标准针对对象为城市建成区。

（2）人口口径

人口口径采用城区总人口。

城区总人口指包括城区户籍人口和城区暂住人口在内的所有人口。

（3）用地口径

用地口径为城市建设用地，具体来讲，包括居住用地、公用设施用地、工业用地、仓储用地、对外交通用地、道路广场用地、市政公用设施用地、绿地和特殊用地等。

（三）方案

方案的主要内容为：将规划人均城市建设用地分为4级，见表3-9。

表3-9 规划人均城市建设用地指标

指标级别	用地标准/（m^2/人）
Ⅰ	70～85
Ⅱ	85～100
Ⅲ	100～110
Ⅳ	110～120

新建城市的规划人均建设用地指标宜在第Ⅱ级内确定；当城市的发展用地偏紧时，可在第Ⅰ级内确定。

现有城市的规划人均城市建设用地指标，应根据现状人均建设用地水平，按表3-10的规定确定。所采用的规划人均建设用地指标应同时符合表中指标级别和允许调整幅度双因子的限制要求。调整幅度是指规划人均城市建设用地比现状人均城市建设用地增加或减少的数值。

表3-10　规划人均建设用地指标允许调整幅度

现状人均城市建设用地/(m^2/人)	规划人均城市建设用地指标/(m^2/人)	调整幅度			
		规划人口<50万	规划人口50～100万	规划人口100～200万	规划人口>200万
<70	70～85	0～15	0～15	0～15	0～10
70～85	70～100	0～15	0～15	0～15	0～10
85～100	70～110	0～15	0～15	0～15	0～10
100～110	95～120	−5～10	−5～10	−10～5	−10～5
110～120	95～120	−15～10	−15～10	−15～5	−15～0
>120	≤120	−15～0	−15～0	−15～0	−15～0

四、人均单项城市建设用地方案

人均单项城市建设用地方案针对的空间范围、人口口径等与人均城市建设用地方案相同。

(一) 人均居住用地面积

(1) 建设部政策研究中心《全面建设小康社会居住目标研究》中提出2020年城镇人均住房建筑面积为35.0 m^2/人。

(2) 现状人均居住面积统计的平均数为35.4 m^2。

(3) 现状分气候区人均居住用地状况如表3-11所示。

表3-11　分气候区划的人均居住用地现状

气候区划	Ⅰ、Ⅱ、Ⅵ、Ⅶ	Ⅲ、Ⅳ、Ⅴ
人均居住用地/(m^2/人)	34.54～54.66	30.68～36

(4) 按照《城市居住区规划设计规范(GB 50180-93)》中关于住宅建筑面积净密度最大值的规定(表3-12)，住宅用地约占居住区用地的60%。

表 3-12 居住区用地平衡控制指标

用地构成	居住区/(%)	小区/(%)	组团/(%)
住宅用地(R01)	45～60	55～65	60～75
公建用地(R02)	20～32	18～27	6～18
道路用地(R03)	8～15	7～13	5～12
公共绿地(R04)	7.5～15	5～12	3～8
居住区用地(R)	100	100	100

综合考虑建筑层数影响，人均住宅建筑面积列于表 3-13：

表 3-13 人均住宅用地面积

气候区划	Ⅰ、Ⅱ、Ⅵ、Ⅶ	Ⅲ、Ⅳ、Ⅴ
人均住宅用地/(m^2/人)	17.5～24.7	14.6～19.4

可推算出相应的人均居住区用地面积如表 3-14 所列：

表 3-14 人均居住区用地面积

气候区划	Ⅰ、Ⅱ、Ⅵ、Ⅶ	Ⅲ、Ⅳ、Ⅴ
人均居住区用地/(m^2/人)	29.2～41.2	24.3～38.9

同时，由于本处的居住用地不包含居住区中的基础设施、道路、中小学等用地，剔除之后，确定人均居住用地标准如表 3-15 所示。

表 3-15 人均居住用地标准

气候区划	Ⅰ、Ⅱ、Ⅵ、Ⅶ	Ⅲ、Ⅳ、Ⅴ
人均居住用地/(m^2/人)	25～36	20～32

(二) 人均城市交通设施用地

(1) 现状人均道路广场用地为 9～12 m^2/人。

(2) 根据道路交通标准，快速路、主干路的道路网间距为 800～1200 m，因此可以计算出快速路、主干路合计的道路网密度在 1.7～2.5 km/km^2。按照《城市道路交通规划设计规范(GB 50220-95)》的红线宽度，不同等级城市道路面积占总用地的比重约为 11%～40%。根据前述的人均城市建设用地面积为 70～120 m^2/人，可得出人均城市道路用地为 7.7～48 m^2/人；由于大中城市往往立体交通方式较多，实际人均城市道路面积往往达不到该标准，因此最终建议人均城市道路面积按照最低 8.0 m^2/人控制。

(3) 城市交通设施用地除了道路之外，还包括公共停车设施用地、一般公交设施用地、轨道交通设施用地等用地。根据《城市道路交通规划设计规范(GB 50220-95)》，城市人均停车设施用地为0.8～1 m^2/人；轨道交通则中、小城市不确定。

综合上述分析，确定人均城市交通设施用地不小于10 m^2/人。

(三) 人均公共绿地

(1) 现状城市人均绿地面积为10.89 m^2。

(2)《国家园林城市标准》中规定的园林城市人均公共绿地最低值在6.0～8.0 m^2/人，《国家生态园林城市标准》中规定为12 m^2/人。

(3) 综合考虑现状、国家建设生态园林城市的发展战略导向，以及人们对于户外休闲生活的需求越来越高。

因此以10 m^2/人作为人均绿地控制的低限，以8 m^2/人作为人均公园绿地控制的低限。

(四) 用地结构

本方案分别按城市规划和气候区，确定居住、工业仓储、道路广场、绿地4项人均单项建设用地结构如下，见表3-16。

表3-16 分城市规模四项用地结构

城市规模	比重平均值			
	居住用地	工业仓储用地	道路广场用地	公共绿地
小城市(小于20万人)	34.18%	21.53%	10.38%	10.54%
中等城市(20～50万人)	33.33%	23.55%	10.54%	9.52%
大城市(50～100万人)	31.36%	27.01%	10.10%	9.07%
特大城市(100～200万人)	27.02%	28.99%	10.28%	9.94%
超大城市(大于200万人)	27.19%	24.70%	11.75%	11.07%

居住、交通设施以及公共绿地这三类用地的现状比重分布状况，表明现状居住用地与城市规模具有一定的相关性，占地比重频率集中在20%至40%，交通设施与公共绿地用地均为大于10%。考虑未来这三类用地发展的需求和趋势，确定三类用地结构列于表3-17：

表3-17 规划建设用地结构

用地分类	比　重
居住用地	27%～34%
交通设施用地	≥10%
公共绿地	≥10%

第四章　城市土地供给潜力预测技术研究

第一节　城市建设用地供给影响因素诊断分析

城市建设用地的供给规模主要受到两种力量的牵引，一种是对其需求的拉动，一种是受其供给潜力的约束。一方面，城市居民和产业发展对建设用地的需求越大，则城市政府对这些用地的供给会随之增大；另一方面，在一定时期内，受到自然和技术等因素的影响，城市建设用地的供给潜力是有限的，城市政府必须在供给潜力范围内考虑制定建设用地年度供给计划。

一、城市建设用地需求的拉动

城镇化和城市人口最直接影响的是城市分类土地中的居住用地。随着城镇化水平的提高和城市人口的增多，新增人口的居住问题带来了对居住用地的大量需求。此外，新增城市居民的生产生活会增加对各种基础设施、商业休闲、交通等的需求，从而增加对公共设施用地、道路广场用地、市政公用设施用地、绿地等的需求。

社会进步对城市分类土地需求的影响是复杂的。对于工业用地来说，社会进步中的产业扩大可能会使工业用地需求增大，但同时产业升级带来的产业转移等又可能使工业用地需求减小，具体情况需要综合起来具体分析。对于绿地、公共设施用地来说，城市居民收入的不断增加和对生活质量要求的提高，意味着对休憩用途用地的需求增加。而对交通用地来说，社会进步可能增加对其需求，也可能减少对其需求，因为一方面人们要求更好的交通便捷度；另一方面又会考虑保护环境等问题，从城市规划上优化交通线路，提高交通用地的利用效率。

经济发展中服务业地位日渐凸显，决定了公共设施用地需求的增加。交通设施对经济发展往往起到至关重要的作用，经济发展往往需要建设强大的交通网络，带来对外交通用地、道路广场用地等的增加。市场机制影响的是可交易用地的需求。这类用地主要包括居住用地、商业用地、工业用地等，它们的需求随价格的波动而波动。

国家和地方的各种政策对分类土地需求的影响需要具体政策具体分析。如约束房地产开发的政策，就可能使开发商对未来投资盈利的预期降低，从而减少对居住用地、商业用地的需求。再如，促进廉租房建设的政策，会带来居住用地需求内部结构的变化。

上述各种因素通过影响城市建设用地的需求，进而影响城市建设用地的供给。一般情况下，供给会跟随需求的涨落而增减。

二、城市建设用地供给潜力的约束

（一）自然因素

1. 城市土地总量

城市土地总量决定了城市土地的自然供给规模，即土地以其自然存在的状况，供给人类利用，以满足人们生产、生活所需要的各种土地的总量。一个地区土地自然供给的规模，只取决于这个地区的国土自有面积，因而在政区不发生变化的条件下，土地自然供给规模是不变的，即土地的自然供给缺乏弹性。城市土地总量对各类城市土地供给的影响主要表现在规模上，城市可供给的各类土地的规模必然与城市土地供给总量相适应。

2. 地质条件

地质条件是决定城市土地是否能被供给、供给后可开发强度以及利用用途等的关键因素。土质、地基承载力、冲沟、滑坡、溶岩等分布及其活动性、地震及断层分布、工程地质条件、矿藏分布等共同构成了衡量地质条件的指标，这些指标都对城市土地供给的规模、结构等造成影响。如常被用来描述地质条件的地基承载力，它就直接决定了城市土地的用途和类型，地基承载力越大，土地越坚实，可被开发的强度就越大。

3. 地形地势条件

地形地势条件表现为坡度、坡向、地貌类型、海拔高度等。其中坡度对城市土地供给的影响最为明显，地形平坦、坡度小的地区土地供给规模相对大，供给结构相对多样；而地形高低起伏的地区土地供给规模相对小，供给结构也相对简单。不同用途的城市，其用地要求的地质、地形、地势条件不同，如表 4-1 所示。表中以坡度为例，说明了这类因素对各类用地供给的影响。

表 4-1　部分不同类型城市用地的适用坡度

用地类型	适用坡度	用地类型	适用坡度
工业用地	0.5%～2%	城市主要道路用地	0.3%～6%
居住用地	0.3%～10%	对外主要公路用地	0.4%～3%
绿　地	可大可小	铁路用地	0%～0.25%

数据来源：王万茂. 土地利用规划学. 中国大地出版社，2000 年 1 月.

4. 资源条件

资源条件在一定程度上影响了城市的发展方向和产业结构，从而对城市土地供给的影响主要体现在供给结构上。资源型城市受该因素影响最大，但传统矿产资源的影响已开始随交通等技术的发展渐渐淡化，水资源等生态资源减少对城市发展带来的负面影响则日益突出，从而也在一定程度上制约了城市土地供给的规模、结构和速度。

资源条件对各类城市土地供给的影响与资源的合理开发利用密切相关，它直接影响不同种类用地的布局关系，从而影响不同种类城市土地的供给。如江河湖泊等水资源，不但可作为城市水源，同时还在水路运输、改善气候、稀释污水以及美化环境等方面发挥重要作用，故对工业用地、居住用地、仓储用地、游憩用地等各类用地供给都产生有利影响。

5. 气候条件

气候条件要素包括风、日辐射、湿度、气温等，它们对城市土地供给的影响主要表现在供给结构上，因为气候条件在一定程度上影响不同用途的城市土地的布局和相互关系，即城市土地的内部结构，如城市中工业用地一般选择安排在下风向，居住用地尽量安排在气候舒适处等。

（二）制度因素

1. 土地制度

土地制度是人们在一定社会经济条件下，因土地的归属和利用问题而产生的所有土地关系的总称，包括土地所有制度、土地使用制度、土地规划制度、土地保护制度、土地征用制度、土地税收制度和土地管理制度等。

土地制度对城市土地供给的规模、结构和速度都有直接或间接的影响。如政府利用土地储备制度直接控制城市土地供给的规模和速度；有偿使用城市土地制度促使企业将闲置土地提供给市场，提高了城市的土地利用程度，盘活了土地资产，相对增加城市中建设用地的供给量；耕地保护制度通过保护耕地间接制约了城市土地供给；土地流转制度增强了城市土地供给的灵活度等。

2. 土地利用规划和城市规划

土地利用规划和城市规划对城市的发展起着重要的指导作用，从规模、结构和速度三方面影响城市土地供给。土地利用规划和城市规划通过合理预测和计划，制定出适宜的用地控制性指标来控制城市发展中土地的供给规模、结构和速度。

3. 政府管理

政府在城市发展中扮演重要的角色，其管理效率和管理成本的高低对城市土地供给也产生影响。政府管理效率高、成本低，意味着政府有能力管理更大范围的城市土地，从而有动力在允许范围内增加城市土地供给。另一方面，基于我国目前的土地出让制度，地方政府从自身财政收入和经济发展的角度出发，也会对城市土地供给的规模和节奏加以控制。

在城市发展的不同时期，制度因素对各类城市土地供给的影响有不同偏重。在城市工业化阶段，工业用地的供给会因为经济驱使、政策导向等因素加快、加大、加重。在城市加速城镇化阶段，居住用地、基础设施用地、公共设施用地等供给则会增加以适应城市人口的增长。在城市稳定发展阶段，要提高居民生活质量，还需要考虑加大公共设施用地、绿地、水域等城市用地类型的供给。

（三）技术因素

技术进步带来土地利用效率和土地经营水平的提高，使原来不能利用的土地或利用效率低的土地变成可利用或利用效率高的土地，从数量和土地产出两个方面增加了城市土地的经济供给。比如，土地开发技术的进步能使更多的盐碱地和沼泽地得到利用，增加了后备土地资源。又如，交通运输条件的进步使运费降低，可达范围扩大，从而使原来不便于利用或利用程度低的土地变成可以利用或利用程度高的土地，增加了城市土地供给。

一般来看，技术条件改善增加了城市各类土地的供给规模，同时可调整不同种类用地的结构。其中对居住、工业、交通、公共设施等类型城市土地的影响尤为突出。通过技术处理，原本不利于开发的土地可被转化为可利用的居住用地、工业用地、交通用地、公共设施用地等，增加了供给。

三、城市建设用地供给影响因素的测度

（一）指标体系设计

正确分析和研究城市建设用地供给与社会发展指标的依赖程度以及它们各自的贡献程度，是有针对性地采取措施、合理制定城市建设用

地供给计划的基础。本研究采用相关系数分析的方法对影响城市建设用地供给量的各因素影响程度进行分析，从中找出一定的规律，为预测城市建设用地的供给量提供依据。结合资料的可得性和可用性，这里我们分别选取经济和社会生活中具有较强代表性的一系列指标影响，定量地分析各指标对城市建设用地供给的影响程度。其各因素指标体系见表4-2。

表4-2 影响城市建设用地供给的各因素指标体系

因素层		指标层	预期影响
一级	二级		
城市建设用地需求	社会因素	城镇人口	+
		城市化水平	+
		非农业户数	+
	经济因素	第二、三产业增加值	+
		固定资产投资总额	+
		第二、三产业从业人员	+
	市场因素	土地交易价格指数	−
	制度因素	城镇居民人均住宅使用面积	+
		城镇住宅平均容积率	−
	技术因素	地铁长度	−
城市建设用地供给潜力	自然因素	农用地与未利用地面积之和	−
	制度因素	乡村人口人均耕地面积	−
	技术因素	未利用地面积减少率	−

(二) 数据说明

在分析和预测的过程中，选择了北京市1999—2008年的数据，因为这段时期统计口径和统计范围相对稳定。本研究主要是利用《中国统计年鉴》、《中国城市统计年报(年鉴)》和《北京统计年鉴》的数据进行相关性分析。

表 4-3　2000—2008 年北京城市建设用地面积及各项影响因素指标值

指标 \ 年份		2000	2001	2002	2003	2004	2005	2006	2007	2008
城市建设用地面积	/km^2	490.11	747.77	1043.00	1238.70	1254.40	1254.00	1254.23	1289.32	1310.94
国有建设用地供应面积	/ha	18575.79	3123.82	3741.74	5646.89	6685.22	2297.08	4601.68	3841.48	6100.00
城镇人口	/万人	1057.40	1081.20	1118.00	1151.30	1187.20	1286.10	1333.30	1379.90	1439.10
城市化水平	/(%)	77.54	78.06	78.56	79.05	79.53	83.62	84.33	84.50	84.90
非农业户数	/万户	275.50	283.70	296.70	309.30	322.60	334.30	345.90	355.70	363.90
第二、三产业增加值	/亿元	3082.40	3629.70	4246.40	4934.00	5964.80	6788.30	7772.20	9252.00	10375.20
城镇固定资产投资	/亿元	1192.60	1417.10	1688.20	1999.90	2333.00	2595.40	3086.30	3656.70	3554.80
第二、三产业从业人员	/万人	546.40	557.70	611.60	640.60	792.60	815.80	859.40	881.80	917.90
土地交易价格指数	Dmnl	100.00	100.00	100.00	100.60	102.50	103.80	105.20	109.40	111.60
城镇居民人均住宅使用面积	/(m^2/人)	16.75	17.62	18.20	18.67	18.88	20.13	20.96	21.50	21.56
城镇住宅平均容积率	Dmnl	1.45	0.87	0.67	0.68	0.72	0.79	0.90	0.93	0.97
地铁长度	/km	54.00	54.00	75.00	114.00	114.00	114.00	114.00	142.00	200.00
农用地与未利用地面积之和	10^4 ha	141.36	134.87	133.86	133.26	132.14	131.80	131.40	130.80	130.30
乡村人口人均耕地面积	/(ha/人)	1.68	1.70	1.69	1.69	1.69	2.05	2.08	1.38	1.36
未利用地面积减少率	/(%)	−22.30	18.73	4.93	0.82	0.42	0.75	0.94	0.95	0.48

数据来源：《中国统计年鉴(2001—2009)》、《中国城市建设统计年鉴(2000—2008)》、《北京统计年鉴(2001—2009)》。

（三）相关性分析

用 SPSS 软件计算各项影响因素指标与城市建设用地面积的相关系数，结果列于表 4-4 中：

表 4-4 各因素与城市建设用地面积之间的相关系数

影响因子	相关系数	P 值
城镇人口	0.762	0.008
城市化水平	0.719	0.015
非农业户数	0.851	0.002
第二、三产业增加值	0.767	0.008
城镇固定资产投资	0.801	0.005
第二、三产业从业人员	0.821	0.003
土地交易价格指数	0.615	0.039
城镇居民人均住宅使用面积	0.824	0.003
城镇住宅平均容积率	−0.665	0.025
地铁长度	0.788	0.006
农用地与未利用地面积之和	−0.941	0.000
乡村人口人均耕地面积	−0.023	0.477
未利用地面积减少率	0.308	0.210

从相关性分析结果可见，相关系数在 0.8 以上的影响因子有非农业户数、城镇固定资产投资、第二、三产业从业人员、城镇居民人均住宅使用面积以及农用地与未利用地面积之和，说明这些因素是影响城市建设用地供给的主要力量。城市经济发展和社会进步会引致城市建设用地需求的增加，从而拉动城市建设用地的供给；容积率提高可以促进城市建设用地的集约利用；而城市建设用地供给潜力，则会约束城市建设用地面积的扩展。

土地交易价格指数和地铁长度与城市建设用地面积的相关系数为正，与预期的影响方向相反。随着可开发建设的土地资源的逐渐减少和城市土地需求的持续增加，土地价格必然会呈上升趋势，与城市建设用地面积的变化趋势相同；此外，土地价格上升也会引致投资性房地产需求的增加。但是需要注意的是，这种弱正相关性可能掩盖了土地价格上升对土地需求增长速度的抑制作用。同样，地铁长度与城市建设用地面积的相关系数为正，也可能掩盖了地下空间开发对土地集约利用的促进作用。未利用地面积减少率与城市建设用地面积的相关系数未通过 1%的置信度检验，说明在现阶段，技术进步对于提高城市建设用地供给潜力的作用并不明显。

第二节　城市建设用地增量供给潜力测算

城市建设用地增量供给潜力的来源主要有两个，一是征收农村集体土地，包括农用地和村镇居住用地等；二是国有土地的用地类型转换，包括国有的园地、林地和未利用地等。下文将从建设适宜性、规划约束和宜居要求等角度，采用三种方案进行 2009—2020 年北京城市建设用地增量供给潜力的测算。

一、基于建设适宜性的城市建设用地增量供给潜力测算

在一定时期和一定的技术经济条件下，受到自然条件和生态环境的约束，适宜建设的城市土地是有限的。自然条件对城市建设用地的影响是多方面的，如：地形条件的限制会影响城市的发展规模和用地布局等；工程地质、水文地质、特殊气象条件等会影响城镇用地选择、规模、布局以及具体工程的建设等。自然适宜性评价是在调查收集自然环境要素资料并进行分析的基础上，按照规划和建设需要，根据区域土地在工程技术上的可能性和经济性，对土地的自然环境条件进行质量评价，以确定土地对城市建设用途的适用程度，为城市建设用地的合理选择和布局提供科学依据。城市建设用地的生态适宜评价主要是在保护城市生态环境和保持城市基本生活条件的基础前提下，对土地的生态环境条件进行质量评价，以确定城市建设用地的最大供给量。

从建设适宜性的角度出发测算城市建设用地增量供给潜力，首先应确定自然限制型不可建设用地面积和规划控制型不可建设用地面积，在市域面积中扣除此二者即可得到适宜建设的城市土地面积；在此基础上再扣除用于村镇建设的城市用地面积和现状城市建设用地面积，即可得到城市建设用地增量供给潜力，计算式为：

城市建设用地增量供给潜力

＝市域面积－自然限制型不可建设用地面积

－规划控制型不可建设用地面积－集约利用型村镇建设用地面积－现状城市建设用地面积。

根据《北京市土地利用总体规划大纲(2005—2020 年)》的要求，2020 年“北京农用地规模保持在 11900 km^2 左右”，“确保具有改善生态环境作用的耕地、园地、林地、牧草地、水域水面等地类面积占国土总面积的比例在 76%以上，山区同类用地比例在 92%以上，平原同类用地比例在 55%以上”。

《北京市土地利用总体规划专题报告(1997—2010年)》将北京的土地资源质量分为8个等级,其中七、八等级共28600 ha,该类土地包括流动沙丘、砾质河滩地、沙砾质平缓地、裸岩低山等土地类型,一般很难利用或不能利用。

根据《北京城市总体规划(2004—2020年)规划说明书》的测算,2003年农村居民点用地面积约842 km^2,人均建设用地面积达到265 m^2左右,大大高于国家标准(50～150 m^2/人),土地集约利用程度低。按照2020年200万人农村人口、人均用地指标150 m^2计算,农村建设用地规模可压缩到300 km^2。

综合以上分析,可以计算2009—2020年北京城市建设用地增量供给潜力为:

$$(16410.54 - 286 - 16410.54 \times 0.76 - 200 \times 150/100 - 1310.94)\,km^2 = 2041.59\,km^2$$

二、基于规划约束的城市建设用地增量供给潜力测算

城市总体规划和土地利用总体规划通过约束城市建设用地面积、耕地面积、城乡建设用地面积,对城市建设用地的增量供给潜力产生影响。因此,在市域面积中扣除规划约束的城市用地面积,再扣除难利用地面积、水域面积和现状城市建设用地面积,即可得到城市建设用地增量供给潜力,计算式为:

城市建设用地增量供给潜力
=市域面积－未利用土地中的难利用土地面积
－未利用地中的水域地面积－规划农用地面积
－规划水利设施用地面积－规划村镇建设用地面积
－现状城市建设用地面积。

根据《北京城市总体规划(2004—2020年)》的规划,2020年北京市城镇建设用地规模控制在1650 km^2,人均建设用地控制在105 m^2。其中中心城城镇建设用地规模约778 km^2,人均建设用地控制在92 m^2;新城城镇建设用地规模 约640 km^2,人均建设用地控制在112 m^2;镇及城镇组团城镇建设用地规模约212 km^2,人均建设用地控制在120 m^2以内。根据《北京市土地利用总体规划(2006—2020年)》的规划,2020年耕地保有量为2147 km^2,城乡建设用地为2700 km^2。

假设2020年未利用土地中的难利用土地面积为2008年未利用土地面积的20%,2020年未利用地中的水域地面积由2008年的325.8 km^2

减少到 300 km^2，并假设 2020 年的园地、林地、牧草地和其他农用地面积与现状面积相当。

综合以上分析，可以计算 2009—2020 年北京城市建设用地增量供给潜力为：

城市建设用地增量供给潜力

＝市域面积－未利用土地中的难利用土地面积

－未利用地中的水域地面积－（规划约束的耕地面积

＋现状园地面积＋现状林地面积＋现状牧草地面积

＋现状其他农用地面积）

－（规划约束的城乡建设用地面积＋现状交通用地面积

＋现状水利设施用地面积＋现状特殊用地面积

－规划约束的城市建设用地面积）－现状城市建设用地面积

$$=16410.54\ km^2-1747.75\ km^2\times 20\%-300\ km^2$$
$$-(2147+1199.26+6870.78+20.43+552.46)\ km^2$$
$$-(2700+325.86+263.08+291.04-1650)\ km^2$$
$$-1310.94\ km^2=1730.14\ km^2。$$

表 4-5　2008 年末北京市土地利用状况表

地　类		年末面积/亩	年末面积/km^2
农用地	合　计	16439715.4	10959.81027
	耕地	3475323.3	2316.8822
	园地	1798889.7	1199.2598
	林地	10306170.4	6870.780267
	牧草地	30646.8	20.4312
	其他农用地	828685.2	552.4568
建设用地	合　计	5065726.6	3377.151067
	居民点及工矿用地	4182319.6	2788.213067
	其中：特殊用地	436553	291.0353333
	交通运输用地	488789.1	325.8594
	水利设施用地	394617.9	263.0786
未利用地	合　计	3110363.5	2073.575667
	未利用土地	2621620.1	1747.746733
	其他土地	488743.4	325.8289333

数据来源：根据国土资源部《北京市 2008 年度土地变更调查各区县地类数据汇总表》整理。

三、基于宜居要求的城市建设用地增量供给潜力测算

《北京城市总体规划(2004—2020年)》研究认为,根据大气环流CO_2和O_2的平衡状况,从宜居城市的角度考虑,现代城市每人必须拥有200 m^2的绿色空间。本研究借鉴该宜居城市人均绿色空间标准,结合考虑平原地区和山区的绿色空间分布差异,将城市建设用地增量供给潜力分为平原地区城市建设用地增量供给潜力和山区城市建设用地增量供给潜力两部分进行测算,计算式为:

城市建设用地增量供给潜力
=平原地区城市建设用地增量供给潜力
+山区城市建设用地增量供给潜力。

根据《北京市山区协调发展总体规划(2006—2020年)》的测算,北京市山区面积为10072 km^2,约占市域面积的62%,分布在7个山区区县,涉及83个乡镇,其中延庆川区、门城新城、部分浅山区镇、村已在东西部发展带中考虑,因此本规划的人口及用地平衡范围为上述地区以外的山区,面积9504.89 km^2。规划山区人口总量在现状基础上不增长,2020年山区规划范围内的人口规模约80万人,其中49个乡镇中心规划人口约在24万人,占山区人口比例为30%。

《北京市土地利用总体规划专题报告(1997—2010年)》将北京市的18个区县划分为城区、近郊区、远郊平原区、远郊半山区和远郊山区。城区指东城、西城、崇文、宣武四区;近郊区指朝阳、丰台、石景山、海淀四区;远郊平原区指通州区、顺义区、大兴区;远郊半山区指房山区、昌平区、平谷县,远郊山区指门头沟区、怀柔县、密云县、延庆县。

按照《北京市土地利用总体规划大纲(2005—2020年)》的要求,2020年"农用地规模保持在11900 km^2左右","确保具有改善生态环境作用的耕地、园地、林地、牧草地、水域水面等地类面积占国土总面积的比例在76%以上,山区同类用地比例在92%以上,平原同类用地比例在55%以上"。目前北京山区(门头沟区、怀柔县、密云县、延庆县)的建设用地比例已达到9%,建设用地增量供给潜力几乎用尽,因此山区的城市建设用地增量供给潜力只能来自于山区农村居民点整理腾地。

北京"平原地区的现状建设用地面积"应略小于城区、近郊区、远郊平原区和远郊半山区的现状建设用地面积之和2675 km^2,所以取2600 km^2。"山区的未利用土地面积"为远郊山区的未利用土地面积之和。"平原地区城市建设用地中的现状绿色空间面积"为487.07 km^2,数据取《中国城

市建设统计年鉴 2008》的表“中国 2008 年按城市分列的城市园林绿化统计(一)”中的“北京建成区绿化覆盖面积”,可以认为其全部位于平原地区。

综合以上分析,可以计算 2009—2020 年北京城市建设用地增量供给潜力为:

城市建设用地增量供给潜力
=平原地区城市建设用地增量供给潜力
+山区城市建设用地增量供给潜力
=(平原地区面积－平原地区的现状建设用地面积
－平原地区规划人口所需的绿色空间面积
+平原地区城市建设用地中的现状绿色空间面积)
+平原地区和山区的农村居民点整理腾地潜力
$=(6338-2600-1700\times 200/100+487.07)\ \mathrm{km}^2$
$+(880.06-200\times 150/100)\ \mathrm{km}^2$
$=1405.13\ \mathrm{km}^2$。

四、城市建设用地增量供给潜力综合分析

通过三种方案进行测算,得到 2009—2020 年北京城市建设用地增量供给潜力为 1405～2040 km^2。

表 4-6　三种方案的评价结果比较表

方案	评价角度	评价结果
一	基于建设适宜性	2041.59 km^2
二	基于规划约束	1730.14 km^2
三	基于宜居要求	1405.13 km^2

基于建设适宜性的测算方案得到的结果最大,基于规划约束的测算方案得到的结果居中,基于宜居要求的测算方案得到的结果最小。方案二的结果小于方案一的主要原因在于,方案一采用 2020 年人均村镇建设用地指标为 150 m^2 进行测算,充分考虑了村镇建设用地的腾地潜力;而方案二按照《北京市土地利用总体规划(2006—2020 年)》的规划,采用 2700 km^2 作为 2020 年的城乡建设用地面积,对村镇建设用地的腾地潜力估计得比较保守。方案三的结果最小,其主要原因是宜居城市对于绿色空间的要求较高,挤压了城市建设用地的潜力空间。

第三节　城市建设用地存量供给潜力测算

城市建设用地存量供给潜力主要来源于旧城改造更新、土地用途转换、闲置地（供而未建）、空闲地（无主地、废弃地如废弃的煤矿和砖瓦窑、单位因撤销搬迁或破产而停止使用地）、批而未供地（已批准土地征收或农用地转用但未供应）、未批先用地（以租代征、违规扩区等）（见表 4-7）。下文将分类进行 2008—2020 年北京城市建设用地存量供给潜力的测算。

表 4-7　城市建设用地存量供给潜力来源划分表

<table>
<tr><td rowspan="7">存量供给潜力</td><td rowspan="6">已批准农用地转用和土地征收</td><td rowspan="4">已供应</td><td rowspan="2">已建设</td><td>旧城改造</td></tr>
<tr><td>土地用途转换</td></tr>
<tr><td rowspan="2">已供未建</td><td>闲置地</td></tr>
<tr><td>空闲地</td></tr>
<tr><td>批而未供</td><td colspan="2">批而未征，征而未供等</td></tr>
<tr><td rowspan="2">未批先用（含以租代征）</td><td colspan="2" rowspan="2">符合补办审批手续，可以按招拍挂方式出让的</td></tr>
<tr><td>未批准</td></tr>
</table>

一、适宜旧城改造与用途转换的土地

旧城改造包括危旧房改造、基础设施改造、城中村改造等，城市土地用途转换包括工业企业搬迁，国企、事业单位和行政机关圈占的富余地转为商业用地等。这两种方式都是通过收回已供应的土地使用权，并可根据市场情况进行二次供应，形成城市建设用地存量供给潜力。

《北京市城市建设用地供需研究总报告》主要考虑了北京旧城改造、城市有机更新、用途转换等因素，将北京市划分为旧城区、近郊区、远郊区（县）三种类型分别进行存量城市建设用地供给潜力分析，最后加和，总共得到 2004—2008 年北京城市建设用地存量供给潜力约为 12000 ha。经过了 2001 年北京申奥成功以来的一轮大规模旧城改造和城市更新之后，北京市的城市更新速度将放缓，基于《北京市城市建设用地供需研究总报告》的研究结果，大致估计 2009—2020 年可从旧城改造和土地用途转换中获取的北京市城市建设用地存量供给潜力约为

$$12000\ \text{ha}\times(50\%\sim60\%)=(6000\sim7200)\text{ha}$$

二、闲置地与空闲地

闲置土地是指土地使用者依法取得土地使用权之后，未经原批准用地的人民政府同意，超过规定的期限未动工开发建设的建设用地。具有

下列情形之一的，也可以认定为闲置土地：

（1）国有土地有偿使用合同或者建设用地批准书未规定动工开发建设日期，自国有土地有偿使用合同生效或者土地行政主管部门建设用地批准书颁发之日起满 1 年未动工开发建设的。

（2）已动工开发建设、但开发建设的面积占应动工开发建设总面积不足三分之一，或者已投资额占总投资额不足 25%、且未经批准中止开发建设连续满 1 年的。

（3）法律、行政法规规定的其他情形。

空闲土地主要包括无主地，废弃地，因单位撤销、迁移和破产等原因停止使用的土地，在已完成城镇地籍调查的地区，主要指按照《城镇地籍调查规程》确定的“其他用地”。

由于房地产开发商囤地和拆迁困难等原因，尽管近年来我国加强了监管和处理的力度，实际上目前全国仍有较大数量的空置地存在。国土资源部在清查北京市 2002—2005 年的住房建设供地情况时，发现在北京市已供土地中，尚未形成实际住房供应的土地面积还有 4000 ha、规划建设面积 8000 ha，占已出让住宅用地面积总量的 53%。因此估计 2009—2020 年可从闲置地和空闲地中获取的北京市城市建设用地存量供给潜力约为 3000～4000 ha。

三、批而未供地

批而未供土地是指自 1999 年新《土地管理法》实施以来，依法已经国务院或省级人民政府批准土地征用或农地转用，而未供应出去的土地。根据《中国国土资源年鉴(2002—2008)》的统计数据，可以大致测算出北京市批而未供土地面积约为 44608.15 ha－36037.91 ha＝4109.428 ha，将此作为 2009—2020 年可从批而未供地中获取的北京市城市建设用地存量供给潜力(见表 4-8)。

表 4-8　2001—2008 年北京市国有土地审批和供应情况

年份	审批面积/ha	供应面积/ha
2001	5700.83	3123.82
2002	5025.73	3741.74
2003	5902.97	5646.89
2004	7460.03	6685.22
2005	5982.23	2297.08
2006	4592.76	4601.68

续表

年份	审批面积/ha	供应面积/ha
2007	6810.27	3841.48
2008	3133.333	6100
合　计	44608.15	36037.91

数据来源:《中国国土资源年鉴(2002—2008)》。

上表中2008年审批数据来源于《北京市2008年度土地利用变化情况分析报告》,3133.333 ha=(506.57－500.73－1.14) ha×10000/15,2008年供应数据来源于《北京市2008年度土地供应计划》。

四、未批先用地

2007年国土资源部要求展开全国土地执法百日行动,对“以租代征”、“违规新设与扩区”和“未批先用”三方面土地违法违规问题进行清查整治。根据北京市国土资源局的统计,北京全市共发现“以租代征”违法违规用地656宗20015亩(其中耕地8491亩,占20015亩的42.4%);“未批先用”违法违规用地627宗37280亩(批次用地159宗10814亩);没有发现“擅自扩区”行为。估计其中符合补办审批手续,可以按招拍挂方式出让的大约占10%,因此2009—2020年可从未批先用地中获得的北京城市建设用地存量供给潜力约为(20015＋37280)亩×10%＝381.97 ha。

五、城市建设用地存量供给潜力

对上述旧城改造与土地用途转换、闲置地与空闲地、批而未供地、未批先用地四类存量供给潜力的测算结果加和,总共得到2009—2020年北京城市建设用地存量供给潜力约为:

$$
\begin{aligned}
&(6000 \sim 7200)\ \text{ha} + (3000 \sim 4000)\ \text{ha} + 4110\ \text{ha} + 380\ \text{ha} \\
&= (13490 \sim 15690)\ \text{ha} \\
&= (134.9 \sim 156.9)\ \text{km}^2\text{。}
\end{aligned}
$$

第五章　城市土地需求预测关键技术研究

随着我国城镇化进程的加快,城镇人口迅速增长,对于城市建设用地的需求量越来越大,土地资源的稀缺与用地需求的增长长期处于供需矛盾状态。城市建设用地的准确预测作为控制城市规模、优化空间布局、节约利用土地的重要前提,其规模是关系到我国土地节约利用的重要问题,但由于受诸多内外部因素的共同作用,对其需求预测也一直是城市和区域规划以及土地利用规划中的难点问题。

第一节　城市建设用地需求影响因素分析

一、影响城市建设用地总体需求的因素分析

(一) 人口因素

城市人口的数量和结构是决定城市建设用地需求的主要因素。城市人口的增长包括自然增长和机械增长两部分,伴随我国城镇化水平的快速提高,城市人口机械增长迅速。近十年来我国城镇化水平每年约提高1个百分点,到2009年全国城镇化水平达到46.6%,城镇人口数量比2000年增加约1.63亿。预计到2020年,我国城镇化水平将达到60%。快速增加的人口给中国的城市建设用地带来了巨大的需求。

这里需特别提到的是中国农村剩余劳动力向城市转移。按照城市的户籍人口统计,目前我国的城市人口约为3.6亿,但每年还有约8000万打工的农民和外来经商者,主要集中在东南沿海发达城市,被认为是“农村剩余劳动力非农化转移过程中由于城市迁移政策限制,而未能彻底实现地域转移的一种人口状态”。这部分人口不作为城市人口统计,但在就业、生活方式、居住形态上已具备某些城市化特征,也是城市建设用地需求的一个重要群体。

城镇化使大量人口向城市集聚,直接推动了居住用地、产业用地、道路用地和公共设施用地等几乎所有类型城市建设用地需求的扩大。现阶段,这种扩大很大程度上体现在城市外延的扩张,即城市建设用地面积的增加。但是,对于很多大城市而言,城市建设用地的供给潜力是有限的,而人口却源源不断地从农村和其他中小城市迁入,城市建设用地面积不可能随着人口增长而无限扩张。为了缓和城市用地紧张的状况,未来的

城市建设用地需求将更多地由存量城市建设用地挖潜来满足。

另一方面，一个城市所能承载的人口规模也是有限的，城市人口过多会造成交通拥堵、用水紧张和基础设施短缺等问题。在城镇化达到一定水平后，城市人口的增速会下降，对城市建设用地的需求也会随之减缓。可见，在城市的不同发展阶段，人口增长对城市建设用地需求的影响机制和影响强弱也有所不同。

(二) 经济因素

城市建设用地不仅是城市人口进行经济活动的空间，也是保证经济发展的基本要素之一。经济发展包括经济规模的扩大和产业结构的变化，前者引起城市建设用地需求总量的增加，后者则导致城市建设用地需求结构的变化。

一方面，经济发展总是以一定的投入为基础的，从资源经济角度可把投入分为两部分：一部分是土地资源，另一部分是资金、物质、技术等非土地资源。两部分投入的一定组合就形成该经济水平下的产出。当一部分投入减少时，必须增加另一部分的投入，才能保持产出不变。当经济发展时，社会总产出进入更高的水平，尽管经济效益提高了，但仍然需要追加投入相应规模的土地资源和非土地资源。因为土地资源有限，需求增加会引起其价格上升，因此非土地资源投入的增加往往大于土地资源投入的增加，城市建设用地趋于集约利用。

经济发展引起产业结构的变化，也会影响城市建设用地需求。在现阶段我国大力发展商业服务业、金融业和文化产业等第三产业，这些产业不仅要占地，而且要占好地、熟地。增加商业网点和批发交易中心，就要占据市中心区的大片土地；发展金融业，要有集中的金融街和星罗棋布的业务网点；发展科技和信息产业，要有集中的园区；随着人们物质文化水平的提高，一些游乐和文体场所都要大幅度地发展，对城市建设用地的需求也日益增多。但是一些城市在积极发展第三产业的同时，限制用地需求较大的工业项目发展，这会在一定程度上减缓城市建设用地需求的增长速度。

另一方面，经济发展带来的结果是人民生活水平的日益提高，消费结构会发生相应的变化。随着恩格尔系数逐年下降，用于教育、文化、娱乐和旅游方面的费用比重逐年上升，引致全社会教育、文体、餐饮和宾馆等公共设施增加，最终推动相应用途城市建设用地需求的增加。

(三) 市场因素

市场机制对资源配置的调节作用是市场固有的自发组织功能的发挥

和实现。在市场经济条件下，对于城市建设用地需求结构的优化和扩张的速度，土地价格、土地税收、土地取得费用和土地收益等经济杠杆都起着十分重要的作用。土地价格是土地市场中买卖双方在供需趋于均衡状态下的产物。土地价格的实现可以有效调节土地资源在空间上的合理配置，改变土地利用结构；可以有效调整土地市场中土地资源的供需平衡，使有限的土地资源得到最充分合理的利用。

土地承租者或购买者的收入变化对城市建设用地需求存在影响。当地价和其他因素不变时，土地承租者或购买者的收入增加，会引起对土地需求量的增加，原因是：在原来较低的收入水平下，更大比重的收入要用于吃、穿、用、行；当收入增加时，就会对居住条件、休憩环境和各类投资提出更高要求，进而造成城市建设用地需求的增加。

生产要素或其他物品价格的变化对城市建设用地需求存在影响。在地价和其他因素不变时，生产要素和其他物品价格的变动，会引起土地购买者或承租者对土地需求量的增减。假设建筑造价随建筑高度增加而提高时，房屋建造者就会尽可能多地利用土地，相应降低房屋的层数，降低容积率；相反，如果房屋建筑造价下降时，土地变得相对昂贵，房屋建造者会把房屋建得高一些，而相应减少土地的使用。

土地价格涨落的预期对土地需求存在影响。如果预计未来一定时期土地价格将会上涨，现时的土地购买量或承租量就会增加，以获得土地价格上涨所带来的额外收益或者避免地价上涨所造成的损失。当人们预期土地价格会下降，就会减少土地的购买量或承租量，以免造成浪费或者贬值。

（四）政策因素

1. 城市规划和土地利用规划

城市规划不仅要确定城市建设用地的总规模，还要确定各类用途土地的数量，并落实到具体的空间区位。城市规划对土地的开发强度也有控制，土地开发强度体现的是人口以及就业岗位的聚集数量。聚集程度越高，则用地需求越少。城市规划布局构成城市形态，不同的城市形态对城市用地需求也有影响。有的城市规划遵循有机疏散理论，特别注重城市的可持续发展的要求。为缓解过分集中带来的一系列问题，将原有的高度集中的单中心城市形态转换成分散的组团式结构，这种组团间设有足够的空旷地间隔，对城市建设用地的需求量相对增加。又如，新城市主义提倡的旧城街区的复兴，能引导城市建设用地需求中增量用地和存量用地关系的调整。土地利用规划强调保护耕地，提倡节约集约利用土地，会使城市建设用地粗放利用的局面得到改观，从而减少城市建设用地需求。

2. 住房政策

住房制度和政策的变化会对居住用地产生很大的影响。一方面，从发展经济的角度看，很多城市把房地产业作为拉动城市经济增长的支柱产业，实施鼓励城镇居民住房消费的政策，从而引导大量家庭购置或更换住房，推动居住用地需求增加。另一方面，从住房保障的角度看，各城市一般把人均居住面积作为市民生活水平提高的一个重要考量指标，近年来大规模建设中的廉租住房和经济适用住房，促使居住用地需求增加。

3. 土地供应政策

土地供应政策对城市建设用地需求的影响表现在存量土地和增量土地利用的引导上。现阶段城市建设用地的集约利用程度虽有所提高，但城市土地开发偏重于新区的外延扩展，忽视旧城区的内涵改造；偏重于考虑城市土地开发的当前成本，忽视城市土地开发的长期经济效益和社会效益。通过政策推动旧城区改造，提高土地容积率，同样面积的土地将会容纳更多的建筑和人口，减少新增城市建设用地需求。

（五）技术因素分析

科学技术的进步和投入能为一定面积的土地带来更大的产出，使得土地利用更加节约集约化。高层建筑施工技术和地下空间开发技术的日趋成熟，让相同面积的土地能够承载更多的住宅、商业和交通等功能。高层住宅、立交桥、地铁和地下商场等空间利用形式的推广，能够从一定程度上缓解经济发展和城镇人口增加对城市建设用地需求的压力。

科学技术的发展也有可能带来城市建设用地需求的增长。一种新技术的产生和成熟，可能会带动一个新兴行业的产生和就业人口的增长，从而需要更多的城市建设用地来满足新兴产业发展的要求。另外，目前一些城市为发展高新技术产业而专门开辟了园区，圈占了大量土地，而土地利用效率却不高，造成了城市建设用地的浪费。

二、居住用地需求影响因素分析

（一）人口规模和结构

前文已经阐述了城市人口规模快速扩大推动着居住、就业、交通、游憩等各类城市建设用地的需求增加。这里着重分析城市人口结构对城市建设用地需求的影响。城市人口结构包括人口的年龄结构、家庭结构和性别结构等，人口结构的变化通过影响住宅需求进而影响城市居住用地需求。

人口的年龄结构对住宅需求影响较大。青年人口收入较高，正是成家立业之时，对住宅需求量较大；壮年人口在各方面比较成熟，收入高，但我国城市的这部分人口大都属工薪阶层，负担重，购房谨慎，置换房屋的需求并不强烈；老年人口多数已退休，收入锐减，生理、心理和社会经济地位的改变使其住宅消费表现出成熟、稳定、谨慎的特征。因此，住宅需求的主体仍为青年人口，特别是即将建立家庭的新婚夫妇。

城市家庭结构变化对住宅需求结构产生重要影响。观念的转变、生活水平的提高、住房条件的改善以及生育水平的下降，使得家庭的世代减少、结构简化。当代中国家庭以三口之家和二人世界的小规模家庭为主体。对比 1998 年和 2008 年的家庭户比重可以看出，五人及以上户比重大幅减少，由 1998 年的 23.46％下降到 2008 年的 15.14％，下降了 8.32 个百分点；四人户由 25.92％下降到 2008 年的 21％，下降了 4.92 个百分点；而三人户、两人户大幅增长，2008 年分别占 30.35％和 24.58％，两者之和超过了一半；同时，一人户也达到了 8.93％(见图 5-1)。中国人口的家庭规模正在不断小型化，核心家庭将逐渐成为中国家庭户的主要形式。家庭规模的明显变化，将主要产生两方面的影响：一是在人口数量一定的情况下，住房需求总套数增加；二是推动小户型需求和租赁需求的增加。

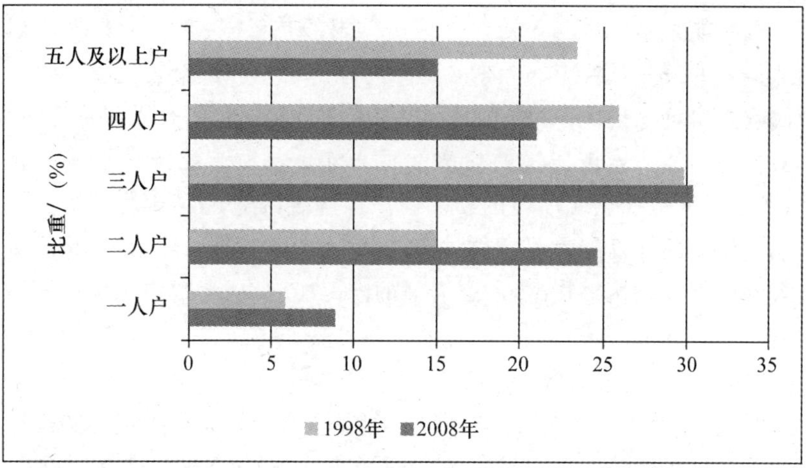

图 5-1　1998 年与 2008 年中国各类型家庭户占总户数比重变化对比图

数据来源：《中国统计年鉴(2009)》

(二) 住房制度与政策

1998 年中国宣布实行住房分配的货币化改革，带来了长达十年的房地产市场繁荣。改革取消了住房的实物分配，中国逐步建立起城镇住房新制度，住房建设步伐明显加快，城镇居民日益增长的住房需求得到了更好的满足，房地产业也逐渐成为新的经济增长点。另一方面，由于相关配套措施的缺失，第一轮房改在促进行业发展、带动整体经济快速增长的同时，未兼顾到中低收入阶层住房需求的满足。当前房价过快上涨，中低收入阶层住房困难等一系列民生问题引发了社会的高度关注。

针对第一轮房改中暴露的住宅市场“过度商品化”的问题，2010年两会期间二次房改的呼声渐高。有的专家提出将住宅定义为“准公共产品”，即住宅不应只具有商品住宅的使用属性和投资属性，还应具有社会公共产品的社会公共属性。按照这一定义，由于过去十余年住宅社会公共属性的缺失，所以在未来住宅供应体系中，以政府为供应主体的住房保障体系供应及社会公益部门为供应主体的公共租房和限制产权房为主，以开发商为供应主体的商品住宅为辅。而相对应的是，市场需求中处于上端的20%的居住需求由商品住宅来解决；处于中端的60%的居住需求由公共租房和限制产权房来解决；而处于低端的20%居住需求由廉租房来解决。沿着二次房改的思路，预计未来保障性住房供给将大大增加，从而影响城市居住用地需求。

(三) 住房购买力

购买能力是住房需要转化为住房需求的重要限制条件，是城市居住用地需求的又一重要影响因素。通常将住房价格和城市居民收入水平综合成收入房价比指标，对城市居民购买能力进行评定。收入房价比越大，购买能力越强。城市居民的住房购买力除了与城市经济水平紧密相关外，还受到房地产金融环境的影响。房地产金融通过向开发商提供贷款影响开发商的开发能力，从而直接影响房地产市场的供给；其二是通过向个人购房者提供按揭贷款，增强居民的购房能力，从而影响住房和居住用地需求。

(四) 传统居住观念

“居者有其屋”、“安居乐业”是中华传统，对华人而言，有居则安，有产则宁。在这种传统的住房消费观念的影响下，中国的住房需求比国外同等发展阶段的国家更加放大，城市居民住房自有率很高。因此，随着人口的增加，中国的住房需求在中、长期仍将持续高涨。另外，房地产也常常被富豪阶层看做身份和地位的象征，品质卓越、地段稀缺的高端物业越来越成为市场热捧的对象。

三、工业用地需求影响因素分析

(一) 工业固定资产投资

固定资产投资是全社会固定资产再生产的主要手段。通过建造和购置固定资产的活动,国民经济不断采用先进技术装备,建立新兴部门,进一步调整经济结构和生产力的地区分布,增强经济实力,改善人民物质文化生活。工业用地需求与固定资产投资额有较大的相关性。一般地,固定资产投资额增大,工业用地的需求也会增大。用于第二产业的固定资产投资额通常可以显示出该年度城市对工业投资偏好,如果工业投资加大,所需的工业用地面积也会增大。

(二) 工业企业搬迁

出于城市环境保护和缓解内城区城市建设用地紧张的考虑,工业企业从城区向郊区外迁,基本上都是按照企业各自的生产特点迁入郊区的各个开发园区,属于不同类型的城市土地在空间上的置换。企业搬迁后占地面积可能会大于原占地面积,一些搬迁企业会抓住时机利用政府提供的优惠政策扩大生产规模,或改变企业的经营、生产方向。在各个工业园区中增加新的投资,扩大生产规模或是重新投资都会产生新的工业用地需求。

(三) 产业政策

不同的产业政策促成不同的工业用地需求。比如,以冶金工业为主的工矿城市,需要大面积堆场,人均工业用地就比较高。例如,鞍山市和南昌市人口规模相近,而鞍山市是冶金工业为主的城市,南昌是省会,两座城市工业用地就相差很大,鞍山市人均工业用地为 37.5 m^2,南昌市仅为 16.1 m^2。当城市产业升级,以高新技术产业与先进技术制造业为主导产业时,其技术含量远远大于传统工业,在同样面积的土地上创造出的价值也要显著高于传统行业。因此,随着城市产业结构的升级,单位产值所需的城市建设用地面积有减少的趋势。

四、公共设施用地需求影响因素分析

(一) 城市经济发展

第一,城市经济发展使得城市居民消费能力提高,对于文体、餐饮、宾馆和教育等的物质文化需求大增,进而推动城市公共设施用地需求扩大。第二,随着第三产业增加值的提升,众多商业企业对写字楼及各类型商业用房地需求量不断增长。第三,地方财政收入的增加,也使得政府及事业单位有充裕的资金用于购买或租赁办公用房，从而也将进一步促使写字楼及商业用房市场需求量的增长。由此可见，城市经济的高速发展，尤其是第三产业的发展，对公共设施用地需求的增长有着积极的促进作用。

（二）产业结构调整

城市产业结构的调整，对商业、综合性公共设施用地的需求会产生重大影响。根据配第·克拉克定律，随着工业化的发展，第一产业 GDP 及劳动力的比重将不断降低，而第二、第三产业 GDP 及劳动力的比重将不断提高；当工业化发展到一定程度，第二产业劳动力比重将不再显著变化，第三产业劳动力比重的持续上升将于第一产业劳动力比重的持续下降呈相互替代关系。我国近十几年产业结构的变化也基本符合配第·克拉克定律，即第一产业 GDP 与劳动力就业比重下降，而第二、第三产业上升，第三产业就业比重的增长速度快于第二产业。产业结构变化必然会影响到城市建设用地的需求结构，市区内工业用地比例会逐步较少，第三产业的用地比例会逐步升高。

五、基础设施用地需求影响因素分析

这里的基础设施用地指广义的城市基础设施用地，包括城市的对外交通用地、道路广场用地、市政公用设施用地和绿地。基础设施是维持城市正常运行与持续发展的支持系统，对城市具有极其重要的意义。影响城市基础设施用地的主要因素同样是城市人口的增加和城市经济的发展。

城市人口规模扩大，用于支撑城市居民生活的供水、供气、供热、供电、邮政、电信、污水治理、环境卫生等市政公用设施用地需求会相应增加；用于支撑城市居民出行的城市道路、高速公路和机场等交通用地需求会逐年上升；用以改善生态、保护环境、为居民提供游憩场地的城市公园和绿化用地需求会不断扩大。

城市经济的发展会带来以下几个效应，从而带动城市基础设施用地需求的增长：第一，经济发展带来城市居民生活水平提高和物质文化要求提升，进而要求城市绿地、交通和其他代表城市宜居条件的基础设施得到改善；第二，城市经济发展和就业机会增加，会吸引更多人口和资金进入，使城市基础设施用地需求放大；第三，城市经济发展会驱动大型建设项目落地和政府增加投资，直接带动城市基础设施用地需求上升。

第二节　城市建设用地需求一般预测方法

一、人均指标预测法

(一) 人均指标预测法的原理分析

人均指标预测法的逻辑很好理解：城镇人口预测值与人均城市建设用地需求指标相乘即可求得城市建设用地需求规模。计算公式为

$$U = P \times A,$$

式中：U 代表预测期末城市建设用地需求规模，P 代表预测期末城镇人口预测值，A 代表人均城市建设用地需求指标。通常情况下，A 参考国标《城市用地分类与规划建设用地标准(GBJ 137-90)》中的规划人均建设用地标准选取。

人均指标预测法隐含着两个基本假设：第一，城市建设用地需求的增长和城镇人口的增长基本是同步的；第二，国标规定的规划人均建设用地标准是合理的。人均指标预测法并非只考虑了人口增长这个单一的因素，而是将其他影响用地需求的因素放到人均用地指标中进行考虑，如果其他影响因素发生变化，那么人均用地需求指标的选取也要随之变动。

(二) 人均指标预测法的流程

人均指标预测法认为城市建设用地规模与城市人口规模存在正比关系，因此只要先参考《城市用地分类与规划建设用地标准》中相应的规划人均建设用地指标，确定人均城市建设用地需求指标，再预测出城市人口规模，即可推算出城市建设用地需求的规模(见图 5-2)。

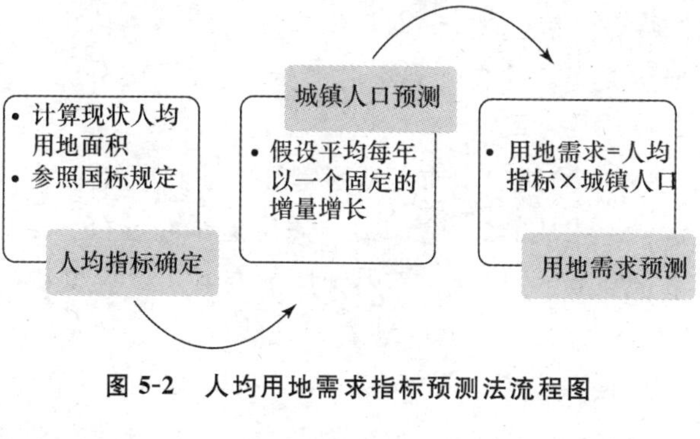

图 5-2　人均用地需求指标预测法流程图

(三) 人均指标预测法的适用性评价

人均指标预测法适用于大部分城市的城市建设用地规模预测，在以往的应用中也得到了国家各有关部门和各省市主管部门的认可。但是这

种预测方法对人均指标的选取要求很高，因此对研究人员的经验要求也很高。人均指标预测法预测结果的准确与否，关键在于城市人口预测的准确性以及人均建设用地指标选取的合理性。

人均指标预测法最突出的优点是思路清晰，易于理解，操作简便。

用这种方法进行需求预测，需要注意以下几个问题：第一，通常情况下，很多研究者把《城市用地分类》与《规划建设用地标准(GBJ 137-90)》中的规划人均建设用地指标直接用做人均建设用地需求指标，有时候是不合理的，真实的用地需求可能大于或小于该标准。第二，人均用地指标只体现了不同城市的差异，而不能反映时间上的变化。实际上，除了人口因素外，影响用地需求的其他因素也是在逐年发生变化的。但是国标制定的年代较远，没有及时进行更新，会对人均指标值的选取产生误导。第三，人口预测的方法没有具体的标准规范，在不同的预测目的和预测方法下，城镇人口预测值可能差异很大，导致城市建设用地需求的预测值也差异较大。

二、线性回归预测法

(一) 线性回归预测法的原理分析

利用已知数据的统计结果解释未知数据变化规律的方法称为回归分析。回归分析既可以用来进行评价，也可以用来进行预测。它根据存在于现象之间的内在因果关系和函数关系建立模型，从一种现象的变动去估计另一种现象的变动方向和程度。线性回归预测，就是根据若干观测数据，寻找到匹配数据之间相关关系的最佳线性拟合曲线，得到描述因素变量之间的线性数学表达式，继而根据自变量的预测值求解出因变量的预测值。根据预测变量的影响因素的多少，线性回归分为一元线性回归和多元线性回归。

可见，线性回归预测的本质是从事物之间的关联性出发，从大量统计数据中拟合出一个线性的经验公式，并假定这个经验公式在未来发展过程中同样适用，据此进行预测。当因变量 Y 与其多个自变量($X_1, X_2, \cdots, X_n$)之间基本存在线性关系时，可进行多元线性回归分析。

城市建设用地需求受经济、人口、社会和政策等众多因素的影响，通过前文的相关分析发现，很多影响因素与城市建设用地需求大体上存在线性关系，并且这些因素对城市建设用地需求的影响作用是比较稳定的，它们之间的统计关系在一定时期内变化较小，因此可以利用多元线性回归的方法进行城市建设用地需求的预测。

用多元线性回归方法预测城市建设用地需求的一般方程为

$$Y = B_0 + B_1 X_1 + B_2 X_2 + \cdots + B_n X_n,$$

式中：因变量 Y 表示城市建设用地需求，由于没有城市建设用地需求的统计数据，所以通常用城市建设用地面积的历史数据代替；自变量 $X_1, X_2, \cdots, X_n$ 表示影响城市建设用地需求的各个因素；B_0 为常数，$B_1, B_2, \cdots, B_n$ 为偏回归系数，表示在其他影响因素不变的情况下，某一影响因素变化引起城市建设用地需求变化的比率，可通过解方程求得。

（二）线性回归预测法的流程

用多元线性回归预测法对城市建设用地需求进行预测主要有四步：① 调查分析，确定城市建设用地需求的相关影响因素，收集统计资料；② 建立回归模型，求解回归方程，对回归方程进行统计检验，验证方程的合理性；③ 运用其他方法预测相关因素的变化；④ 利用相关因素预测值和回归方程进行城市建设用地需求的预测（见图 5-3）。

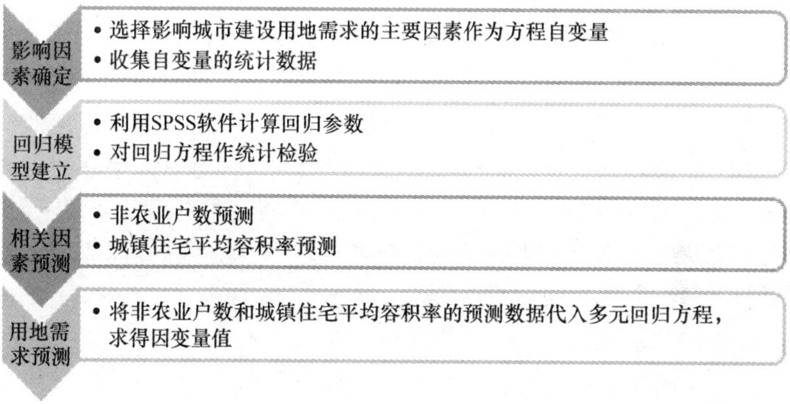

图 5-3　多元线性回归预测法流程图

（三）线性回归预测法的适用性评价

线性回归预测法适用于有大量观测统计数据、又无确定关系形式的灰色系统，应用该方法需要具备统计学的相关分析、方差分析及其统计检验等基础知识，计算机应当安装有社会科学统计软件包（SPSS 或 SAS 等）。此外，回归方程尽管考虑了系统目标与相关因素之间的数量关系，但它没有考虑这些关系随时间的长远变化，所以预测期不宜太长。

这种方法的优势是不单考虑了人口因素的时间变化，同时还可以把产业发展、技术进步和政策变更等诸多影响土地需求的因素变化纳入模型，全面反映城市建设用地需求情况。运用这种方法的关键是要从众多的影响因素中剔除一些贡献不大的因子，分离出起主导作用的因子，并借助一些常用的统计软件进行计算和分析。这种方法的运用也很简便快捷。

但是多元线性回归预测法同样存在一些不足：一，此法对样本要求较高，需要大量的连续性好的数据才能保证统计的精确度。二，通过回归运算求得城市建设用地需求与各个影响因素的相关关系后，还需要先对各个影响因素进行预测，再采用各个影响因素的预测结果来预测城市建设用地需求，降低了预测结果的可靠度。由于GDP、投资和人口等因素在持续增长，通过回归方程预测的用地需求也会随之线性增长，导致预测结果偏大。三，这种方法把城市建设用地面积的历史数据视为历年的城市建设用地需求是不尽合理的。严格地讲，城市建设用地面积的历史数据是历年土地供应的结果，供应与需求往往是不一致的。

三、时间序列预测法

（一）时间序列预测法的原理分析

各种经济、社会、管理的数量指标依时间先后次序排列起来的统计数据称为时间序列。建立时间序列分析模型并用于预测称为时间序列预测法，它是一种动态分析方法。这种方法的原理是，通过时间序列的历史数据揭示现象随时间变化的内部特有的规律性，将这种规律延伸到未来，从而对该现象的未来作出预测。其逻辑基础是“让数据自己说话”，不考虑现象与其影响因素之间的因果关系。

时间序列预测法基于以下假设：

(1) 惯性假设。一个历史数据时间序列隐含着某种运动规律，在一定条件下，被预测事物的过去变化趋势总会延续到未来。

(2) 近大远小假设。数据之间的时间间隔越近，其影响的显著性越强。随着时间序列数据之间的时间间隔越来越远，先前信息对预测的作用就越来越小(郝勇，2007)。

从城市建设用地规模自身的运动规律出发，可以用时间序列预测法对城市建设用地需求进行预测。时间序列预测方法分为确定型和随机型两类。确定型时间序列预测法是能用一个确定的时间函数 $y=f(t)$ 来拟合时间序列，不同的变化采取不同的函数形式来描述。随机型时间序列预测法是通过分析不同时刻变量的相关关系、揭示其相关结构，从而对时间序列进行预测(见表5-1)。

表 5-1　时间序列的基本类别

种　类	特　征	例　子
确定型序列	可以用确定的时间函数表达	线性趋势 $y=a+bt$ 抛物线型 $y=b_0+b_1t+b_2t^2$ 指数型 $y=ae^{bt}$ 等
随机型序列	数据服从统计规律	自回归模型 AR 滑动平均模型 MA 自回归滑动平均模型 ARMA 等

资料来源：夏安邦. 系统建模理论与方法. 北京：机械工业出版社，2008.

(二) 时间序列预测法的流程

用时间序列预测法对城市建设用地需求进行预测的一般流程是：① 分析城市建设用地需求数据序列的变化特征；② 选择模型形式和参数检验；③ 利用模型进行城市建设用地需求变化预测；④ 评估预测结果并修正模型(见图 5-4)。

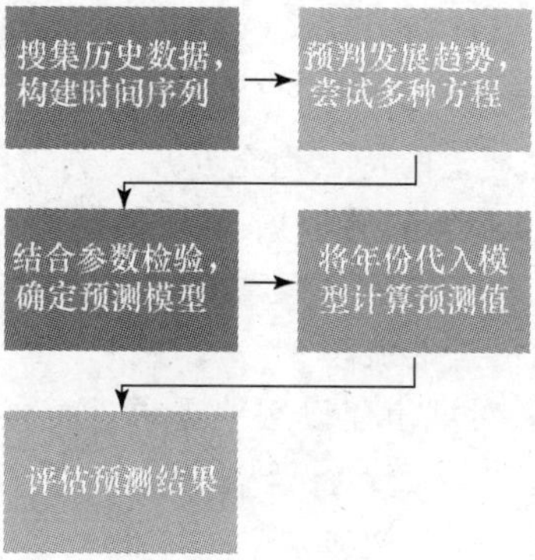

图 5-4　确定型时间序列预测法流程图

(三) 时间序列预测法的适用性评价

时间序列预测法属于历史资料引申性预测，适合进行短期预测。用于长期预测时，除非数据特别稳定，否则效果就很差。随机性时间序列预测法要求研究人员具备较高的数量统计素养，因为一些时间序列表面上看数据杂乱无章，需要利用数理统计的方法判断它是否属于随机序列。下文将采用确定型时间序列预测法进行北京城市建设用地需求预测实证研究。

确定型时间序列预测法的优点是技术相对完善，预测情景也相对明确，其缺陷在于：第一，基于未来趋势与历史趋势相同的假设进行预测，往年的城市建设用地需求发展轨迹会直接反映到预测结果上，而未来的用地需求影响因素的变化信息却无法得到考虑。第二，与线性回归预测法同样，存在着把城市建设用地的实际面积视为城市建设用地需求的问题，可能会导致预测结果偏小。

四、灰色系统预测法

（一）灰色系统预测法的原理分析

灰色系统理论是处置少数数据不确定性问题的理论。少数数据不确定性亦称灰性，具有灰性的系统称为灰色系统（邓聚龙，2005）。采用基于灰色系统理论的 GM(m,n)模型所进行的预测，称为灰色预测。灰色预测法认为客观系统无论怎样复杂，但终究是相互关联、有序、有整体功能的，作为系统行为特征的数据总是隐含着某种规律性。下一章中运用灰色预测法进行城市建设用地需求预测，就是基于 GM(1,1)模型对城市建设用地需求历史数据序列进行外推预测。

在灰色系统理论创立和发展过程中，邓聚龙教授发现并提炼出灰色系统的以下基本原理[①]：① 差异信息原理，“差异”是信息，凡信息必有差异。② 解的非唯一性原理，信息不完全、不确定的解是非唯一的。③ 最小信息原理，灰色系统理论的特点是充分开发利用已占有的“最少信息”。④ 认知根据原理，信息是认知的根据。⑤ 新信息优先原理，新信息对认知的作用大于老信息。⑥ 灰色不灭原理，“系统不完全”（灰）是绝对的。

（二）灰色系统预测法的流程

用灰色系统预测法对城市建设用地需求进行预测有以下步骤：① 对原始序列 $x^{(0)}$ 作光滑性检验；② 对 $x^{(0)}$ 作累加生成，得到 $x^{(1)}$ 序列；③ 对 $x^{(1)}$ 作均值生成，得到 $z^{(1)}$ 序列；④ 构建基于 $x^{(0)}$ 和 $z^{(1)}$ 的微分方程；⑤ 方程参数求解；⑥ 建立预测公式；⑦ 计算预测结果；⑧ 模型精度检验（见图 5-5）。

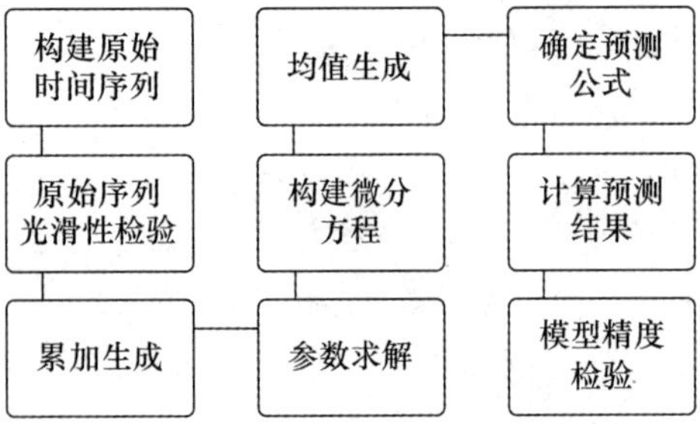

图 5-5　灰模型 GM(1,1)预测法流程图

---

① 郭齐胜，杨秀月，王杏林，等. 系统建模. 北京：国防工业出版社，2006：224.

(三) 灰色系统预测法的适用性评价

GM(1,1)模型是灰色系统理论的基础。GM(1,1)的适用范围是与其发展系数 a 相关的(下文实证研究中将解释 a 的含义),一般地,当 $|a|<2$ 时,GM(1,1)模型才有意义。随着 a 的不同取值,预测效果也不同。通过数值分析,有如下结论[①]:

(1) 当 $-a\leqslant 0.3$ 时,GM(1,1)的 1 步预测精度在 98%以上,2 步和 5 步预测精度都在 97%以上,可用于中长期预测;

(2) 当 $0.3<-a\leqslant 0.5$ 时,GM(1,1)的 1 步和 2 步预测精度都在 90%以上,10 步预测精度也高于 80%,可用于短期预测,中长期预测慎用;

(3) 当 $0.5<-a\leqslant 0.8$ 时,GM(1,1)作短期预测应十分慎重;

(4) 当 $0.8<-a\leqslant 1$ 时,GM(1,1)的 1 步预测精度已低于 70%,应采用残差修正 GM(1,1)模型;

(5) 当 $-a<1$ 时,不宜采用 GM(1,1)模型。

灰色系统预测法最大的优势是对样本要求较低,最少只需要 4 个样本数据就能进行预测。由于我国土地管理制度起步较晚,很多土地方面的数据难以获得,在这种情况下,灰系统模型的长处就得到凸显。灰系统模型预测方法的不足之处是原始序列的选取对于预测结果有重要影响,原始序列长度的变化可能导致预测结果出现很多的偏差。在选取原始序列长度前,需要对城市土地需求的未来变化趋势进行预判;此外,因为没有城市建设用地需求的时间序列数据,因此这种方法也没有解决好把城市建设用地的实际面积视为城市建设用地需求的问题。

第三节　系统动力学预测法

传统的城市建设用地需求的预测方法基本可以分成两类:

(1) 着眼于事物自身的运动规律,如趋势预测法、灰色系统分析方法、神经系统网络模型、元胞自动机模型等。

(2) 着眼于事物之间的相互关联性,如定额指标法、回归预测法、分类预测法等。

以上方法对研究对象与相关因素之间动态反馈机制的研究欠缺,不同学者对方法的优劣性和适用性缺乏共识。而系统动力学模型则可以清晰地展示系统内部各因素的相互作用机制和动态反馈过程。

---

① 郭齐胜,杨秀月,王杏林,等.系统建模.北京:国防工业出版社,2006:240.

一、系统动力学预测法的原理分析

系统动力学(system dynamics)是一门分析研究信息反馈系统的学科,1956年由福瑞斯特(Jay W. Forrester)教授始创于美国麻省理工学院。系统辨证观是系统动力学理论的核心,它强调系统、整体的观点及联系、运动与发展的辨证观点。系统动力学的基础理论主要有反馈理论、控制理论、信息论、非线性系统理论、大系统理论和正在发展中的系统学。

系统动力学预测法是一种定性与定量结合,系统、分析、综合与推理的方法。它以定性分析为先导,定量分析为支持,两者相辅相成,逐步深化认识和解决问题。这种方法应用于城市建设用地需求预测中,就要面向问题,从整体的高度分析土地子系统、人口子系统、产业子系统和技术子系统之间的因果反馈关系(见图5-6);再把这些复杂的关系用方程式进行数学表达,嵌入到计算机构建的系统流图中;最后,借助计算机模拟运算得到预测结果。

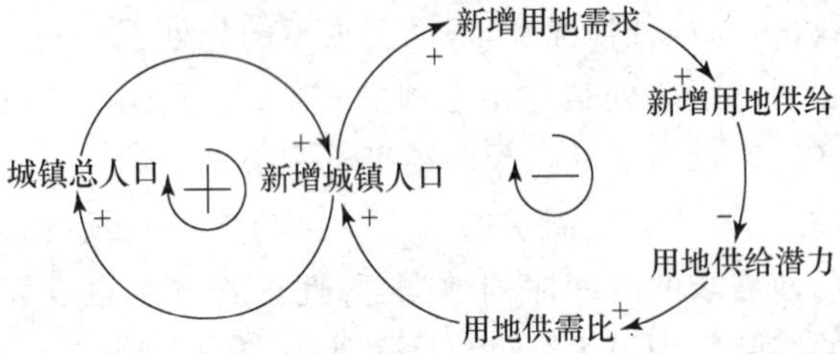

图5-6 城市人口子系统与土地子系统的正负反馈关系示意图

二、系统动力学预测法的流程

用系统动力学预测法对城市建设用地需求进行预测的一般流程是:① 确定问题范围,划定系统边界,选择适当的变量;② 画出系统因果关系图,分析反馈环路的作用;③ 建立系统动力学模型,确定各反馈环中的流位和流率,设置各变量的参数和方程式;④ 利用Vensim软件在计算机上进行反复模拟实验;⑤ 分析结果,根据情况对模型进行修正,然后再做仿真实验,直至得到满意的结果。系统动力学预测法流程图见图5-7。

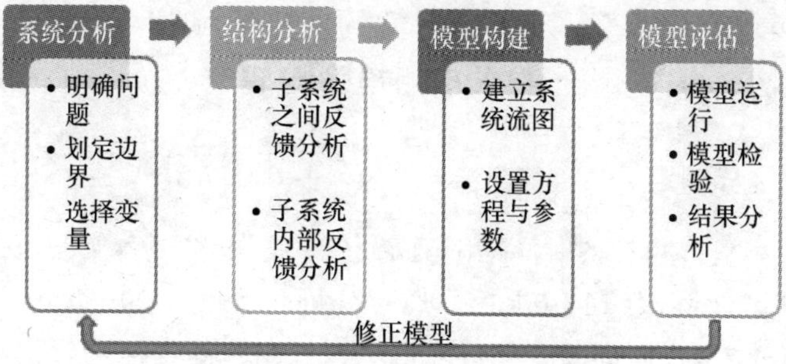

图 5-7　系统动力学预测法流程图

三、系统动力学预测法的适用性评价

系统动力学预测法主要研究复杂问题的反馈过程。对于复杂的大系统来说,利用系统动力学的观点和思想进行研究往往非常有效。系统动力学适用研究的一般是复杂的社会系统、大跨度系统、多目标函数系统、动态系统、可分系统、非线性系统,系统中具有多重反馈和长时滞性,系统所涉及的问题不是完全独立而是相互联系的。

城市建设用地需求系统是一个非常复杂的社会经济系统,影响因素众多,自然过程和人工过程复合,统计资料不够完备。在这种情况下,用系统动力学预测法对城市建设用地需求进行预测,具有其他方法难以替代的作用。但是系统动力学模型的建立也非常复杂,要求研究人员对研究问题有专业的认识和全局的把握。

系统动力学预测法具有以下优势:

(1) 能够容纳大量变量,一般可达数千个以上,能满足巨复杂系统研究的需要。

(2) 模型可以反复运行,模型所含因素和规模可以不断扩展,可以利用它进行政策模拟,为选择最优或满意的决策提供有力的依据。

(3) 它是一种结构化、动态的、连续型的系统建模仿真方法,具有很高的透明性,利用它可以了解系统内部结构和动态行为特征。

第四节　基于系统动力学的北京市城市建设用地需求预测模型构建

一、研究边界确定

将模型仿真模拟的时间范围确定为2000—2020年，空间范围为北京市行政辖区，面积为16410 km^2。通过分析北京市2000—2008年的建设用地总量、结构和空间的变化情况，选取相关指标，继而进行模型设计和模拟，最终得到模拟结果。

二、北京市城市建设用地变化状况分析

（一）北京城市建设用地总量变化分析

2000—2008年北京城市建设用地总量呈现出总体上升趋势，以年均14.6%①的速度增长，反映出北京城市建设用地需求强劲。由于北京申奥成功和国家住房制度改革等因素的拉动，2001—2003年三年间北京城市建设用地增长速度最快，增长率分别为52.6%、39.5%和18.8%，三年间增长了约750 $km^2$②。2004年后北京城市建设用地增长速度放缓，逐渐回归到平稳发展的状态（见图5-8）。

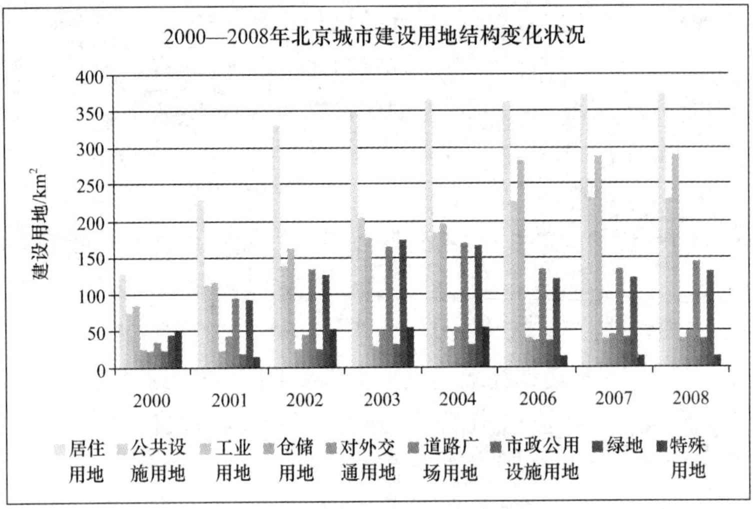

图5-8　2000—2008年北京城市建设用地结构变化状况

数据来源：《中国城市建设统计年鉴(2000—2008)》

① 由《中国城市建设统计年鉴(2000—2008)》统计整理而得。

② 以上数据均由《中国城市建设统计年鉴(2000—2008)》统计整理而得。

(二) 北京城市建设用地结构变化分析

从北京城市建设用地结构来看，居住用地的比重最大；居中的是工业用地、公共设施用地、道路广场用地和绿地；比重最小的是对外交通用地、仓储用地和市政公用设施用地。从时间变化的角度观察，受到国家住房制度改革和经济适用房快速发展的驱动，2001—2004 年北京居住用地增长较快，2004 年“8.31 大限”之后北京居住用地供给数量骤减。由于 2001 年北京申奥成功，用于奥运场馆建设和城市面貌改善的土地需求激增，因此 2001—2003 年北京公共设施用地、道路广场用地、对外交通用地和绿地等用地面积增长较快。2001—2008 年，工业用地和市政公共设施用地逐年平稳增长，仓储用地和特殊用地的数量先增后减。

(三) 北京城市建设用地空间变化分析

对比 2007 年和 2008 年北京 18 个区县的城镇建设用地面积的变化，各区县的城镇建设用地占北京城镇建设用地总量的比例基本不变。地处近郊区和远郊平原区的丰台、朝阳、海淀、石景山、顺义、通州和大兴等区域的城镇建设用地增长较快；而门头沟、怀柔、密云、延庆这几个地处远郊山区的区县，其城镇建设用地几乎没有增长；位于远郊半山区的昌平区和房山区的城镇建设用地也增长较快，而同样位于远郊半山区的平谷区的城镇建设用地没有增长①。

三、影响北京城市建设用地需求因素的相关性分析

影响城市建设用地需求的因素众多，围绕土地供求关系组成一个复杂的系统。正确分析和研究城市建设用地供给与社会发展指标的依赖程度以及它们各自的贡献程度，是科学预测用地需求的基础。本文采用相关系数分析的方法对各因素影响城市建设用地需求量的程度进行分析，从中找出一定的规律，为预测城市建设用地的需求量提供依据。

(一) 指标体系设计

结合资料的可得性和可用性，分别选取经济和社会生活中具有较强代表性的一系列指标影响，定量地分析各指标对城市建设用地需求的影响程度。影响因素指标体系列于表 5-2。

① 由《中国城市建设统计年鉴(2000—2008)》统计整理而得。

表 5-2　城市建设用地需求影响因素指标体系

因素层		指标层	预期影响
一级	二级		
城市建设用地需求	社会因素	城镇人口	+
		城市化水平	+
		非农业户数	+
	经济因素	第二三产业增加值	+
		固定资产投资总额	+
		第二三产业从业人员	+
	市场因素	土地交易价格指数	−
	制度因素	城镇居民人均住宅使用面积	+
		城镇住宅平均容积率	−
	技术因素	地铁长度	−

(二) 数据说明

考虑统计口径和统计范围的稳定性原因,在分析和预测的过程中选择了北京市 1999—2008 年的数据,主要取用《中国统计年鉴》、《中国城市统计年报(年鉴)》和《北京统计年鉴》的数据进行相关性分析(见表 5-3)。

(三) 相关性分析

用 SPSS 软件计算各项影响因素指标与城市建设用地面积的相关系数,结果如下:相关系数在 0.8 以上的影响因子有非农业户数、城镇固定资产投资、第二、三产业从业人员和城镇居民人均住宅使用面积,这些因素是影响城市建设用地供给的主要力量;城市经济发展和社会进步会引致城市建设用地需求的增加,从而拉动城市建设用地的供给;容积率提高可以促进城市建设用地的集约利用;而城市建设用地供给潜力,则会约束城市建设用地面积的扩展。

土地交易价格指数和地铁长度与城市建设用地面积的相关系数为正,与预期的影响方向相反。随着可开发建设的土地资源的逐渐减少和城市土地需求的持续增加,土地价格必然会呈上升趋势,与城市建设用地面积的变化趋势相同;此外,土地价格上升也会引致投资性房地产需求的增加。但是需要注意的是,这种弱正相关性可能掩盖了土地价格上升对土地需求增长速度的抑制作用。同样,地铁长度与城市建设用地面积的相关系数为正,也可能掩盖了地下空间开发对土地集约利用的促进作用。

表 5-3　北京市 2000—2008 年各项指标值

年　份	2000	2001	2002	2003	2004	2005	2006	2007	2008
城市建设用地面积/km^2	490.11	747.77	1043.00	1238.70	1254.40	1254.00	1254.23	1289.32	1310.94
城镇人口/万人	1057.40	1081.20	1118.00	1151.30	1187.20	1286.10	1333.30	1379.90	1439.10
城市化水平/(%)	77.54	78.06	78.56	79.05	79.53	83.62	84.33	84.50	84.90
非农业户数/万户	275.50	283.70	296.70	309.30	322.60	334.30	345.90	355.70	363.90
第二、三产业增加值/亿元	3082.40	3629.70	4246.40	4934.00	5964.80	6788.30	7772.20	9252.00	10375.20
城镇固定资产投资/亿元	1192.60	1417.10	1688.20	1999.90	2333.00	2595.40	3086.30	3656.70	3554.80
第二、三产业从业人员/万人	546.40	557.70	611.60	640.60	792.60	815.80	859.40	881.80	917.90
土地交易价格指数(Dmnl)	100.00	100.00	100.00	100.60	102.50	103.80	105.20	109.40	111.60
居民人均住宅使用面积/(m^2/人)	16.75	17.62	18.20	18.67	18.88	20.13	20.96	21.50	21.56
城镇住宅平均容积率(Dmnl)	1.45	0.87	0.67	0.68	0.72	0.79	0.90	0.93	0.97
地铁长度/km	54.00	54.00	75.00	114.00	114.00	114.00	114.00	142.00	200.00

数据来源：《中国统计年鉴》、《中国城市统计年报(年鉴)》、《北京统计年鉴》。

四、城市建设用地需求预测系统因果关系分析

结合前文对北京市建设用地需求影响因素的分析,并将城市建设用地需求系统分为4个子系统,分别是土地子系统、人口子系统、产业子系统和技术子系统。政策因素嵌入到各子系统中,不再单列子系统。因果关系图中用地供需比、拥挤指数和工作岗位与劳动力比率是上述各主要变量、主要变量的年变化量派生出来的中间变量,刻画各主要变量对各年变化量的关联控制作用,同时也刻画了4个子系统之间的关联作用。

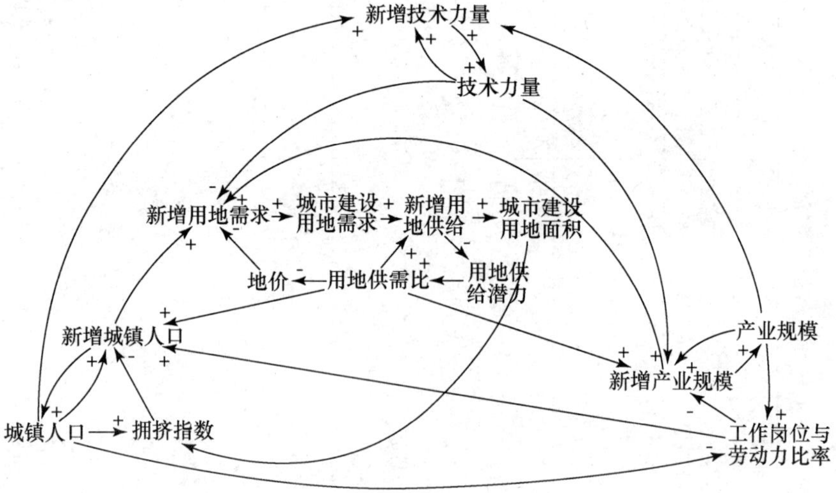

图5-9 城市建设用地需求系统因果关系示意图

(一)主要的正反馈回路分析

正反馈回路反映推动城市建设用地需求增长的力量。主要的正反馈回路(见图5-9)有:

(1) 新增城镇人口→新增用地需求→城市建设用地需求→新增用地供给→城市建设用地面积→拥挤指数→新增城镇人口,反映了人口增加对用地增长的推动作用;

(2) 新增产业规模→新增用地需求→城市建设用地需求→新增用地供给→城市建设用地面积→拥挤指数→新增城镇人口→城镇人口→工作岗位与劳动力比率→新增产业规模,反映了产业发展对用地增长的推动作用。

(二)主要的负反馈回路分析

负反馈回路反映抑制城市建设用地需求增长的力量。主要的负反馈回路(见图5-9)有:

（1）新增城镇人口→新增用地需求→城市建设用地需求→新增用地供给→用地供给潜力→用地供需比→新增城镇人口，反映了城市居住条件下降对用地增长的抑制作用；

（2）新增产业规模→新增用地需求→城市建设用地需求→新增用地供给→用地供给潜力→用地供需比→新增产业规模，反映了产业用地供给不足对用地增长的抑制作用；

（3）技术力量→新增用地需求→城市建设用地需求→新增用地供给→城市建设用地面积→拥挤指数→新增城镇人口→城镇人口→新增技术力量→技术力量，反映了技术进步对用地增长的抑制作用；

（4）新增用地需求→城市建设用地需求→新增用地供给→用地供给潜力→用地供需比→地价→新增用地需求，反映了地价上涨对用地增长的抑制作用。

五、系统模型构建

在系统因果关系图 5-9 的基础上，通过全面的系统分析和设计，构建了北京市城市建设用地需求系统动力学模型。模型共包括 11 个流位变量、46 个辅助变量、11 个流入率和 7 个流出率，还包括 28 个表函数，以及两个不包含在任何反馈环中的增辅变量——城市建设用地新增需求和存量城市建设用地供给。具体模型如图 5-10 所示。

六、模型仿真结果分析

（一）系统模拟结果

采用 Ventana System 公司的 Vensim PLE for Windows 系统动态模拟软件(5.9e 版)对北京城市建设用地需求系统进行计算机仿真，得到仿真结果列于表 5-4。

表 5-4　北京城市建设用地需求系统动力学仿真结果

年份	城市建设用地面积/ha	城市建设用地新增需求/ha	居住用地新增需求/ha	工业用地新增需求/ha	道路广场用地与绿地新增需求/ha
2000	49011	52183.09	19651.31	1426.986	19804.69
2001	75053.53	45560.55	17381.71	1232.996	17236.44
2002	97697.1	42708.13	4366.198	1098.146	17577.33
2003	118893	5291.265	1372.021	959.3473	1465.871

续表

年份	城市建设用地面积/ha	城市建设用地新增需求/ha	居住用地新增需求/ha	工业用地新增需求/ha	道路广场用地与绿地新增需求/ha
2004	121348.5	5505.32	1433.344	977.2341	1522.235
2005	123940.9	5718.086	1492.399	995.2233	1575.202
2006	126645	5934.612	1551.585	1013.267	1627.416
2007	129454.4	6138.455	1619.125	989.9265	1695.531
2008	132516.5	6347.091	1691.058	956.0853	1769.345
2009	135867.3	6269.751	1622.459	918.3068	1696.062
2010	139364.7	5925.656	1436.22	900.3105	1499.987
2011	142709.8	5321.521	1142.242	910.6683	1191.811
2012	145615.2	4709.288	849.9892	914.0572	885.9895
2013	148127.5	4142.636	584.2899	912.899	608.4052
2014	150287	3819.382	441.356	907.9186	459.078
2015	152228	3793.575	447.1765	900.6972	464.6144
2016	154106	3759.62	451.1904	893.4464	468.2451
2017	155929.1	3648.275	452.8199	886.2289	469.3767
2018	157662.6	3530.576	452.5822	880.0961	468.5533
2019	159304.4	3416.575	450.7607	875.1427	466.0761
2020	160858.7	3310.023	447.5957	847.2129	462.2035

（二）模型检验

通过模型多次运行观察，构建的北京市城市建设用地需求预测模型通过了直观检验和运行检验，系统仿真数据与历史数据的误差基本都在±5%以内，历史数据检验通过（见表 5-5）。模型通过了灵敏度分析检验，具有较好的稳定性。

表 5-5　北京城市建设用地需求模拟结果历史检验

年份	城市建设用地面积/ha			城镇人口/万人		
	历史数据	仿真数据	误差	历史数据	仿真数据	误差
2000	49011	49011	0.00%	1057.4	1057.4	0.00%
2001	74777	75053.53	0.37%	1081.2	1082.486	0.12%
2002	104300	97697.1	−6.33%	1118	1109.795	−0.73%
2003	123870	118893	−4.02%	1151.3	1154.384	0.27%
2004	125440	121348.5	−3.26%	1187.2	1210.203	1.94%
2005	125400	123940.9	−1.16%	1286.1	1268.21	−1.39%

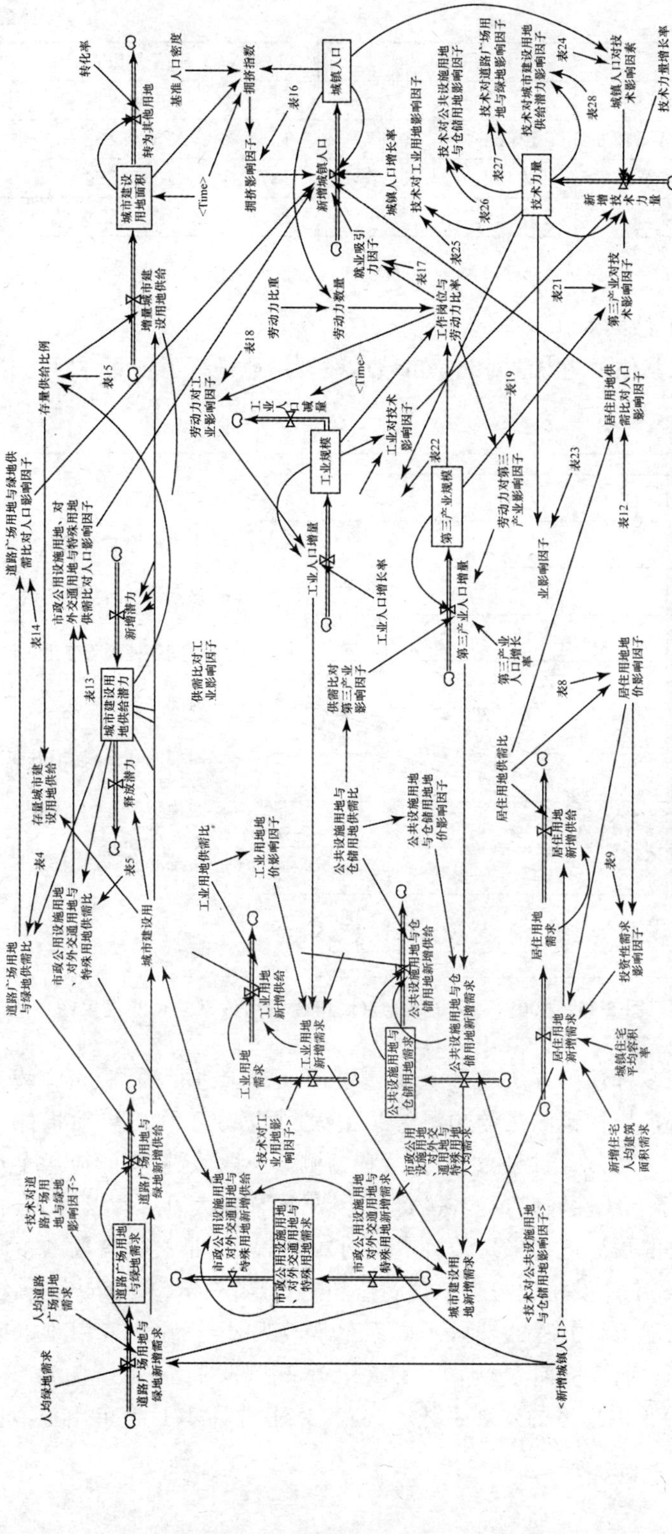

图5-10　北京市城市建设用地需求系统动力学预测模型

续表

年份	城市建设用地面积/ha			城镇人口/万人		
	历史数据	仿真数据	误差	历史数据	仿真数据	误差
2006	125423	126645	0.97%	1333.3	1328.282	−0.38%
2007	128932	129454.4	0.41%	1379.9	1390.394	0.76%
2008	131094	132516.5	1.09%	1439.1	1455.159	1.12%

数据来源：《北京统计年鉴(2001—2009)》,《中国城市建设统计年鉴(2000—2008)》。

(三) 结果对比

采取其他预测方法对北京市城市建设用地进行了预测，结果如图 5-11 所示。

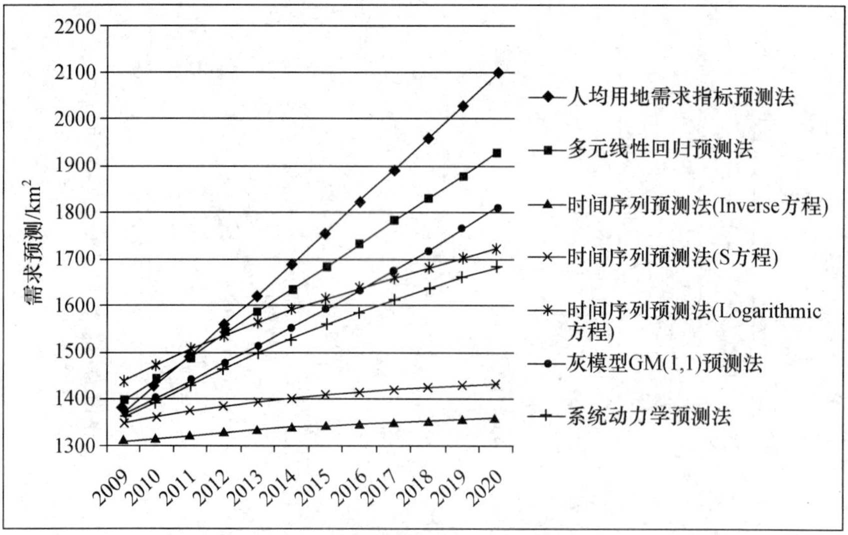

图 5-11　2009—2020 年北京城市建设用地需求预测结果图

采用多种预测方法对北京市建设用地需求进行预测，可以发现：人均用地需求指标预测法的预测结果偏大，原因在于人均用地指标选取过大，人均用地需求指标的选取是这种预测方法的关键，实际应用中难以准确确定；多元线性回归预测法的预测结果同样偏大，原因是回归方程中非农业户数的预测值是采用线性趋势外推法得到，非农业户数的预测值偏高，使得城市建设用地需求的预测值随之偏高；确定型时间序列预测法的预测结果随拟合方程的选取不同而出现较大差异，在实践中难以确定出最佳方程，对于长期预测，不宜使用确定型时间序列预测法；灰模型 GM(1,1)预测模型的发展系数 $-a \leqslant 0.3$，证明 GM(1,1)可用于中长期预测，预测结果经过检验，与历史数据拟合较好，但是原始序列的选取对于预测结果有重要影响，原始序列长度的变化可能导致预测结果出现很多的偏差。

系统动力学预测法的预测结果适中，并且曲线走势为逐渐放缓式的上升，较好地反映了未来北京城市发展的特点。在构建系统动力学预测模型时，既纳入了拉动城市建设用地增长的人口因素和产业因素，也考虑了抑制城市建设用地增长的各种影响因素，比如地价上涨、城市宜居条件下降和科技进步等，充分体现了北京城市建设用地增长的内在机理。

七、结论

城市人口增加、经济发展和社会进步会导致城市建设用地需求的增加，容积率提高可以促进城市建设用地的集约利用。通过相关性分析发现，对北京城市建设用地需求影响最大的四个因子是非农业户数、城镇固定资产投资、第二、三产业从业人员数和城镇居民人均住宅使用面积。

在定性分析的基础上，城市建设用地需求预测系统动力学模型构建了相互作用的土地、人口、产业和技术子系统，可以最大程度地揭示影响土地供需因素的互动机制和动态反馈过程，并能体现政策和制度变化带来的最新影响，从而使预测更具动态性和合理性。预测结果对北京市城市建设和社会发展、土地供给具有较好的指导意义，而预测方法对我国城市土地的节约利用具有较大的应用价值。

该模型还具有较好的普适性。它不仅可以预测城市建设用地需求总量，还可以同时预测居住、工业、道路广场等各类城市用地的需求，因而在城市总体规划和区域规划中具有更好的实用性。另外，通过选取适当的参数，动态模拟各类用地的发展趋势，可以得出适应不同社会经济发展目标下的多方案土地利用模型，是其他预测方法难以实现的优点。再者，模型运算过程中还可以预测模拟出所有相关因子（如人口数量、经济总量、产业规模等）的动态变化过程，不仅可以应用于城市建设用地预测领域，也可以应用于人口、经济、产业发展等领域的预测中。

当然，由于各地社会经济发展的背景不同，因此每个城市应用系统动力学模型时必须通过分析本地城市建设用地影响的主要因素，在模型结构设计和参数设置、灵敏度分析等方面要进行具体调整、拟合、确定。

第六章　城市建设用地供给统筹决策研究

第一节　城市建设用地供需时空配置分析

一、城市建设用地时空配置内涵的理解

土地的配置是指在某个确定的时期，根据需求将各种类型和一定数量的土地资源布置到不同的空间上。城市建设用地的时空配置就是要解决 4 个问题：一是什么时候供给，二是在什么地方供给，三是供给哪种类型的用地，四是供给量的大小。城市建设用地的配置，实质是指城市建设用地的供给，包括时间、空间和规模三个维度，如图 6-1 所示：水平截面表示某个地区的城市建设用地时序安排，竖直截面表示某个时期的城市建设用地空间配置，两个截面的交线 EF 表示该时期该地区各类城市建设用地的供给总规模。

影响城市建设用地时空配置的两个关键因素是城市建设用地的新增需求和城市建设用地的供给潜力。新增需求是拉动性因素，供给潜力是约束性因素。一方面，供给潜力是实现供给的必要条件，没有供给潜力就无法进行土地配置，而需求不是必要条件，没有需求也可能出现供给并可能引发需求；另一方面，在供给潜力充足和需求符合规划要求的前提下，需求越大、越迫切的城市建设用地，越应当优先供给，供给也越多。可见，城市建设用地的空间配置主要由供给潜力来决定，而配置时序则主要由新增需求来决定。

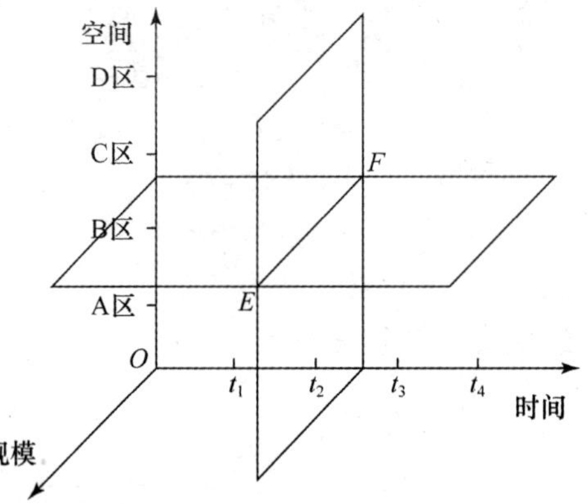

图 6-1　城市建设用地时空配置示意图

二、城市建设用地时空配置的方法

城市建设用地时空配置的第一步是通过分析城市土地利用状况、主要产业布局和人口规模分布来测算各类城市建设用地的新增需求和供给潜力，这两者共同决定了城市建设用地供给的时序和位置。一般情况下，当供给潜力远大于新增需求时，供给量可以根据新增需求量来确定；当供给潜力略大于新增需求时，供给量可以等于或略小于新增需求，引导需求转移；当供给潜力小于新增需求时，部分新增需求将得不到满足。在现阶段，我国大部分城市的城市建设用地供给潜力仍能满足产业发展和人口增加导致的新增用地需求，城市建设用地的时空配置基本上由需求主导。

根据研究需要的深度不同，城市建设用地时空配置的尺度也可以灵活选择。在时间维度上，可以划分为短期、中期和远期，也可以按年份划分。在空间维度上，一个城市可以划分为若干个次区域，也可以按区县的行政边界划分。先构建一个由时间轴和空间轴构成的供给潜力坐标平面，再构建一个划分方式相同的新增需求坐标平面，最后采用"单元格重叠法"将两个坐标平面重叠在一起，即可得到城市建设用地时空配置的结果。如图 6-2 和 6-3 所示：理论上，有的单元格内既有新增需求又有供给潜力，有的单元格内既无新增需求又无供给潜力，有的单元格内只有其一。既有新增需求又有供给潜力的单元格，说明该时期该地区的某类城市建设用地供给潜力能够满足新增需求，因此应当配置相应规模的该类城市建设用地。其他单元格或者无新增需求，或者无供给潜力，因此一般情况下不在该时该地配置用地资源。

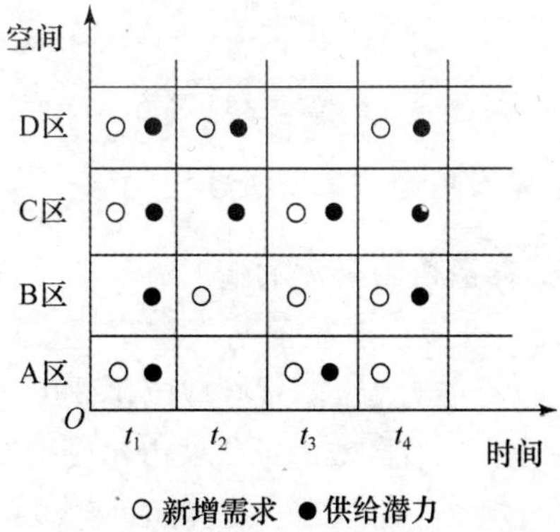

图 6-2　某类城市建设用地时空配置单元格重叠法示意图

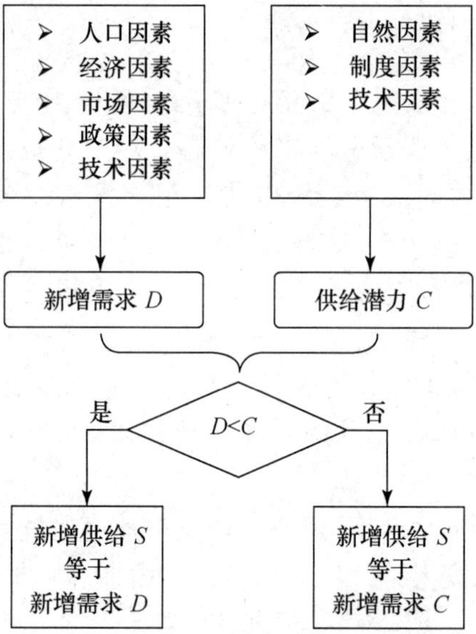

图 6-3　城市建设用地时空配置流程图

第二节　存量与增量城市建设用地统筹决策模型

城市建设用地时空配置解决了城市建设用地供给在空间和时序上的总体规模安排问题，进一步需要解决的问题是存量与增量城市建设用地如何统筹决策。某一时期某一地区各类城市建设用地的供给总规模实际上由两部分组成，即城市建设用地存量供给和城市建设用地增量供给。统筹存量与增量城市建设用地，就是在明确了时空配置方案的基础上，按照节约与集约用地的要求，解决供给总规模中存量供给与增量供给的分配结构问题。实际上，只需要求出其中一个量，另一个量就自然可以得到。

一、存量与增量城市建设用地统筹决策模型

(一) 新增需求≤存量供给潜力的情况

如图 6-4 所示，某一区域内现状的某类城市建设用地规模为 A_0，单位用地的经济社会活动承载能力为 E_0，现有城市建设用地经济社会活动承载能力为 $A_0 \times E_0$。预测期末，该区域内单位城市建设用地的经济社会活动承载能力升高至 E_1，那么规划期末只需 A' 规模的该类城市建设用地即可承受其现状所承载的经济社会活动，则该类城市建设用地的存量供给潜力为 $C_{存}$。图中，$D_{新}$ 表示新增需求，$S_{增}$ 表示增量供给。在 $D_{新} \leqslant C_{存}$ 的情况

下，新增需求的一小部分（或没有）需要通过增量供给 $S_{增}$ 来解决，一大部分（或全部）可以通过释放一定比例的存量供给潜力 $C_{存}$ 来解决。

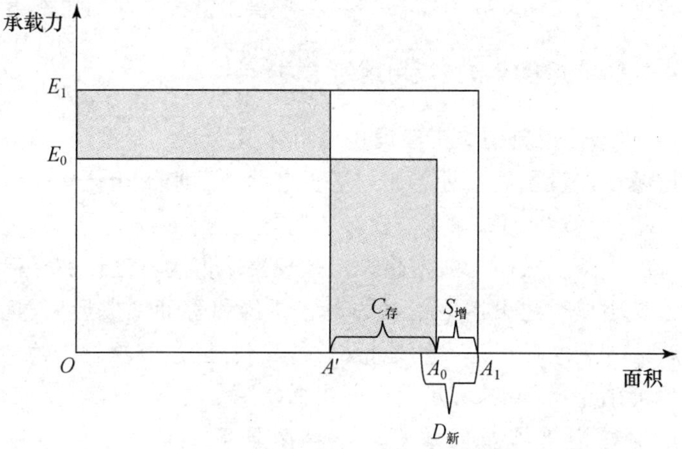

图 6-4　新增需求≤存量供给潜力时的增量供给示意图

那么，预测期末该类城市建设用地的增量供给规模 $S_{增}=\theta_1 D_{新}$。式中，θ_1 是比例系数，$0\leqslant\theta_1\leqslant 1$。

因此，统筹某类城市建设用地存量供给与增量供给需要确定两个量：新增需求 $D_{新}$ 和比例系数 θ_1。

（二）新增需求＞存量供给潜力的情况

如图 6-5 所示，在 $D_{新}>C_{存}$ 的情况下，新增需求不可能完全依靠存量供给潜力 $C_{存}$ 来解决，一定比例的 $D_{新}$ 必须通过增量供给 $S_{增}$ 来解决。那

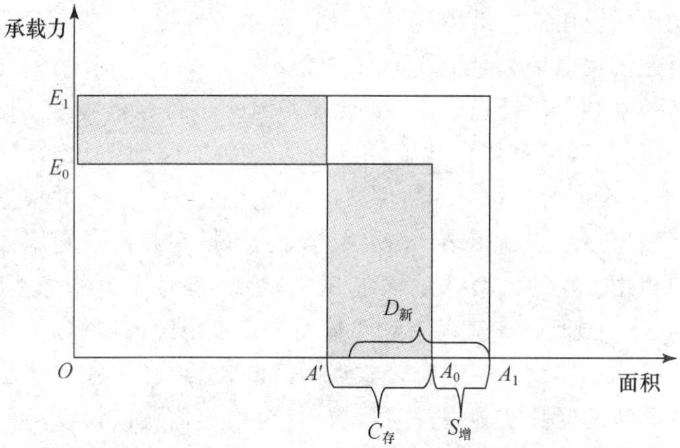

图 6-5　新增需求＞存量供给潜力时的增量供给示意图

么，预测期末该类城市建设用地的增量供给规模 $S_{增}=D_{新}-\theta_2 C_{存}$。式中，$\theta_2$ 是比例系数，$0\leqslant\theta_2\leqslant1$。因此，统筹某类城市建设用地存量供给与增量供给需要确定三个量：新增需求 $D_{新}$、存量供给潜力 $C_{存}$ 和比例系数 θ_2。

二、统筹存量和新增城市建设用地的措施

（一）动态管理新增城市建设用地指标下放

新增城市建设用地指标下放与区县集约利用水平相挂钩。评价各区县节约与集约利用水平，并适当划分节约与集约利用水平等级，根据等级的不同有区别地下放新增城市建设用地规模和占用耕地比例指标。

加强新增城市建设用地指标的动态评价和管理。按近期、远期或年度下放各区县新增城市建设用地指标。根据各区县节约与集约利用水平的动态评价结果、新增城市建设用地指标使用是否符合规划要求、存量城市建设用地挖潜措施及成效等调整各区县下一年新增城市建设用地指标。

加强新增城市建设用地指标使用监测。确保各区县严格按土地利用总体规划及近期建设规划的要求利用新增城市建设用地指标，加强新增城市建设用地的用途、区位、强度、效益的监控，及时发现并制止违法、低效用地行为，并对新增城市建设用地使用规范、利用效率高的区县给予相应的激励措施。

（二）存量挖潜与新增城市建设用地相挂钩

促进各区县存量城市建设用地潜力挖掘。尽快要求各区县制订并上报存量城市建设用地挖潜措施和办法，加强各区县挖潜措施的交流学习，对存量城市建设用地挖潜措施不力的区县给予督促，并对其下一年度的新增城市建设用地指标给予一定的核减。

出台存量城市建设用地挖潜的激励机制。出台存量城市建设用地挖潜的激励机制，对存量城市建设用地潜力挖潜工作到位、成效显著的区县，根据挖潜规模给予相应的新增城市建设用地指标奖励，并根据各区县存量城市建设用地因利用结构转化、增加土地投入和提高利用强度而增加的土地利用效益的大小，给予相应的新增城市建设用地指标奖励。

（三）统一规划和管理国有和集体城市建设用地市场

尽快提炼集体建设用地流转试点的经验，总结已实施集体城市建设用地流转办法的区县实施得失，尽快出台全国集体城市建设用地流转办法。应确保集体城市建设用地的所有权和使用权权益，制订流转条件、范围、程序、收益分配机制等，盘活和提高各类城市建设用地的资源配置效

率，对利用集体城市建设用地从事经营性开发的项目应实现招标、拍卖和挂牌供应，从而将集体城市建设用地补充国有土地市场供应，实现国有土地市场和集体城市建设用地市场的统一管理。

三、城市建设用地供应计划的政策建议

在土地供给中应采用适当从紧的政策，“严控增量，保证重点，挖潜存量，鼓励储备”，以期能够达到城市的可持续利用、土地的可持续利用。年度的土地供给计划要按照“保证重点，适度从紧”的思想编制。

(1) 新增用地严格控制：除市重点工程等项目外，新增房地产项目的建设用地供给要严格控制。

(2) 加大对存量土地利用的力度：存量土地的利用，特别是经营性项目用地，应主要利用存量土地。存量土地主要来源于旧区危旧房改造、市中心区“退二进三”与“污染扰民企业”搬迁改造项目等。

(3) 对房地产项目用地实行指令性指标供给土地：对新批写字楼、大型商场、高级公寓、大型娱乐设施的项目用地，每年设定指令性指标进行总量控制。

(4) 加强对闲置土地的处理与利用。

(一) 城市建设用地供给的原则

城市建设用地的供给要坚持以下几点原则。

(1) 城市可持续发展的原则：城市建设用地的供给要体现城市可持续发展的要求，节约土地资源，为子孙后代多留一份生存和发展的空间。

(2) 从紧供给的原则：由于城市土地资源有限，后备资源不足，在土地供给量的确定上要按照取小的原则，紧缩供给总量。

(3) 城市公共设施和基础设施用地优先供给的原则：优先安排和保证重点建设项目用地，特别是交通、能源、水利和环保等城市基础设施和基础产业用地，为首都的发展建设和各项职能的充分发挥提供必要的土地保障。

(4) 体现城市总体规划和城市发展方向：城市建设用地的供给要体现城市总体发展战略，体现出城市规划中城市的空间发展方向和用地结构的调整。

(5) 在改善居住水平的前提下，适度控制住宅用地的供给：近两年土地出让中居住用地比例较高，增长过快。据初步测算，“滞留”在市场中没有能够及时开发利用的居住用地约有 1000 ha 左右。因此，在今后的土地供给中，应该适当控制住宅用地的供给规模。

(6) 体现城市产业结构和空间结构的调整：土地供给的结构要符合城市产业结构调整和空间结构调整，保证规划的实施。

(7) 加强历史文化名城和风景区保护：城市土地的供给要在保护历史文化资源的基础上进行，同时也要体现和突出城市的整体形象和风貌。

(8) 体现供给时序的原则：在具体的实施中，可以根据每年的实际需求量调整供给的规模，但总体上要保持规划期内土地供给量不超标。

(二) 城市建设用地供应计划实施途径

1. 城市建设用地供应计划实施措施

结合城市发展战略和城市总体规划，体现近期建设规划的要求，保证规划的实施。尽量保证供给公共设施、基础设施用地，实行指导性原则确定土地供给规模；对于房地产开发用地，应从严控制，防止城市盲目扩张，实行指令性原则确定土地供给规模。限制不符合城市产业布局和结构调整的建设用地需求，禁止供给重复建设、污染严重等不符合政策的建设用地。体现城市空间发展战略的思路，土地供给的空间分布适当向重点发展方向倾斜。确保奥运场馆及其配套设施、轨道交通等重大基础设施建设项目、现代制造业等重点项目用地的供给；出让土地中优先保证土地整理和一级开发项目的用地供给。合理安排供给土地在旧城改造与新区开发中的空间分布，挖掘城市存量土地利用潜力，控制城市建设外延扩张；严格保护基本农田，控制出让土地中新增地，特别是耕地，实现土地可持续利用与集约利用。

2. 城市建设用地供应计划实施与管理的途径

城市建设用地供给规模在实施与管理过程中涉及经济、社会、自然、政治等多方面的因素，因此必须综合运用法律的、行政的、经济的、技术等多种手段，才能取得预期的效果。而其中最直接的途径就是通过土地供给计划的编制与执行来实现。从某种意义上而言，城市建设用地适度规模通过土地供给计划的规定被确定下来后，城市建设用地的适度供给也就依赖于土地供给计划的有效执行。

(1) 强化城市建设用地供给计划的编制与管理。把城市建设用地供给计划作为所有土地供给工作的最直接依据，把城市建设用地供给的适度规模通过土地供给计划予以确定，必须以科学性与合理性为基础，加强供给计划的编制与管理，这样才能保证计划的有效实施与管理。

(2) 建立建设用地供给计划实施的领导责任制，对计划管理先进单位与个人给予奖励。城市各级土地管理部门应当把建设用地供给计划执行作为一项年度重要工作来开展，要实行领导任期目标责任制，并将计划执行情况作为考核土地管理部门主要领导工作业绩的一项重要指标。

(3) 实行建设用地供给计划公示制度。在城市建设用地供给计划得到批准后，城市各级土地管理部门要有组织地做好计划的宣传、发布工作，可以采用在相关报刊杂志上公布、张贴布告等方式公告城市建设用地供给计划。

(4) 建立健全土地出让年度计划的审查监督制度。为了保证城市建设用地适度供给的严肃性与有效实施，必须加强城市建设用地供给计划实施的监督检查，建立切实有效的监督检查制度。主要措施可以包括建立巡回检查制度、违规情况举报受理制度、执行检查报告制度等。

(5) 强化现代高新技术的运用。为了及时、准确地掌握土地供给的动态变化情况，尤其是监测土地供给的数量与空间分布是否按计划有序完成，并能有效地分析城市发展与建设用地扩展情况，应该充分利用城市建设用地供给计划实施过程中动态监测的空间、数量与属性数据，建立城市建设用地供给管理信息系统，及时检验、分析计划执行情况，提高计划管理的工作效能和效率。

3. 城市建设用地适度供给的协调保障制度

加强城市建设用地的适度供给，城市建设用地供给计划管理只是其中的一种措施、一种手段。加强城市建设用地适度供给还必须和其他管理手段密切配合，相互作用。所以，必须采取综合性的措施，结合多种管理方法，建立加强城市建设用地适度供给的协调保障制度。

(1) 加强土地利用规划的执行力，建立土地管理部门为龙头的城市建设用地供给体制。目前的建设用地供给体制运行状况是，计划部门负责立项、规划部门负责选址和确定规划条件、土地部门负责供地。这种需求决定供给的机制，不仅是导致我国经济长期粗放增长的重要原因之一，也是导致建设用地供给总量控制难以实现的根本原因。虽然目前已经着手改变这种供给体制，但力度应该加强，政府应予以大力支持，以突破部门间在改革中的相互制约。

(2) 在城市建设用地供给的总量上，应建立行之有效的城市建设用地供给长期、中期和年度计划，使城市建设用地供给政策成为对经济增长方式进行调控的重要政策工具。

(3) 建立科学的城市建设用地供给调节机制。在建立适时监控土地市场的有力体系的基础上，根据城市土地市场的供需变化，灵敏、准确、科学地制定和调整土地供给政策。

(4) 着力完善城市土地收购储备制度,加强政府对土地的掌控能力,使土地储备库对市场的供需发挥蓄水池的调节作用。由于在推行土地有偿使用制度之前,存量的国有土地以行政划拨的方式掌握在各大国有企业、国家机关等单位手中,使得隐形土地市场长期存在,对存量国有土地的供给无法实现有效的调节。因此,应大力推行土地收购储备制度,使政府真正掌握了土地,才能对供需产生实质的影响,才能有效地执行土地供给计划。

(5) 大力推行招、拍、挂等公开交易方式,实现市场对土地资源的有效配置。目前城市出让土地中协议出让的部分所占比例依然较高。

(6) 建立对各区县土地供给部门的有效监督制约机制。规范土地供给内部机制,防止由内部管理的不规范而产生不经济。

(7) 建立土地利用总体规划、城市总体规划和土地供给计划的协调机制。使上述规划、计划从制定到执行、修改都能协调统一,相互配合,相互制约,共同促进城市的协调发展、可持续发展和理性发展。

第七章　城市土地节约利用评价研究

第一节　城市土地节约利用的认识

一、城市土地的功能与特性

（一）城市土地的功能

城市土地主要是非农用地，其在城市工业、商业、交通运输、教育卫生、居民消费、城市生态所组成的系统中处于重要的地位，这主要表现为以下几个方面：

(1) 城市土地是城市经济活动的载体。城市内部各种经济活动都在特定的空间里进行，缺少城市土地，城市基础设施建设就会受到影响，城市硬件条件将难以满足社会发展的需要。另外，城市基础设施发展滞后，还会影响经济活力，尤其是对外来企业的吸引力将会下降。因此，城市土地作为经济活动的载体，在城市经济体系中处于重要位置。

(2) 城市土地是居民生活的基本空间。居住是人的基本的生存权利。为城市居民提供基本的居住场所是城市政府的职责。居住环境差，会影响本地区人民的可持续发展能力。另外，随着社会经济的快速发展，人们对居住条件有了更高的要求，已从原先的生存型居住需求向改善型居住需求转变。因此，作为居住载体的城市土地在城市发展中扮演着重要角色。

(3) 城市发展对土地提出了更高的要求。城市作为政治、经济、文化和信息中心，需要大量的土地来实现这些职能。尤其在人口密度不断提高的今天，城市要想快速发展，必须不断提高土地供应量。然而，人多地少是我国的基本国情，并且在未来相当长的时间内仍将保持这种约束和矛盾。因此，从节约土地的角度来看，提高城市土地利用效率是城市发展的必然要求，也更加显示出城市用地的重要性。

（二）城市土地的特性

城市土地有以下特性：

(1) 城市土地的区位性

位置对城市土地非常重要，城市土地的质量主要取决于城市土地的位置及该位置下的区位条件，如繁华程度、交通条件、设施状况和环境质量等。这一点同农业用地质量主要有土地肥力决定,受位置影响小的特点截然不同。区位不是一种简单的距离关系,而是多因素影响的空间关系的总和。从影响范围来看,城市土地区位分为三个层次:宏观区位、中观区位和微观区位。宏观区位是城市或地域之间的区位差异,中观区位是城市内部不同区域之间的区位差异,微观区位是不同地块之间的区位差异。不同的区位条件决定了城市土地的价值、利用战略、利用强度和利用方向。

(2) 城市土地供应的稀缺性

城市土地供应在总量上虽然具有扩张的可能,但一方面由于区域土地的农业和非农用地的争地矛盾,及各类用地在土地自然供给短缺下的平衡,导致城市土地总量供给亦短缺;另一方面,城市土地由于面积的固定性和区位的唯一性,使其在特定地段会出现土地经济供给的相对稀缺。因为,该特定位置的地块只能为一家高出价者垄断。伊利·莫尔豪斯说:“在这里面有个原理,即土地的高价利用有排挤土地的低价利用的趋势。”也正因如此,城市土地才会出现相应的地价分布形态,城市各种用途的土地只有通过竞争才能达到合理的配置。

(3) 城市土地集聚效应和城市土地报酬递减性

根据集聚和规模经济理论,企业存在生产规模经济、地区存在地区化规模经济、城市存在都市化规模经济。城市土地利用的一个非常重要的特征就是它的集聚效应。随着资本和物质在一定面积土地上的集聚,会产生超出各单位效益总和的更高集聚效益,并因此可以使城市土地具有较大的产出,因此,土地报酬递减现象短期内在城市土地中表现不明显。由于一轮一轮的集聚效益的存在,会使城市土地在相当长时期内处于效益递增阶段,递减时刻的到来会大大推迟,递减的区段也会大大延长。而且,从城市整体角度来讲,递减的效应主要来源于城市的拥挤成本,其中特别是环境成本。对于单一城市地块而言,报酬递减规律主要表现在建筑成本和土地价格的平衡上。

(4) 城市土地投入的无限性和可替代性

在农业土地生产的过程中,对土地的要素投入只能在一定的限度上,土地的受容量相对稳定且较小。而对城市土地则不同,土地的受容性具有极大的空间,无数的劳力、物质和资金都可以投入到有限的城市土地上。从本质上讲城市土地的这种高投入的基础是建立在土地的可替代性上。人们总是在不断地探索、寻找其他物质资源来替代土地这一稀缺资源。

(5) 城市土地空间利用多维性

土地有两大类基本用途,一是作为农业的物质生产资料和生产要素;二是作为城市的空间位置和活动场所。城市土地仅作为承载空间,不直接作为生产要素。城市各种社会经济活动对土地空间的利用都是立体多维的。城市土地的利用方式除了平面结构开发外,重要的是还能充分利用地上和地下立体空间。

(6) 城市土地生态的敏感性

城市是人类改造自然的产物,城市的生态环境是典型的人工生态环境,人工的控制和人工的作用对它的存在和发展起着决定性的作用。与自然生态系统相比,城市生态系统由于物种的多样性急剧减少,能量流动和物质循环的方式、途径都发生了变化,使系统自我组织能力减弱,其稳定性取决于社会经济系统的利用方式、调控能力和水平。在城市生态系统中,由于受消费者的有机体物质能量高度集中性以及环境自净能力的局限性,从而产生大量的城市污染和废弃物,加剧了城市生态系统的脆弱性。

(7) 城市土地利用后果的综合性

城市土地是城市社会、经济和生活等各项活动的载体。一个自然历史经济综合体,是生态经济系统的基础因子。土地相互连接在一起,不能分割,不可移动。每块土地或每一区域的土地利用后果,不仅关系到本区域的经济、生态和社会效益,而且更重要的还影响到邻近区域甚至整个城市、国家的经济、生态和社会效益,从而产生巨大的社会后果。

二、城市土地的节约利用与集约利用

(一) 土地的节约利用

节约总是与浪费相对应的,土地节约利用就是针对土地利用过程中出现的浪费土地资源的现象提出的。总体来说,我国浪费土地资源的现象包括两层涵义:土地资源利用中"量"的浪费,包括土地闲置现象、建设用地盲目求大现象等;土地资源利用中"质"的浪费,如土地利用效率较低、建设用地功能布局不合理造成的土地资源浪费等。对应的,土地节约利用是指在土地开发利用过程中,以科学发展观为指导,以理性确定扩张规模为前提,以减少增量土地、挖潜存量土地等措施为实现途径,提高土地利用效率,以较少土地资源消耗,创造尽可能多的经济效益的土地利用行为。土地节约利用既包括减少新增建设用地的内容,也包括存量土地挖潜方面的内容:土地节约利用体现在对新增土地的控制上，这是土地节约利用的第一层次，其实现主要依赖于用地单位节地意识的提高和有关管理部门政策指令的实施；土地节约利用体现在存量土地挖潜方面，这是其内涵的第二层次，也就是说，土地节约利用除了对增量土地加以控制以达到“节约”的目的外，还要针对城区闲置土地、工矿废弃地、低效利用的土地加以再开发和重新利用，充分利用土地资源，提高土地利用率。

（二）土地的集约利用

1. 土地集约利用概念的起源

“集约”研究，最早开始于德国古典经济学和农业经营学对农业集约经营的探讨。研究的内容主要涉及农业集约经营的影响因素、农业集约经营差异化和空间分异的表征、报酬递减规律作用下的经济适度集约度以及农业集约度的定量分析。这些研究源于农业经营中在单位土地面积上大量或少量投入强度的差异的思考。这样，集约农业和粗放农业这一术语就彼此关联地应用于农业经营。早期的农业集约经营研究，是以土地为载体（分母），以单位面积上的高强度投入表征。在这一视角下，土地集约经营（利用）概念也就等同于或接近于农业集约经营概念，同时对集约度的计量也简单明晰，即单位面积上投入的所有成本。

2. 土地集约利用概念的泛化

在以后的集约研究中有五个方面的拓展：一是从传统的土地要素特殊论的农业集约扩展到资本、劳动、技术、时间要素特殊论的农业集约；二是以单纯的投入指标延展到产出的收益（毛收益与净收益）；三是对投入产出进行合理的、经济有效的集约分析，对此，有些学者提出“彻底的”、“合理的”、“有效的”、“经济的”集约的概念，并认为若投入过程中“经济无效”，则就不属于集约经营或经济集约增长；四是从农业集约经营拓展到整个国民经济集约增长；五是从农业土地集约利用转到城镇建设用地集约利用。上述拓展性研究，无疑丰富了集约概念的内涵，但也造成学术上的混乱和争议。

若只考虑投入，由于资本、劳动等投入要素不具有土地既是生产资料又是劳动对象（生产载体）这一特点，资本、劳动、技术、时间要素特殊论的农业集约，只是在土地上各要素投入强度的差异化表现。但一旦在集约概念中考虑到收益或效益因素，资本、劳动、技术均可以作为分母，纳入到集约经营的投入产出效益评价体系中。由此造成了农业集约经营与土地集约经营（经济集约经营与资源集约利用）内涵的不一致。即农业集约经营概念要比土地集约经营概念更为广泛，土地集约经营是农业集约经营在土地资源利用、节约方面的表现。目前学术上存在的一个问题是，当农业集约或经济部门集约的概念扩大时，土地集约研究未能有效地从其中剥离出较明晰的研究体系出来。这既造成土地集约利用的内涵扩大，陷入诸多争论，同时也给土地管理部门在具体操作上带来困难。

有些学者为构建一个理想完美的"集约"概念，力求把"合理性"注入到集约内涵中。实际上这样做没任何价值，反而造成集约就是合理的误区。对此，特奥多尔·布林克曼(1877—1951)在所著的《农业经营经济学》(1922)一书中早就提出："集约和合理这两种概念，不应混为一谈。所谓合理，即如何取得最大的持久收益，那是随着具体情况之不同而可以具有各种不同的集约度的。因而，有合理的农业集约经营，同时也可以有合理的农业粗放经营"。

寻求适度的合理的集约度是集约研究的基本内容，经济学对适度经济集约已有明确的理论解释。然而，合理的集约经营因不同的区位(自然、经济、交通)、不同经济发展水平、不同的产业部门和不同的集约经营目标而呈现出复杂化的具体差异，这给集约的合理界定和回答什么样的集约度是合理的增加了困难。在实际操作层面上，适度的合理的集约研究，可考虑在集约目标设定下，依据特定的"支撑—保障"、"限制—约束"条件进行研究。

3. 城市土地集约利用的内涵

城市土地集约利用的概念是借鉴了农业土地集约利用的概念。早在两千多年以前，我国的古代文献就有对集约经营思想的论述。最早的农书《齐民要术》提到："凡人家营田，须量己力，宁可少好，不可多恶。"强调土地的经营不能广种薄收，宁可少而精，直接表达了精耕细作、集约经营的思想。明代《沈氏农书》指出："以二亩之壅力，合并于一亩，"可以"一亩兼二亩之息"，即提高单位面积的投入，可取得更好的收益。而西方经济学界最早的土地集约利用概念则发端于李嘉图等古典经济学家，李嘉图等在地租理论中首先提出，农业土地集约经营，是指在一定面积的土地上，集中地投入较多的生产资料和活劳动，使用先进的技术和管理方法，以求在较小面积的土地上获得高额产量和收入的一种农业经营方式。其实质是增加土地投入，获取土地最高报酬。土地经济学家理查德·T·伊利在其所著的《土地经济学原理》中指出："对现在已利用的土地增加劳力和资本，这个方法叫做土地利用的集约。"而马克思也明确指出，"在经济学上，所谓耕作集约化，无非是指资本集中在同一土地上，而不是分散在若干毗连的土地上。”马克思在批判和继承古典经济学地租理论的基础上，进一步把级差地租分为级差地租Ⅰ和级差地租Ⅱ两种形式：级差地租Ⅰ是由土地肥沃程度不同和区位优劣所产生的地租；级差地租Ⅱ是在同一块土地上连续投入等量资本所产生的生产率的差别（超额利润）所形成的级差地租。因此，马克思的级差地租Ⅱ的形成实质隐含着因土地集约化利用所带来的结果之涵义。

正如上文分析，城市土地集约利用问题是近年来国内学术界讨论的热点问题。就城市土地集约利用内涵而言，20 世纪 90 年代就有以下具有代表性的观点：

（1）马克伟主编的《土地大辞典》中对“土地集约经营”词条的解释是：“土地集约经营是粗放经营的对称。是指在科学技术进步的基础上，在单位面积土地上集中投放物化劳动和活劳动，以提高单位土地面积产品产量和负荷能力的经营方式。……在建筑业中，集约经营则是通过对单位土地面积多投放活劳动和物化劳动，来提高土地利用率，增加建筑层数，提高土地的经济功能和负荷能力”。

（2）肖梦认为，“城市土地集约化使用，可以多维地利用城市土地的立体空间，并使城市土地一地多用。城市土地立体空间的多维利用，就是利用土地的地面、上空和地下进行各种建设。一地多用则是在同一块土地上根据需要安排各种不同用途的多种建设项目。这也就是提高城市土地利用率的集约化利用”。

（3）毕宝德认为，“所谓集约度，就是指单位土地面积上所投资本和劳动的数量。所投入资本和劳动越多，则集约度越高；反之，则越低。……人们在谈到土地集约经营时，往往是指耕地，言及非农用地的很少。非农用地的效益可分为两类：用于住宅建设的是所建房屋的面积；用于工业、商业和交通运输的在于所获经营利润。前一类是实物性的，后一类是价值性的。但两者集约经营的共同点是力争获得单位土地面积上的最大收益”。

（4）丘金峰主编的《房地产法辞典》在解释城市土地利用的集约程度时指出：“城市土地利用的集约程度指单位面积城市土地上的投资和使用状况。衡量城市土地利用集约程度的指标有资金、技术、人口几方面：资金集约度，即单位面积城市土地上的土地投资额，表现为土地上的土地投资占土地面积之比；技术集约度，即土地之上建筑物或设施在施工中和落成后所应用的先进技术程度，这往往可通过资金集约度反映与土地利用的集约度无联系”。

(5) 宋春华等主编的《房地产大辞典》中对“土地集约经营程度”词条的解释是：“土地集约经营程度，是指单位面积土地投入的人力、财力、物力的状况。单位面积上的人、财、物力投入水平高，则集约经营的水平就高；反之亦然。反映集约经营程度的指标有许多，如每平方米的建筑投资量，等等”。

以上表述虽然对城市土地集约利用与经营有不同的理解，但都有一个共同点，就是认为土地集约利用就是增加在土地上的投入，以获得更多产出的土地开发经营方式。目前还有另外一类观点，强调在研究城市土地集约利用时，还要考虑土地利用结构和布局的优化问题。譬如，原国家土地管理局局长邹玉川在1996年土地日发表的文章中，指出城市土地内涵挖潜、集约利用的潜力来自四个方面：一是城市人均占地有潜力可挖；二是调整城市用地布局，提高土地产出率有潜力可挖；三是小城镇用地有潜力可挖；四是城市空闲地和地下空间也有潜力可挖。其中第四点指的是提高容积率的问题，第二点指的是用地结构的优化问题，第一点和第三点则是上述两点的综合。在随后出版的《生存与发展》一书中也将合理配置城市土地，进行土地置换与提高城市土地利用率和利用效率一起，作为集约利用的途径。杨重光认为，城市土地集约利用包括三方面的内容，即：城市单位面积的产出率不断提高；通过土地利用规划和城市总体规划科学和合理利用城市土地，建立合理和经济的空间布局，并且使城市的经济、社会和环境得到协调发展；通过旧城改造和房地产开发，结合调整产业结构，调整用地结构，提高城市土地的整体利用水平，最大限度地利用现有土地。

除了上述的认知外，在实践过程中也形成对城市土地集约利用内涵的不同认识。有的学者明确指出，城市土地集约利用应重视其前提与必要条件——城市布局和用地结构的合理性。例如，陶志红认为，城市土地集约利用的内涵为：以合理布局、优化用地结构和可持续发展的思想为依据，通过增加存量土地投入、改善经营管理等途径，不断提高土地的使用效率和经济效益。换言之，城市土地集约利用并非无条件的，其前提与必要条件是城市合理的布局和用地结构。持类似观点的还有章牧、骆培聪、查志强、龚义、欧阳安蛟等人。其中，龚义、欧阳安蛟进一步指出，城市土地集约利用是在特定时段中、特定区域内的一个动态的、相对的概念。

进一步分析国内讨论城市土地集约利用问题的缘由，实质上是来自于国家战略的需求，即经济增长方式由粗放型向集约型转变[①]。而在经济增长方式的理论中，对集约型和粗放型经济增长方式的概念认识主要体现在：所谓集约型的经济增长方式，是指高产出、高效率、高质量、低消耗地实现经济增长，注重内涵发展、质量提高、追求效益，依靠科技进步和结构优化升级，实现规模经营和合理布局生产力等达到经济的增长；而粗放型的经济增长方式是指高投入、高消耗、低产出、低质量地实现经济增长，注重外延扩张、数量扩展、靠资金和资源的不断投入和积累支撑经济增长的速度。从转变经济增长方式这一基本意图出发，城市土地集约利用所追求和应该考虑的基本要素需要涉及：

① 投入类型：城市土地集约利用主要依靠技术进步和土地的使用效率来支持城市经济的提高，强调的是对存量土地增加投入，提高土地利用产出和效率；而与之形成对称的城市土地粗放利用，则是以高土地投入满足城市经济发展对土地的需求，支撑城市经济效益的增长。与之相对应的，应考查城市土地规模潜力，即城市土地集聚效应所带来的土地利用潜力。

② 投入结构：城市土地集约利用表现为以存量土地内涵挖潜为主的城市用地方式，强调的是城市土地利用结构和布局的系统协调性；而城市土地粗放利用往往表现为以增量水平扩张为主的城市用地增长方式，各类用地类型之间的整合性较差，结构不合理。同样，应考虑城市土地利用的结构潜力，即在特定的目标导向下城市土地结构的合理优化状况。

③ 投入速度：城市土地集约利用属于质量效益型，注重土地投入的时序控制，不是通过土地快速扩张获得城市效益，而是注重追求提升已开发土地的集聚效益；而城市土地粗放利用是速度效益型，土地效益是依附于土地扩张速度获得。从另一个角度看，当控制城市土地扩张的速度时，要求进一步提高现有土地的垂直空间利用能力，实际上是考查土地利用的垂直强度。

上述分析表明，尽管城市土地集约利用概念源于农业土地的集约经营，然而其内涵及外延比后者更具宽泛的涵义。城市土地集约利用不仅

---

① 在1995年党十四届五中全会上，党中央提出要实行两个具有全局意义的根本性转变，其中之一就是“积极推进经济增长方式的转变，把提高经济效益作为经济工作的中心，实现经济增长方式从粗放型向集约型转变，……形成有利于节约资源，降低消耗，增加效益的企业经营管理机制”。

仅停留在对土地上投入强度的表达上①，而是需要对土地投入及其所带来影响的综合分析，反映土地利用的集约状况②，特别是通过一系列分析，在特定条件（如符合经过特定协调程序完成的一种社会共识或认知要求）下，反映城市土地利用潜力的挖掘能力和进程，并具有节约土地和高效利用土地的涵义③。它具有动态的含义，而且表现为一种开发经营管理的模式。

（三）城市土地节约集约利用的内涵界定

城市土地节约集约利用内涵的界定是评价研究开展的基础。目前学术界对节约用地的内涵认识比较一致，即：节约用地是通过政策、措施或技术手段，减少社会经济发展对土地造成不可逆的消耗，换言之，在不降低用地效率的前提下，各项建设都要节省用地，尤其是尽量不占或少占耕地，主要针对"增量"用地而言。而集约用地（如城市土地集约利用）的内涵则存在一定的争议。学术界的共识在于：城市土地集约利用是指在一定面积的城市土地上，通过增加投入来提高产出效益的土地利用方式，其集约利用水平是动态的，是随着经济发展而不断提高的。而分歧主要集中在：集约用地的效益表征是侧重于经济效益范畴，还是必须具备经济、社会、环境的综合效益范畴，譬如，部分学者认为城市土地集约利用必须兼顾三大效益的统一，以资源、环境的承载力为基础，追求城市土地集约利用发展的最高境界——生态型密集。

厘清集约用地的内涵，有必要追根溯源地看问题。集约用地的概念最早来自农业生产经营过程，与粗放经营、广种薄收相对应，指的是集约经营、精耕细作。早在两千多年以前，《齐民要术》中提到："凡人家营田，须量己力，宁可少好，不可多恶"；而李嘉图等西方古典经济学家在地租理论中首先论及的"农业土地集约经营"概念，即指"在一定面积的土地上，

① 在李秀彬等（2008）的《土地利用集约度的测度方法》（地理科学进展，2008，27(6)：12～17）一文中，提出土地利用集约度的定义是单位时间单位土地面积上非土地投入的数量。非土地投入是一个逐步演进的过程，非土地投入的数量则是一个综合的概念，这也一定程度上也印证了作者的观点。

② 在西方经济学中，存在土地利用的集约边际和粗放边际的概念。所有土地利用的集约边际，是指某块土地在集约耕种中所达到的临界点，在该点所用的资本和劳动产生的边际收益仅能补偿其边际成本。土地利用的粗放边际可以认为是无租边际，在这种情况下，最佳条件下的产出只能补偿成本。因此，集约边际是纵向加深集约度的边界，粗放边际是横向扩展土地利用范围的界限。集约边际和粗放边际不是固定不变的，随着市场价格和生产成本的变化，二者通常要发生扩展或收缩。

③ 按照《辞海》上的定义，集约是指"聚集在一起并组成节俭或紧缩"，表达了集约的节约之意。

集中地投入较多的生产资料和活劳动，使用先进的技术和管理方法，以求在较小面积的土地上获得高额产量和收入的一种农业经营方式”，马克思以及国内不少学者也认同此观点。因此，不宜将集约用地的概念泛化，否则，可能成为一项无所不包的大杂烩，结果势必是难以确定一个公认的量化指标体系和标准。此外，城市土地利用比农业土地经营更加复杂，城市土地具有对各类社会经济活动的承载功能，并表现出利用空间的多维性、用地功能和结构的复杂性、利用方式的规制性和相对稳定性等特性，所以界定城市土地集约利用的内涵，还应密切结合城市土地的基本功能和特性来进行。

综上所述，城市土地节约集约利用是指通过降低建设用地消耗、增加对土地的投入，不断提高土地利用效率和经济效益的一种开发经营模式。而城市土地集约利用，则是指以符合有关法规、政策、规划为导向，通过增加对土地的投入，不断提高城市土地利用效率和经济效益的一种开发经营模式。这一内涵强调：

(1) 集约用地的前提是合法合规，这既是对城市土地承载功能发挥的必要约束，也间接体现了三大效益的结合；

(2) 集约用地具有动态性；

(3) 核心思想是推动“存量”挖潜，提高土地的利用效率和经济效益，主要属于经济领域讨论的问题；

(4) 集约用地应是一种土地开发经营和利用管理模式。

第二节　城市土地节约集约利用评价技术思路与指标体系

一、城市土地节约集约利用评价技术思路

城市土地节约集约利用涉及的对象类型复杂，评价尺度较为宽泛，技术体系的设计尤为重要。在城市土地集约利用评价的研究中，有学者将评价工作按空间尺度分为宏观评价、中观评价和微观评价，按时间尺度分为现状评价和潜力评价[①]。

本研究设定城市土地节约集约利用评价范围为城市建成区用地状况评价，为中观尺度的现状评价。

城市建成区用地状况评价则是针对现状城市建设用地，通过划分居住、工业、商业、教育等功能区类型，对各类功能区分别评价其土地集约利

① 郑泽庆，黄贤金，钟太洋，王广洪．我国城市土地集约利用评价研究综述．山东师范大学学报(自然科学版)，2009，23(3)：89—98.

用程度，确定属于过度利用、集约利用、中度利用和低度利用类型。该评价旨在为各城市全面掌握自身建设用地集约利用状况、科学管理和合理利用建设用地、制订土地利用规划、计划及相关规划提供参考。

二、城市土地节约集约利用评价的技术思路

城市建成区用地状况评价应分成居住、商业、工业、教育等不同功能区开展。技术思路为：

(1) 首先确定评价涉及的工作地域，开展定性分析；

(2) 采用多因素综合评价法进行定量评价，确定功能区类型，选择确定相应的评价指标体系，初步划分城市功能区，并选择各类功能区的样本片区，确定相应的指标理想值，计算其土地利用集约度，并判断其土地利用状况类型；

(3) 根据样本片区的土地利用集约度，重新整理和划分城市功能区，确定各城市功能区边界，并判断其土地利用状况类型(图 7-1)。

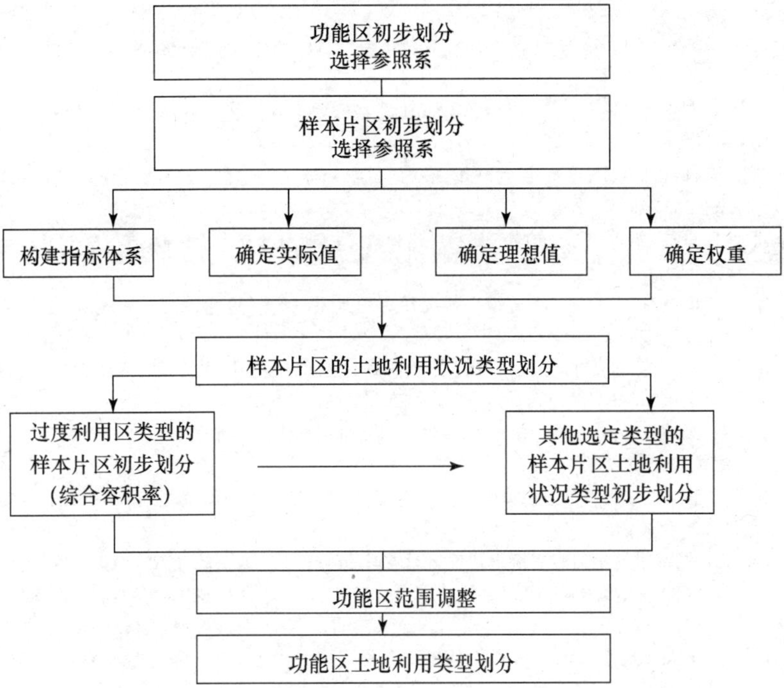

图 7-1　城市建成区用地状况评价技术路线与方法图

三、城市土地节约集约利用评价指标体系

(一) 评价指标体系的构建原则

大量评价研究和实践都表明,评价指标体系的构建是评价工作的重点,也是难点。不同研究对节约集约用地的评价指标体系设计存在差异,有些较为庞杂,涉及到土地投入水平、土地利用强度、土地产出水平、土地利用的限制因素、生态环境指数、发展趋势等指标因子[①],有些只是建立以土地投入水平、利用强度和产出水平为重点的指标体系,并尝试对某一区域土地集约利用状况进行评价[②]。

因此,评价指标体系的设计应从科学性、代表性、可操作性、动态性、层次性、以及目标导向性等原则出发,充分考虑建设用地节约集约利用的内涵界定,以及区域、城市不同层面评价的目的、对象和问题重点的差异来进行。

---

① 龚义,吴小平,欧阳安蛟. 城市土地集约利用内涵界定及评价指标体系设计[J]. 浙江国土资源,2002,(1): 46—47.

杨树海. 城市土地集约利用的内涵及其评价指标体系构建[J]. 经济问题探索,2007,(1): 27—30.

洪增林,薛惠锋. 城市土地集约利用潜力评价指标体系[J]. 地球科学与环境学报,2006,28(1): 106—110.

孙志波,许月明. 城市土地集约利用现状评价指标体系构建[J]. 安徽农业科学,2006,34(22): 6020—6021.

刘力,邱道持,粟辉等. 城市土地集约利用评价[J]. 西南师范大学学报(自然科学版),2004,29(5): 888—891.

薛俊菲,邱道持,卫欣等. 小城镇土地集约利用水平综合评价探讨[J]. 地域研究与开发,2002,21(4): 47—51.

杨红梅,邱道持,张传华等. 基于因子分析的城市土地集约利用比较研究[J]. 西南师范大学学报(自然科学版),2006,31(1): 165—169.

史丽君,张绍良,王浩宇等. 基于PSR框架的徐州市城市土地集约利用评价研究[J]. 国土与自然资源研究,2006,(1): 4—5.

李霞,刘秀华. 重庆市都市区城镇土地集约利用现状评价与分析[J]. 西南农业大学学报(社会科学版),2005,3(4): 9—12.

查志强. 城市土地集约利用潜力评价指标体系的构建[J]. 浙江统计,2002,(4): 9—11.

汪波,郑家响. 我国大城市土地集约利用评价研究[J]. 北京科技大学学报(社会科学版),2006,22(1): 24—28.

雷国平,宋戈. 城镇土地集约利用的潜力计算与宏观评价[J]. 学习与探索,2006,(6): 184—191.

② 薛俊菲,邱道持,卫欣等. 小城镇土地集约利用水平综合评价探讨[J]. 地域研究与开发,2002,21(4): 47—51.

杨红梅,邱道持,张传华等. 基于因子分析的城市土地集约利用比较研究[J]. 西南师范大学学报(自然科学版),2006,31(1): 165—169.

(二) 城市建成区用地状况评价指标体系的构建

城市建成区用地状况评价的指标体系因不同类型功能区的特点分别选择设定,并从重要性、信息收集的易行性等角度考虑必选和备选的区分。其中,居住功能区、商业功能区、工业功能区重点考查土地的利用强度、投入状况和经济效益;教育功能区重点考查土地的利用强度和投入强度;而特别功能区作为不在居住、商业、工业、教育功能区范围内,但属于闲置地、空闲地、产业结构调整用地、以及其他需要在土地利用管理中加以特别关注的区域,重点考查土地的利用强度。有关城市用地状况评价指标体系如表 7-1 所示。

表 7-1　城市建成区用地节约集约评价利用指标体系

功能区类型	评价指标	指标说明	选择要求
居住功能区	综合容积率	居住功能区样本片区内的各类建筑总面积/样本片区土地面积,无量纲	必选
	建筑密度	居住功能区样本片区内的各类建筑基底面积/样本片区土地面积,单位为%	必选
	人口密度	居住功能区样本片区内的居住人口/样本片区土地面积,单位为人/ha	必选
	基础设施完备度	居住功能区样本片区内的道路、水、电、暖、燃气等基础设施的配套程度,无量纲	必选
	生活服务设施完备度	居住功能区样本片区内的托、幼、学校、医疗、体育、文化等设施的配套程度,无量纲	必选
	绿地率	居住功能区样本片区内的绿地面积/样本片区土地面积,单位为%	备选
	住宅地价实现水平	居住功能区样本片区的单位土地地价/所在级别的住宅基准地价或住宅基准地价中位值,或者其楼面地价/所在级别的住宅基准地价(楼面地价)或住宅基准地价(楼面地价)中位值,无量纲	备选
商业功能区	综合容积率	商业功能区样本片区内的各类建筑总面积/样本片区土地面积,无量纲	必选
	单位用地从业职工数	商业功能区样本片区内的从业职工人数/样本片区土地面积,单位为人/ha	备选
	基础设施完备度	商业功能区样本片区内的道路、水、电、暖、燃气等基础设施的配套程度,无量纲	必选

续表

功能区类型	评价指标	指标说明	选择要求
商业功能区	商业地价实现水平	商业功能区样本片区的单位土地地价/所在级别的商业基准地价或商业基准地价中位值，或者其楼面地价与所在级别的商业基准地价（楼面地价）或商业基准地价（楼面地价）中位值的比值，无量纲	必选
	单位用地营业额	商业功能区样本片区内的总营业额/样本片区土地面积，单位为万元/ha	备选
工业功能区	综合容积率	工业功能区样本片区内的各类建筑总面积/样本片区土地面积，无量纲	必选
	单位用地固定资产总额	工业功能区样本片区的固定资产总额/样本片区土地面积，单位为万元/ha	必选
	基础设施完备度	工业功能区样本片区内的道路、水、电、暖、燃气等基础设施的配套程度，无量纲	必选
	单位用地工业总产值	工业功能区样本片区的工业总产值/样本片区土地面积，单位为万元/ha	必选
	单位用地工业利税	工业功能区样本片区的工业利税/样本片区土地面积，单位为万元/ha	备选
	工业地价实现水平	工业功能区样本片区的单位土地地价/所在级别的工业基准地价或工业基准地价中位值的比值，或者其楼面地价/所在级别的工业基准地价（楼面地价）或工业基准地价（楼面地价）中位值，无量纲	备选
教育功能区	综合容积率	教育功能区样本片区内的各类建筑总面积/样本片区土地面积，无量纲	必选
	建筑密度	教育功能区样本片区内的各类建筑基底面积/样本片区土地面积，单位为％	必选
	单位用地服务学生数	教育功能区样本片区内的服务学生总数/样本片区土地面积，单位为人/ha	必选
	基础设施完备度	教育功能区样本片区内的道路、水、电、暖、燃气等基础设施的配套程度，无量纲	必选
	绿地率	教育功能区样本片区内的绿地面积/样本片区土地面积，单位为％	备选
	单位校舍用地服务学生数	教育功能区样本片区内的服务学生总数/样本片区校舍用地面积，单位为人/ha	备选
	单位体育活动场地服务学生数	教育功能区样本片区内的服务学生总数/样本片区体育活动场地面积，单位为人/ha	备选

续表

功能区类型	评价指标	指标说明	选择要求
特别功能区	综合容积率	特别功能区样本片区内的各类建筑总面积/样本片区土地面积，无量纲	必选
	建筑密度	特别功能区样本片区内的各类建筑基底面积/样本片区土地面积，单位为%	必选

第三节　城市土地节约集约利用评价技术流程与方法

一、城市土地节约集约利用评价的技术步骤

（1）确定评价工作地域；

（2）进一步核定工作地域，开展定性分析；

（3）确定功能区类型，建立相应的评价指标体系；

（4）初步划分城市功能区，选择各类功能区的样本片区；

（5）收集整理各类功能区的样本片区指标资料，确定相应的指标理想值；

（6）初步识别样本片区是否归属过度利用类型；对于初步识别中不列入过度利用类型的样本片区，计算其土地利用集约度，并判断其土地利用状况类型；

（7）根据样本片区的土地利用集约度，重新整理和划分城市功能区，确定各城市功能区边界，并判断其土地利用状况类型；

（8）编制成果图件及量算不同利用程度、不同功能类型的功能区面积；

（9）选定不同土地利用状况类型、不同功能类型的典型功能区和典型样本片区，进行信息汇总；

（10）编制评价成果报告、图件和基础资料汇编。

二、城市土地节约集约利用评价方法

城市建成区用地状况评价通过先定性分析、后定量评价的方式进行：

1. 定性分析以掌握工作地域用地状况

城市用地状况评价定性分析是在核定评价工作地域的基础上，从城市所辖行政区域、工作地域两个层面，对城市建成区用地状况进行分析。

首先，对城市所辖行政区域层面进行定性分析，以了解人口、经济发展状况；建设用地、城乡建设用地总体状况和结构变化特征；自然条件特点、土地后备资源状况，等等。

其后，分析划定的工作地域，以了解用地现状与城市总体规划用地规划状况的差异性，以及土地用途调整状况；闲置土地、空闲土地状况以及产业结构调整区域的分布、用地规模等；用地布局、用地结构的特点和存在问题；城市基础设施状况；土地市场状况；绿化状况以及工业用地的土地利用状况等。

2. 确定不同功能区用地状况

城市用地状况定量评价是在城市用地状况定性分析的基础上，划分城市功能区，选择样本片区作为其代表，确定指标初始值，并进行理想值指标标准化，计算样本片区用地节约集约度指数，评价样本片区的土地集约利用水平，从而揭示不同类型功能区的集约利用水平。

3. 功能区与样本片区的初步划分

功能区是指土地使用功能、使用强度、土地利用方向、基准地价等条件大体一致的区域。样本片区是指在功能区中具有典型性的区域，根据不同功能分别选定。

功能区初步划分时，应按照地形、地物边界一致性、行政区划相对完整性和基准地价保持一致性的原则进行，其数量取决于城市规模的大小。

由于城市的核心功能是为居民提供生产、生活空间，涉及的用地功能主要为居住、商业、工业与教育等，通常这四类建设用地在规模上占据城市建设用地的主导地位，其利用状况能反映整个中心城区建设用地的利用状况，另考虑到在以上几种功能之外可能存在其他功能，本课题除按照居住功能、商业功能、工业功能、教育功能以及存在的闲置、空闲和批而未建等用地将城市建设用地划分为居住能区、商业功能区、工业功能区、教育功能区以及特别功能区。

4. 指标理想值的确定

对于居住、商业、工业、教育功能区，样本片区理想值应按照土地的现状用途确定；对于特别功能区，样本片区理想值应按照土地的规划用途确定。

针对不同类型的功能区，应确定该样本片区各项指标的理想值，主要依据有：

(1) 国家和地方制定的法律、法规、制度及技术标准；

(2) 地方编制的土地利用总体规划、城市规划采用的技术指标（如地方技术标准、控制性详细规划指标等）；

(3) 缺乏上述依据和标准时，可选择能反映当地实际情况、并代表较高土地集约利用程度的区域做调查研究，并结合专家咨询等途径确定相关理想值。

对代表较高土地集约利用程度的区域开展调查研究，应针对现状开展，并应根据不同类型功能区的特点，满足样本片区的城镇土地质量(如土地级别)或类型的要求，进行同级或同类型的调查，并将相关结果整理归档。

5. 指标权重的确定

指标权重可以采用特尔菲法、因素成对比较法、层次分析法等方法确定。各功能区指标的权重值在 0～1 之间，且指标权重值之和为 1。

6. 样本片区土地利用状况类型的确定方法

(1) 极限条件评价法

应用综合容积率指标，针对不同类型功能区所选的样本片区，运用极限条件评价法划分过度利用区类型与其他待定利用区类型，初步识别属于过度利用区类型的样本片区。具体处理原则如下：

一旦样本片区的综合容积率指标大于理想值的上界值(通常是规划标准的上界值或控制性详细规划确定的上界值)时，则直接划分为过度利用区类型，否则，划归为其他待定类型。

(2) 多因素综合评价法

对于待定类型的样本片区的节约集约度评价采用以下三步：初始值标准化、计算其土地利用集约度、划分相应分值区段来确定。

① 指标初始值标准化

在此采用理想值标准化方法，其公式为

$$F_{i0} = \frac{b_i}{u_i}, \tag{7-1}$$

式中：F_{i0} 为第 i 项指标标准化初始值；u_i 为第 i 项指标理想值；b_i 为第 i 项指标实际值。

根据有关指标或对应理想值的特征差异，需要对指标标准化值的初始值按照以下原则处理，确定各项指标标准化值 F_i。具体原则如下：

(a) 当 u_i 只是一个唯一值且不等于 0，并且愈大愈佳时，应分别处理：

若 $F_{i0} \geqslant 1$，取 $F_i = 1$，表示指标实际值为合理状态；

若 $F_{i0} < 1$，取 $F_i = F_{i0}$，计算结果表示评价的样本片区的对应指标实际值与理想值的差距；

(b) 当 u_i 不是一个唯一值而是一个区间值时，应分别处理：

若 b_i 隶属 u_i 所在区间，F_i 直接赋为 1，表示指标实际值为合理状态；

若 $b_i > u_i$ 的上界值，取 $F_i = F_{i0}$，但此时式中的 u_i 取相应理想值的上界值，表示指标实际值超过理想值的状况；

若 $b_i < u_i$ 的下界值，取 $F_i = F_{i0}$，但此时式中的 u_i 取相应理想值的下界值，表示指标实际值与理想值的差距。

(c) 当 u_i 只是一个唯一值且不等于 0，并且大于 b_i 或小于 b_i 都不合理时，则 $F_i = F_{i0}$；

计算结果小于 1，表示评价的样本片区的对应指标实际值与理想值有差距；

计算结果大于 1，表示指标实际值超过理想值；等于 1，表示指标实际值为合理状态。

② 土地利用节约集约度计算

样本片区土地利用集约度(λ)的计算公式为

$$\lambda = \sum_{i=1}^{n} (\beta_i \times F_i) \times 100, \tag{7-2}$$

式中：λ 为样本片区的土地利用集约度；β_i 为第 i 项指标权重，$0 \leqslant \beta_i \leqslant 1$，所有指标的权重值和为 1，可采用特尔菲法、层次分析法、因素成对比较法等确定；F_i 为第 i 项指标的标准化值。

③ 集约度区段划分

按照总分频率曲线图法等对不同功能类型的样本片区土地利用集约度进行分值区段划分，确定过度利用、集约利用、中度利用、低度利用四种类型的标准。原则上过度利用类型的土地利用集约度不宜小于 95，集约利用类型不宜小于 80，中度利用类型不宜小于 60。

同时结合其他定量方法和定性判断进行结果校核。根据不同类型样本片区所选定的指标，对按照上述步骤初步划分并归类的样本片区采用判别分析、聚类分析等方法进行分析验证。若验证结果与初步划分结果不一致时，应通过特尔菲法等方法予以定性判断。

按照土地利用状况类型，将不同功能区的所有样本片区进行归并整理。

(3) 功能区范围的调整及土地利用状况类型的判定

按照样本片区的评价结果，并根据功能区划分的原则，重新调整功能区范围。若调整后功能区出现无样本片区可以代表的情形时，应按照样本片区的选择原则确定新的样本片区，并按照前述城市用地状况评价的方法重新评价，直至最终确定对所属功能区具有代表性的样本片区及相应功能区。

根据各功能区对应的样本片区土地利用状况类型，确定不同功能区的土地利用状况类型，并予以汇总分析。

第八章　开发区土地节约利用评价研究

第一节　开发区土地节约利用研究

一、开发区的概念及类型分析

（一）开发区的概念

关于开发区的定义，目前没有公认的界定，从其英文“development zone”的含义看，一是新开垦的土地资源区，二是挖掘、发展经济潜力的区域。开发区在世界上出现已有400多年，是指一个国家或地区为了吸引外部生产要素，促进自身经济发展而划出一定范围，并在其中实施特殊政策和管理手段的特定区域，包括自由港、自由贸易区、保税区、科学工业园区等不同类型。在我国，开发区是由计划经济向市场经济转变过程中产生的。

各界人士从不同角度对开发区有不同理解。一些政府官员将开发区定义为“在政府的倡导下，组织企业家开展产业活动，解决地域内经济发展和重塑经济的集中地区”；经济工作者将其定义为“开发区是诱导地区经济发展和对外开放的工具，是吸收国际资本最集中的区域”；城市工作者将其定义为“多功能、开放型的现代化新城区”；开发区管理者认为它是“政府根据国内外环境条件构建的区域产业群”①。学术界有以下几种观点：开发区是由主权国家或个别地区为实现特定的经济目的而设置的实行许多特殊政策的经济区域②；开发区实际上是利用产业、资金在空间上的集聚和扩散，进而促进区域经济增长的新的经济中心③；开发区是区域经济的微观层次，是小区域经济，是一种元经济，它是实现投资集约化、经济规模化、结构合理化、起点高级化、服务社区化的一种发展模式④；中国的开发区是世界上近30年来迅速发展的工业园区的一部分，是指为吸引

---

① 马玫．产业群研究的理论与实践——天津经济技术开发区产业群发展现状分析[J]．城市经济，1998(3)：17—19.

② 运迎霞，严奉天．世界经济特区浅议[J]．城市规划，1994，18(4)：15—19.

③ 郑通汉．开发区的空间布局[J]．引进与咨询，1994(2)：40—43.

④ 伍新木．开发区的理论与实践[J]．自由评论，1995，5：1—9.

投资而规划建设的特殊目的区，区内主要设施的基本活动是制造业及其相关的商业活动[①]；是由于经济的发展，特别是随着国际分工的深化和国际经济贸易关系的发展，一些国家或地区在自己主权领土范围内交通便捷的地方专门划定一个或多个区域，在其内部实行比周围其他地区更加开放的政策和减免税收等优惠措施，建立高效能的管理系统，提供良好的投资环境，以此来吸引外资和技术的投入，发展加工、贸易和其他经济事业，以增加就业，扩大出口，赚取外汇，带动整个国家和地区经济的发展。国家开发区网对经济技术开发区的界定为：在开放城市划定的一块较小的区域，集中力量建设完善的基础设施，创建符合国际水准的投资环境。通过吸收利用外资，形成以高新技术产业为主的现代工业结构，成为所在城市及周围地区发展对外经济贸易的重点区域。

总之，开发区是指在政府批准的特定区域内，实行特殊的经济政策与管理体制，以利于从国内、外吸引更多的资金和先进的技术，集中发展产业，促进区域经济的迅速增长，以带动整个国家和地区经济的发展的特定区域。

（二）开发区的类型

1. 按照性质和管理政策的分类

从我国目前设立的开发区看，根据开发区的性质和管理政策，开发区主要有经济技术开发区（Economic and Technological Development Zone）、高新技术产业开发区（Hi-tech Industrial Development Zone）、海关特殊监管区（出口加工区（Export Processing Zone）、保税区（Free Trade Zone），保税物流园区、保税港区、综合保税区）、国家旅游度假区（National Tourist and Holiday Resort）、边境贸易合作区（Border and Economic Cooperation Zone）（边境经济合作区、边境互市贸易区）、海峡两岸科技工业园、台商投资区（Taiwanese Investment Zone）、跨境工业区、金融贸易区等类型。各类开发区的优惠政策、发展方向、战略目标和管理要求都有所区别。

（1）经济技术开发区

经济技术开发区是我国最早设立的一类开发区，是我国在经济体制转型期间出现的一种通过采取特殊政策、营造优良环境，来吸引国外资金和技术、发展外向型经济的特定地域。经济技术开发区实行经济特区的某些特殊优惠政策，其中主要包括优惠的税收政策、土地价格政策、外商

① 王缉慈. 中国工业区的形成——开发区现象见解[J]. 地理译报，1994，13(4)：18—21.

投资政策以及诸如项目审批、人员出入境、企业管理等方面的政策。

(2) 高新技术产业开发区

高新技术产业开发区类似于国外的科技工业园区，设立高新技术产业开发区是为了营造高新技术产业化的良好环境，通过实施包括减免税等方面与高科技有关的各项优惠政策和完善服务体系，创建产业聚集优势，吸引和聚集人才、技术、资本等产业化环境，加速高新技术成果的产业化。

(3) 海关特殊监管区

海关特殊监管区包括保税区、出口加工区、保税物流园区、综合保税区和保税港区，由海关派驻机构进行监管，要求独立管理，“围网”封闭运行。随着我国进出口贸易持续高速增长，要求国家采取更为便捷的口岸管理方式，海关特殊监管区不断发展出新的形式。

(4) 国家级旅游度假区

国家级旅游度假区是为进一步扩大对外开放，开发利用我国丰富的旅游资源，促进我国旅游业由观光型向观光度假型转变，加快旅游事业发展，发扬民族文化，在条件成熟的地方试办旅游度假区，鼓励外商投资开发旅游设施和经营旅游项目。

(5) 其他开发区

边境经济、贸易合作区是中国沿边开放城市发展边境贸易和加工出口的区域。自 1992 年以来，国务院批准设立边境经济合作区、互市贸易区，目的是利用边境城市的地缘优势，发展同周边国家的经济技术合作和睦邻友好关系，繁荣少数民族地区经济，以吸引内资为主，加快内地对外开放的程度。一般设立在内陆国境口岸。此外，还有珠澳跨境工业区。

海峡两岸科技工业园、台商投资区是随着两岸交往不断扩大，为推进两岸经贸关系的发展、加快改革开放而设立的。

金融贸易区，以金融、保险和证券及商贸为主要产业。目前，只有上海陆家嘴金融贸易区 1 个。

2. 按照批准机构行政级别的分类

在 2003 年开发区清理整顿之后，我国合法的开发区只有国家级和省级两个级别。

(1) 国家级开发区：指由国务院批准的开发区。

(2) 省级开发区：指由省、自治区、直辖市人民政府批准的开发区。

(三) 开发区总体用地特征

1. 开发区的总体特性

开发区具有如下总体特性：

(1) 开发区首先是经济功能区

开发区的起源可以追溯到1547年意大利的里窝那自由港。无论是国外的各类开发区，还是我国的经济技术开发区、出口加工区、保税区、边境合作区等，都具有发展工业生产和出口贸易两大类功能；高新技术产业开发区着重发展高新技术产业。

(2) 开发区推行特殊的优惠政策

为了促进经济发展，开发区多推行特殊的优惠政策，包括进出口管理与服务、财税政策等①，以吸引国内外投资、先进技术和经济管理经验。

(3) 开发区具有明确的空间范围

各类开发区共同的特性是具有明确的空间范围，在开发区与非开发区之间一般划定明确界限，只有在该范围内，才能享受相关特殊优惠政策。经济技术开发区及其他类型的开发区在获得批准时，批准机构都明确了用地面积，也由国土资源部确认了用地四至范围，用地的空间是明确的。

2. 开发区的用地特征

(1) 开发区土地的功能主要是承载招商引资

我国开发区由于在设立之初就明确其是引进外资、发展产业的特定空间。在这样的任务和目标下，招商引资成为开发区首要任务，尽快地引进项目，最快、最大限度地实现产出是各开发区的目标，以产出为开发区发展水平的衡量标准正是这种情况的反映。

由于开发区在经济运行中主要体现招商引资承载空间的属性，使得开发区土地与农业用地以及城市其他经营性土地的经济属性差异明显。开发区工业用地的供求并没有完全按照市场机制运行，出于招商引资的需要，相邻开发区、相邻城市工业组团的招商竞争，使开发区以低地价和优惠政策作为主要竞争手段，2007年实行工业用地招、拍、挂以前，一直实行工业用地的协议出让，各开发区工业用地价格基本上采用最低限，甚至零地价供地。企业投资主要以厂房设备投资为主，地租、地价的差异主要表现在宏观尺度的差异。

(2) 土地新增建设用地的利用以产业用地，尤其以工业用地为主

从经济技术开发区建设情况看，除个别开发区搞房地产开发，产业用地比例偏低外，绝大多数经济技术开发区工业用地在已建成城镇用地中的比重很高，体现了经济开发区作为产业发展重要空间的定位，名副其实

① 资料来源：1984年4月30日《沿海部分城市座谈会纪要》。

是城市的工业区。

从高新技术产业开发区情况看，由于划定用地范围时都划了政策区，包含了大片的老城区，这些老城区以居住、文教科研、办公、商业服务业等功能为主，从中心城区功能上看也难以安排新的工业用地，以致高新区总用地范围内产业用地比重不高。但从高新区划定的集中新建区看，仍以产业为主，尤其是以生产型企业用地为主。高新区的集中新建区在城市用地结构和产业结构调整中扮演了重要的角色：一方面承载了中心城区实行“退二进三”调整出来的工业用地，使城市中心区成功实现产业升级和用地置换；另一方面，大力引进高新技术企业，高新区政策区内孵化出来的企业在集中新建区投入生产，促进科技成果转化孵化。

(3) 开发区土地利用和管理应遵循相关规制

开发区土地利用必须符合土地利用规划、开发区用地规划、控制性详细规划等。开发区土地管理与城市用地管理要求一致，必须符合城市建设用地管理相关内容和程序要求。

二、开发区土地节约利用研究与实践进展

（一）海外开发区土地节约利用研究实践

西方发达国家也存在着保护耕地资源和城市开敞空间的问题，经长期的实践探索，它们的规划理论和实践相对成熟，并有较为完善的法规体系作为支撑。总结其节约利用土地的方法和途径手段，主要有分区管制、税收调节和规划控制三种，均被较好地应用于开发区土地利用的规划和管理上。除此之外，海外也针对开发区发展中的具体问题，对促进其土地节约利用进行了探索和实践，主要是通过制定实施专门的法律法规加以引导和控制。

日本国土面积有限，人口密度大于我国，对城市土地的高效利用问题关注较早。为了提高土地利用程度，防止投机性囤积土地，日本建立了空闲地制度，制定了空闲地识别和处理、控制的制度。日本还通过实行公示地价制度、土地买卖申请劝告制和土地买卖许可制、征收土地转让所得税等方式来抑制土地投机。另外，为了加速发展电子、半导体等高新技术工业，1983 年日本还制定了《日本高度技术工业集聚地区开发促进法》，以促进开发区土地开发利用。

英国在处于城市化后期城市面临旧城复兴改造的背景下制定了一系列政策法规，从荒废地的控制和治理、公有土地登记制度、重视招商引资等方面提高开发区土地节约利用程度，避免土地的闲置和浪费。1960 年

英国政府颁布《地方政府法》，规定每年地方政府可以从中央政府得到专款用于治理城区内的荒废地；1980 年颁布了《地方政府土地规划和土地法》，规定政府可以强迫各机构将无明确开发目的的土地按市场价格出售给政府，然后再由政府统一调配使用，从而在宏观上控制了荒废地的扩大；1982 年颁布的《荒废地开垦法》涉及了荒废地治理的各个方面。

泰国、芬兰、韩国等国家都采取了一系列促进土地节约利用的措施。泰国又成立了工业开发区管理局，利用多荒山、海滩的土地进行开发区土地开发。芬兰则要求土地所有者每年交纳地价税，对空闲建设用地加征专门的惩罚税，并且政府有权以市场官价征用取得土地使用权但 4 年内未开发建设的土地。韩国确定了空闲地制度，要求空闲地所有者提出具体的土地利用规划书或在一定期限内提交出让计划书。

由于历史、政治原因，我国的港、澳、台开发区设立较早，多年来，他们在开发区建设和开发过程中，对土地利用开展了诸多研究，取得了一系列成果。

我国台湾地区早在 20 世纪 60 年代就设立了开发区，为了提高土地的节约集约利用程度，几十年来，先后颁布了一系列有关土地重划的法律、法规，在提高土地价值和促进土地高效集约利用方面成效显著。同时，台湾的《土地法》还规定，空地应当在规定的期限内建设使用，逾期未建设使用的，行政部门有权按照当时的公告地价收买。他们还对空闲土地征收空地税，荒地加征额外的荒地税，有效地遏制了土地的浪费和闲置。针对开发区土地利用，台湾从 1960 年开始就公布了《奖励投资条例》，对开发区所用土地的规划、取得、开发和使用做出原则性的规定，在开发区用地时坚持四条原则：避免征用耕地，尤其是优等农地；避免征用现已被公共事业占用和使用的土地；避免征用名胜古迹及邻近土地；尽量将公有的荒地选为开发区土地①。

香港和澳门本身就是作为自由港来开发的，港府通过开山填海来弥补建设用地的不足。同时，香港实行相对完善的土地管理制度，比较好的解决了土地利用问题。通过以公开拍卖为主的土地有偿使用制度、土地使用有期制度、土地使用有条件等方式，来实现土地的高效集约化利用。

（二）我国开发区土地节约利用评价指标体系研究

我国现有对开发区土地节约利用评价指标体系的研究是建立在探讨土地节约集约利用内涵及其演变规律基础之上，已有的研究主要集中在

① 王忠文. 台湾开发工业区的土地开发办法[J]. 亚太经济，1989(1)：46—49.

从理论上构建了开发区土地集约利用评价指标体系，提出了工业用地集约度的评价方法，从宏观、中观和微观方面对开发区的土地集约利用程度进行了科学的评价；并运用比较优势理论开展了对相对集约度等问题的研究①②③④。一些理论研究成果已经在我国某些试点开发区实践运用。

土地节约利用评价针对控制增量与优化存量两方面。王志成等⑤以武汉经济技术开发区为例，研究制定了开发区土地节约集约利用分析的指标评价体系。该方法确定了城镇土地集约利用总体评价的5类指数（土地的利用结构、利用布局、投入强度、产出效应、利用程度），具体选取了15个指标，并区分了绝对标准指标和相对标准指标。

更多的研究直接集中在集约利用方面。翟文侠⑥等选取23个与城市开发区土地集约利用潜力相关的指标，构建了城市开发区土地集约利用评价指标体系，包括土地投入、土地产出、土地利用结构和可持续利用度4个方面，通过聚类分析和主成分分析方法，以江苏省18个典型城市开发区调查数据为例，选取了土地面积、土地供应率、建筑物容积率、多层厂房比重、产业设施密集度、房地产开发比重、单位用地固定资产投资额、地均利税、工业用地出让地价、土地与所在城市比较收益、开发区绿地率、年度项目开工率、地均吸纳劳动力人数、土地闲置率等构成开发区土地集约利用的驱动力指标体系。曹蕾⑦等选取经济规模、集约程度、科技含量、经济效益4类指标构成工业园区土地利用经济评价的指标体系。

吴郁玲，曲福田⑧在借鉴城市土地集约利用定量评价的相关研究成果的基础上，基于开发区土地利用的特殊性，考虑经济发展与开发区土地

---

① 陈银蓉，梅昀等．城市土地集约利用的研究[J]．国土资源科技管理，2006，(5)：7—12.

② 陈莹，刘康等．城市土地集约利用潜力评价的应用研究[J]．中国土地科学，2002，16(4)：26—29.

③ 吴旭芬．开发区土地集约利用问题的探讨[J]．华中农业大学学报（社会科学版），1999，32(2)：48—49.

④ 王广洪．国家级园区用地相对集约度及其时空分异研究[J]中国土地科学，2007，21(4)：18—25.

⑤ 王志成、陈银蓉。开发区土地节约集约利用分析——以武汉经济技术开发区为例[J]，广东土地科学，2008，(2)：14—17.

⑥ 翟文侠，黄贤金，张强等．城市开发区土地集约利用潜力研究——以江苏省典型开发区为例．资源科学，2006，3，28(2).

⑦ 曹蕾等．工业园区土地利用经济评价探讨——以重庆市高新技术开发区为例．西南师范大学学报（自然科学版），2005，2，30(1).

⑧ 吴郁玲，曲福田．江苏省开发区土地利用集约度的评价研究[J]．长江流域资源与环境，2006，15(6)：703—707.

利用的内在联系，采用统计模型分析法和特尔菲法，从投入-产出角度建立了开发区土地集约利用综合评价指标体系，指标主要包括土地利用状况、利用结构、开发进度以及投入产出水平等，并对江苏省主要开发区的土地集约利用情况进行了较全面评价。

李双异，邵永东等[①]等根据辽宁省工业开发区的特点，制定了一套针对辽宁省的开发区土地集约利用评价指标体系，对全省的省级和省级以上工业开发区进行评价，为决策者进行开发区土地管理提供理论依据。该评价指标体系确定了 6 大评价指标，19 个评价因子，这些评价指标及因子都与开发区土地利用的集约程度存在一定的关系。其中，6 大评价指标以及 19 个因子主要包括：土地开发进度、土地利用情况、土地供应结构及水平、土地投入产出水平、工业用地效益和开发区地价，每个指标下面又涵盖几个二级指标因子。通过对各个指标进行标准化处理从而确定权重，最后得出影响开发区集约利用的重要评价因子。

刘海燕，方创琳，班茂盛等[②]借鉴土地集约利用的相关研究，并结合海淀科技园区特征，从园区开发综合效益的视角构建了海淀科技园土地集约利用综合评价指标体系，将科技园区中发展较为成熟并能获得数据资料的 5 个科技产业园用该指标体系进行评价分析。研究构建的指标体系综合了园区土地集约利用、经济增长转变、科技园区知识创新的特征以及园区社会发展和生态环境等多方面内容，在评价分析中做到兼顾经济、社会以及生态和环境效益的和谐统一。采用递进因素分析法，提出反映各产业园经济发展、土地利用、知识创新、社会发展和环境友好 5 个因子集，经济总量、经济增长、经济结构、经济效益、土地利用效益、土地利用强度、用地潜力、知识创新能力、知识流动能力、企业创新能力、人口素质、社会保障能力、生态环境 13 个指数集和 53 个具体指标集，构建了海淀科技园区土地集约利用综合评价指标体系框架。对于各指标与因子权重的赋值，采用层次分析法（AHP）来确定。

王梅，曲福田[③]以统计分析方法为基础，在统计分析的基础上参照有关技术规范、行业及产品、设备特征信息和专家咨询意见构建评价体系。具体的评价方法是根据开发区的实际情况，在分析确定开发区发展趋势

---

① 李双异，邵永东，张晓东等．辽宁省工业开发区土地集约利用评价指标体系研究[J]．国土资源科技管理，2008，25(5)：43—46．

② 刘海燕，方创琳，班茂盛．北京市海淀科技园区土地集约利用综合评价[J]．经济地理，2008，(02)．

③ 王梅，曲福田．昆山开发区企业土地集约利用评价指标构建与应用研究[J]．中国土地科学，2004，18(06)：22—27．

（如开发区适度规模）的基础上，从土地集约高效和可持续利用的约束条件、程度和效率、利用趋势三个方面进行分析，选择适合于开发区的指标。用地均累计投资总额衡量投资强度，用容积率、人口密度和土地利用率衡量利用程度，用地均利税、地均销售额衡量产出效率，同时运用特尔菲法（专家打分法），赋予这三者权重来衡量土地集约利用度，最终实现对土地集约利用的定量评价。

杨文白，陈秀万①在依据国家级开发区土地利用监测和评价的需要，构建了开发区土地利用评价指标体系。在此基础上提出基于标准差系数权数法的综合评价模型，从土地利用程度、土地利用结构和土地利用效益三方面对开发区土地利用进行综合评价。评价指标的构建以现有的遥感调查和统计数据为基础，从土地利用程度、土地利用结构和土地利用效益三个方面选择 13 项指标，建立了由总目标层、准则层、指标三个层次组成的开发区土地利用监测评价指标体系。土地利用程度是指考查开发区总体范围内的建设用地率和土地利用率，以及建设用地范围内的集约利用程度，包括建筑密度、建筑容积率、投资密度。土地利用结构包括开发区建设用地范围内各重要地类所占比重，反映开发区土地利用的协调性。土地利用效益除包括经济效益外，还包括社会效益和环境效益。

自 2000 年以来，国家有关管理部门根据各自管理职能和管理目标，陆续开始了关于开发区的相关评价，其中，较早开始对开发区进行评价并形成长期评价机制的是外经贸部，后来由商务部对国家级经济技术开发区开展的投资环境综合评价。各省、市、研究机构在开发区清理整顿过程中和此后的管理工作中，对开发区的土地集约利用评价也展开了有益的探索，提出了评价指标。

与此同时，国家还针对开发区土地及集约利用的评价指标做出了相关的政策研究。国土资源部 2003 年公布了开发区评价指标体系。该指标体系分为目标层和指标层两个层次设置指标，共设置 3 个目标：土地开发进度、土地投入与产出、工业用地效益，指标层共设置 8 个指标。其中，土地开发进度目标，主要考查开发区土地开发率、批租率和建成率；土地投入产出目标，主要考查土地投入、土地产出和土地收益率；工业用地效益目标主要考查了工业用地效益和工业用地比较效益两个指标。该评价指标体系在重视开发区产业功能的基础上，特别关注工业用地的效益，

---

① 杨文白，陈秀万．开发区土地利用评价指标体系研究[J]．地球信息科学，2007，9(3)：21—24.

以及对工业用地的产值强度的考查和开发区工业用地产出强度与所在城市工业用地产出强度的比较效益。

2006年后，我国开发区土地集约利用评价的研究和实践较多。2006年，国土资源部土地利用管理司监督指导，中国土地勘测规划院负责组织实施，北京大学具体承担技术标准规范的研制工作，并在2006年和2007年分两批开展了天津、上海、苏州等14个国家级开发区的土地集约利用评价试点工作。2008年度和2010年度还针对全国开发区开展了土地集约利用评价，为建立开发区土地集约利用评价长效机制，强化开发区土地集约利用管理，规范开发区扩区升级审核提供了重要依据。

根据已有研究，明显看到，现有对开发区土地节约利用评价指标体系的研究尚不多，其核心则为土地投入产出关系。而已有研究对于开发区如何节约集约用地、功能协调方面的探索和考评涉及较少，因而，需要在完善并总结已有的集约利用评价体系研究的基础上，重点强化研究土地节约集约利用方面的评价指标和方法，进而综合制定出一套科学、可行的开发区土地节约利用评价体系和方法。

（三）开发区土地节约利用控制指标研究

指标控制是推动开发区土地利用从粗放外延式开发转向集约内涵式开发，提高土地利用效率的重要手段，已经成为政府及相关部门科学管理和利用开发区土地资源的主要操作手段。

2004年国土资源部发布《工业项目建设用地控制指标（试行）》作为对一个工业项目（或单项工程）及其配套工程在土地利用上进行控制的标准，是在建设用地预审和审批阶段核定工业项目用地规模的重要标准，是工业企业和设计单位编制工业项目可行性研究报告和初步设计文件的重要依据，由投资强度、容积率、建筑系数、行政办公及生活服务设施用地所占比重四项指标构成。对工业项目投资强度控制指标、容积率控制指标做出规定；并要求工业项目的建筑系数不得低于30%，所需行政办公及生活服务设施用地面积不得超过工业项目总用地面积的7%；严禁在工业项目用地范围内建造成套住宅、专家楼、宾馆、招待所和培训中心等非生产性配套设施。

为加强对工业项目建设用地的管理和节约集约利用，2008年国土资源部发布了新修订的《工业项目建设用地控制指标》。新指标相应提高了工业用地准入门槛，以促进产业结构调整和产业升级。增加了绿地率这一指标，规定工业企业内部原则上不得安排绿地，但因生产工艺等有特殊要求需要安排一定比例绿地的，绿地率不得超过20%。

以工业用地为主的开发区，随着此类标准的颁布，土地利用管理也发生了深刻变化。

在《国家级经济技术开发区经济社会发展“十一五”规划纲要》中，针对开发区的土地利用相关控制指标提出了比较具体的要求。到2010年，全国国家级开发区主要经济社会发展指标预期达到：

(1) 经济指标。地区生产总值力争达到20000亿元，年均增长20%，占全国总量的8%左右；工业总产值力争达到51000亿元，年均增长17%；税收收入3400亿元，年均增长22%；出口总额达到3000亿美元，年均增长21%。

(2) 科技指标。高新技术企业产值达23000亿元，年均增长20%；建成创业投资服务中心(孵化器)$600\times10^4 m^2$。

(3) 效益指标。人均地区生产总值30万元/人，单位面积土地地区生产总值贡献率15亿元/km^2，单位面积工业用地产生工业产值63亿元/km^2。

(4) 人口与资源、环境指标。单位国内生产总值能源消耗降低10%；单位工业增加值用水量降低20%；工业固体废物综合利用率达到60%；污水集中处理率达到80%以上；绿地率达到30%；区内实现就业775万人。

除了国家制定并颁布的相关控制指标外，在我国的经济发达地区，由于土地资源较为紧张，开发区往往通过指标限制来筛选入园项目。如苏州市首先提出“单位面积土地利用投资强度”的控制指标；广州市对开发区除了投资强度控制外，还提出了相应的环保指标和技术要求。此外，一些经济发达的县级市也对开发区的土地利用提出控制指标，如苏州昆山市则提出了“5432”集约用地新标准；浙江临安市对进入经济技术开发区的企业在企业投资规模和产出上也有明确的规定，如入园企业每亩50～80万元固定资产投入，年产出150～250万元的硬性指标①。为了最大限度提高单位面积的利用效率，其他一些园区还会把数量与投资密度、科技含量、土地产出效率等指标进行综合考虑，从招商源头入手，吸引占地少、技术含量高、附加值高的项目，从而达到提高园区土地利用效率的目的。

(四) 开发区土地节约利用管理政策研究

我国是政府主导的社会发展模式，政府对经济与社会生活具有很强的调控能力，因此，政策调控也是我国开发区实现土地集约利用的重要手

① 陈利根，郭立芳. 我国开发区土地利用现状、成因与对策[J]. 中国农业资源与区划，2004，(03)：1—5.

段。节约集约利用土地是落实我国“十分珍惜、合理利用土地和切实保护耕地”基本国策的重大战略任务。在探索节约集约利用土地的过程中，深入研究具体政策措施非常必要。

《国务院办公厅关于暂停审批各类开发区的紧急通知》(国办发[2003]30号)中，对造成大量圈占耕地和违法出让、转让国有土地的现象进行了限制，有效地促进了开发区土地的合理利用；《国务院办公厅关于清理整顿各类开发区加强建设用地管理的通知》(国办发[2003]70号)和《国务院关于加大工作力度进一步治理整顿土地市场秩序的紧急通知》(国发[2003]7号)又提出了清理整顿开发区的具体标准和政策界限。在《国务院办公厅转发商务部等部门关于促进国家级经济技术开发区进一步提高发展水平若干意见的通知》([2005]25号)中关于促进国家级经济技术开发区提高发展水平的工作重点中提到，坚持十分珍惜和合理利用土地，切实保护耕地的基本国策，集约、高效开发利用土地。加强对国家级经济技术开发区经济增长、土地利用等方面的考核，建立土地利用和规划实施的考核制度。严格执行土地利用年度计划，按照法律规定的程序审批和供应土地；涉及农用地转用和土地征收，经所在县级以下地方人民政府逐级审核同意后，报国务院审批；在土地利用总体规划范围内，不改变土地使用用途且符合国家产业政策的建设项目用地，有关部门应依法、及时办理相关手续。2006年国家颁布实施《全国工业用地出让最低价标准》，根据土地等级、区域土地利用政策等，国家统一制订并公布各地的工业用地出让最低价标准，建立工业用地出让最低价标准统一公布制度，规定工业用地必须采取招标、拍卖、挂牌方式出让，其出让价格不得低于公布的最低价标准。这些政策性文件都为开发区土地的健康有序利用提供了切实可靠的依据。

2008年1月，《国务院关于促进节约集约用地的通知》(国发[2008]3号)提出，要研究建立土地利用状况、用地效益和土地管理绩效等评价指标体系，加快开发区土地节约集约利用评估工作。国土资源部《关于贯彻落实〈国务院关于促进节约集约用地的通知〉的通知》(国土资发[2008]16号)对研究制订开发区土地利用评价标准做出了进一步指示，明确提出各省(区、市)国土资源管理部门要组织对本地区开发区进行土地节约集约利用的评估，国家级各类开发区的评估结果应于2008年底前上报，经部审核后向社会公示；省级各类开发区的评估结果，由省核查公示。经评估符合节约集约用地要求并通过国家审核公告的开发区，确需扩区的，可按照国家规定的政策、权限和程序，申请扩区或升级，优先安排建设用地指标。2008 年 7 月,《国土资源部关于开展开发区土地集约利用评价工作的通知》(国土资发[2008]145 号)对开展全国开发区土地集约利用评价工作做出了部署,明确了评价对象及范围、组织实施、工作与技术要求、成果应用与更新等要求;同时下发了《开发区土地集约利用评价规程》(试行),为开发区土地集约利用评价工作提供了技术指南。2009 年 3 月全国国家级开发区土地集约利用评价成果上报国土资源部,完成验收。

国家对开发区土地节约利用的管理政策也体现在对城镇用地的政策实践中。《国务院关于加强城乡规划监督管理的通知》(国发[2002]13 号)要求严格控制设立各类开发区以及大学城、科技园、度假区等,城市规划区及其边缘地带的各类开发区以及大学城、科技园、度假区等的规划建设,必须纳入城市的统一规划和管理。《建设部关于贯彻〈国务院关于深化改革严格土地管理的决定〉的通知》(建规[2004]185 号)里要求加强开发区规划管理。要严格执行 13 号文件的规定,开发区范围内规划制定、审批权必须集中由所在市、县城乡规划行政主管部门行使,不得下放。凡下放规划管理权的,必须立即纠正。凡存在下放开发区规划管理权且尚未纠正的,对申请扩区的,一律不予批准。申请设立开发区或扩区的,必须报经省级城乡规划行政主管部门依据规划审查,核定用地范围并出具审查意见。设立各类开发区,必须符合省域城镇体系、城市总体规划。禁止在城市总体规划确定的建设用地范围外设立开发区;因开发区发展需要申请扩区的,新增用地范围必须位于已经批准的城市总体规划建设用地范围内。

此外,我国地方政府也根据当地开发区土地利用问题出台了更具体、细化的管理控制政策。如宁波市政府为了提高本市各类开发区的土地集约利用程度,出台了《关于提高土地集约利用水平的意见》,提出要适当压缩开发区(园区)公共绿地面积,降低工厂企业等内部的绿化率;同时要求对适合于多层厂房的生产行业,必须推行多层标准厂房,严格控制单层厂房建设。近年山东省出台的《山东省禁止、限制供地项目目录》和《山东省建设用地集约利用控制标准》,规定新增建设项目用地必须符合国家和省产业政策,凡《山东省禁止、限制供地项目目录》禁止的项目,各级政府和国土资源管理部门一律不得受理项目用地申请,不得办理用地审批手续;不在限制范围内的项目,以及允许或鼓励发展的项目,应当按照国家项目管理的有关规定,经投资主管部门审批、核准、备案后方可供地。其他省、市也有类似的政策措施。正是通过这种方式,政府对园区的土地利用方式、利用强度进行调控。

另外,国内的学者们也对开发区土地的节约利用管理政策进行了相关研究。卢新海[①]指出,开发区内的土地资源管理工作基本上独立于地方政府土地资源管理范围之外,形成一个相对独立的用地特区。根据开发区土地资源的利用存在严重的闲置和浪费的现象,提出了将开发区土地资源管理纳入所在城市土地管理工作之中的重要政策,实现土地资源的可持续利用。吴郁玲,曲福田,姜海[②]认为应结合地区经济发展现状与趋势,从提高开发区投资强度、优化用地结构、积极培育土地市场发育等方面制定相应的土地集约利用经济激励机制和措施。施用斌[③]在对开发区土地使用政策的研究中提出了,土地征用实行"一次报批,分步实施,分期付费"办法;鼓励国家级和地方级开发区对其他开发区进行战略整合,优先依法审批因战略整合而需要增加的土地,对一些开发区长期闲置不用的土地,由其他开发区进行整合,在整合过程中减免土地转让费,简化整合手续;对落户开发区的各类新建项目,实行土地使用权出让、租赁等多种用地方式,用地期限可在国家规定的各类用地最高限额内。施炳良[④]认为提高土地集约利用程度可以从调整被拆迁农民房的安置形式、控制建设容积率、投资强度以及按照土地规划入手。吴黎琴[⑤]认为,应该从宏观上以区域整体布局来发展城市,在区域范围内构建分工明确、结构体系完整的城镇网络体系,避免产业结构雷同和基础设施重复建设的现象;中观上按照产业发展趋势、市场经济的客观规律及广大市民的总体愿望,调整土地利用结构,推动产业结构转换,提高土地产出率,改善城市生态环境,实现土地利用结构的优化;微观上通过实施一系列法律、法规和政策来引导和促进城市土地使用者(城市经济组织、居民)高效、集约利用土地。

三、开发区土地节约利用的内涵

开发区作为城市重要的功能地域,其土地集约利用问题的分析也源自城市土地集约利用问题的探讨。

---

① 卢新海. 开发区土地资源的利用与管理[J]. 中国土地科学,2004,18(2): 40—44.

② 吴郁玲,曲福田,姜海. 江苏省开发区土地利用集约度的诱因分析[J]. 经济地理,2007,27(1): 145—148.

③ 施用斌. 开发区发展新阶段的政策取向[J]. 安徽决策咨询,2003 (11): 40—41。

④ 施炳良. "腾笼换鸟""引鸡下蛋"走活开发区土地利用这盘棋——浙江长兴县经济技术开发区[J]. 浙江国土资源,2005 (11): 17—18.

⑤ 吴黎琴. 武汉市东湖开发区土地整理模式初探[J]. 国土资源科技管理,2005(5): 46—50.

在土地集约利用研究中,微观经济学和农业经营学更多地关注经济效益目的,即通过在单位土地面积上的高投入和高产出,获得更多收益。由于收益有毛收益和净收益之分,这就引发出利用边际成本与边际效益分析法去寻找适度集约经营问题,或以效率(投入与产出比)是否提高去衡量集约增长。对此,有学者认为,经济粗放化是以增加投入为主的活动,经济集约化则是以提高效益为主的经济活动。

资源学和资源经济学则更多地关注资源节约目的,即对某种资源的投入而节约更稀缺的资源,可表现为对土地、劳力、资本、时间的节约,这种目的既带有经济性,又带有社会性。集约经营要节约何种资源,则依据各国各地区资源禀赋差异和稀缺性程度而定。开发区土地集约利用,要实现两大相辅相成的双重目的:一是通过对其他资源要素(包括管理)的密集投入,节约稀缺的土地资源;二是通过寻找投入、产出的最佳比例关系,获得更有效的土地产出。提高了单位土地面积上的收益,使较少的土地获得更多的产出,也就等效于节约了土地。而资源替代产生的资源节约,本身就是一种经济效益驱动下的集约化表现。

因此,结合开发区土地利用的特征以及节约型城市土地利用的探讨,开发区土地节约利用的内涵应该为:以开发区的功能定位为依据,以符合开发区土地利用总体规划、城市规划及相关法规为导向,在严格控制土地新增使用量的前提下,通过增加对土地的投入,改善经营管理,充分挖掘土地利用潜力,不断提高土地的利用效率和经济效益,同时不断协调优化用地结构的一种开发经营模式。

第二节 开发区土地节约利用评价基础——用地分类研究

一、开发区用地分类体系借鉴

土地利用的分类要能够反映土地利用类型特点及其合理程度,土地利用分类首先应考虑土地用途、方式和结构,依次划分土地利用类型,反映其基本特征和本质差异,以助于研究土地利用的规律性和合理性。

我国土地分类主要有国土管理部门的“土地利用现状分类”和城市规划管理部门的“城市用地分类与规划建设用地标准”,其职能和目标可以分为服务于土地基础调查、规划编制和用地管理三个方面。其他研究中也有对于土地分类的探讨,但多是针对整体土地调查的分类,分类的重点和结果也不尽相同。土地分类方案的编制应该强调服务的目标,即依据目的进行分类。

专门针对开发区土地的分类不多见，龙花楼[①]在研究我国开发区土地可持续利用中，将达到社会、经济和生态最佳综合效益为土地可持续利用目标，针对开发区中土地闲置现象严重、耕地锐减、用地结构不合理、生态环境质量下降、忽视人居环境等问题，探讨开发区土地可持续利用的操作化途径。在分类中，按照景观生态分类法，将开发区土地按照是否征用、征用后是否建设、利用进行逐级分类，并进一步对规划、但未征用地中按照土地实际利用类型细分中类，征用或出让后未建设利用地根据开发程度和土壤性状改变程度分类，以便于有针对性地制定再利用途径和策略。对于出让后已建设土地，又按照建设进度区分是否利用，已利用土地参照城市用地分类区分利用类型。这是一种适用于城乡交接带土地权属转换和开发利用进度及使用情况调查分析的分类。

二、开发区用地分类设计

（一）开发区用地分类原则

开发区土地节约利用研究的土地分类，其设定应考虑以下原则：

（1）根据评价指标体系的需要设定主要用地类型，用地分类应支持开发区土地节约利用评价指标体系，通过各类土地的调查和整理，能够提取指标需要的各类用地的统计数据。

（2）根据开发区土地特点和相关规制，分类要覆盖开发区四至范围内各土地类型。开发区的新建区地处城乡交界地带，其范围内同时存在已供应国有建设用地和农村集体建设用地，也同时存在未开发土地和已开发土地、未建成土地和已建成土地等，已建成城镇建设用地部分的分类应具有城市用地分类的特点。而未供应土地，由于有规划控制和要求，应该体现规划用地类型及对供地管理的制约。

（3）用地分类应突出开发区产业功能定位。对于开发区已建成城镇用地的分类调查应突出与产业相关的用地，如工矿仓储用地、交通用地，其他类型土地可以适当简化。

（4）分类方案应该与现有分类易于衔接，便于利用相关部门管理资料调查和归类。考虑开发区用地状况调查与土地利用管理的密切关系，相同含义的用地类型将参照土地管理部门的《土地利用现状分类》，差异部分另行界定。

---

① 龙花楼，我国开发区土地可持续利用的操作化途径，北京大学博士论文，1999，p. 33—38.

（二）开发区用地分类思路

根据开发区土地节约利用评价的目标和视角，开发区土地管理状况是凌驾于土地利用之上的主导性分类指标，开发区土地覆盖特性与利用情况成为次级分类指标。因此，开发区土地节约利用评价采用的土地分类应该采用"管理-覆盖-利用"复合分类法。在用地分类设计时考虑：

（1）首先按照是否可以开发建设进行分类。

（2）可以建设的土地将按照是否按照城市建设用地供应的情况分为已供应城镇建设用地和未供应土地。

（3）已供应土地按照土地覆盖分为已建成土地和未建成土地；已供应土地还可以按照供地方式划分。有偿使用土地进一步按照是否到期划分。

（4）未供应土地依照合法性及开发进度分为农村集体建设用地、达到供地条件、未供应土地和未达到供地条件土地。未供应土地还应区分未来可以采用的供地方式。

（5）已建成的城镇建设用地按土地利用类型进一步分类。未建成土地按照建设进度及是否违规进一步分为是闲置土地，还是正常建设中的土地；闲置土地应区分是否为应收回土地。

（三）用地分类体系设计

根据开发区土地节约利用研究指标体系，既要考查开发区土地利用情况，还要考查土地利用管理的成果，同一个地块既有土地利用性质的属性，又有相对于土地供应方式的属性，两种分类难以在同一个分类系统内反映。如已建成的工业项目用地，按照利用类型属于工业用地，按照供应方式可能为有偿使用土地。因此，开发区土地节约利用分类可相应地设置两套分类体系——按照土地利用类型的分类和按照土地供应方式的分类。

1. 按土地利用类型的分类

根据评价指标体系设定的评价思路，对于土地的利用类型认定以是否可以建设—是否已经进行开发—是否已经作为国有建设用地供应—是否已经建成—建成用地的实际使用情况—未建成土地是否正常建设或闲置为线索进行分类。分类方案如下：

表 8-1 开发区土地利用状况分类(Ⅰ)——按土地利用类型划分

一类		二类		三类		四类	
类别编码	类别名称	类别编码	类别名称	类别编码	类别名称	类别编码	类别名称
A	已建成城镇建设用地	A1	住宅用地	—	—	—	—
		A2	工矿仓储用地	—	—	—	—
		A3	交通运输用地	A31	街巷用地	—	—
				A32	其他交通运输用地	—	—
		A4	商服用地	—	—	—	—
		A5	公共管理与公共服务用地	A51	公园与绿地	—	—
				A52	其他公共管理与公共服务用地	—	—
		A6	其他城镇建设用地	—	—	—	—
B	已建成农村建设用地	—	—	—	—	—	—
C	未建成土地	C1	已经供应尚未建成土地	C11	闲置土地	C111	应收回闲置土地
						C112	未达到收回条件的闲置土地
				C12	其他已经供应尚未建成土地	—	—
		C2	已达到供地条件未供应土地	—	—	—	—
		C3	未达到供地条件的土地	—	—	—	—
D	不可建设土地	D1	江河湖泊泄洪、滞洪区土地	—	—	—	—
		D2	自然、生态保护区土地	—	—	—	—
		D3	其他不可建设土地	—	—	—	—

将开发区土地共分成 4 个一级类：已建成城镇建设用地、已建成农村建设用地、未建成土地和不可建设土地。

（1）已建成城镇建设用地

已建成城镇建设用地是指已建成的国有建设用地。按照实际用途进一步分类为住宅用地、工矿仓储用地、交通运输用地、商服用地、公共管理与公共服务用地，以及其他城镇建设用地等。对应《土地利用现状分类(GB/T 21010-2007)》中的相应用地类型，但不包括已建成的农村建设用地中的工矿仓储用地。仓储用地与产业园区的定位也是相符的，可以与工业用地一并统计分析。

（2）已建成农村建设用地

已建成农村建设用地包括截至评价时点已建成的农村宅基地，以及农村居民点所属的街巷用地、商服用地、工矿仓储用地、公共管理与公共服务用地等农村集体建设用地。

很多开发区内存在农村建设用地，包括已建成的农村宅基地，以及农村居民点所属的街巷用地、商服用地、工矿仓储用地、公共管理与公共服务用地等农村集体建设用地。按照开发区土地管理规定，这些土地应该征为国有建设用地进行开发供应，按照开发区用地规划进行建设。许多开发区在实际用地中，绕开其中的农居点等用地，回避征地补偿矛盾，形成夹杂在开发区产业用地内部的插花地，留下新的城中村，这无论是从国家对开发区土地的开发利用要求上，还是从开发区用地功能布局、居住环境角度看，都是消极的做法，不利于形成开发区良好的生产环境，也不利于营造城中村居民的生活环境。因此，这部分土地也属于未供应土地中的未达到供地条件的土地，作为开发区未来可利用空间的一部分。单独做一大类调查分析，可以突出这一主要矛盾用地。

（3）未建成土地

未建成土地包括未供应土地和已供应未建成土地。其中，已供应未建成土地又可以细分为闲置土地和已经供应按照正常进度建设的尚未建成土地；闲置土地根据是否达到规定的应收回条件分类。根据土地开发情况，未供应土地可以分为已达到供地条件未供应土地和未达到供地条件的土地。

（4）不可建设土地

不可建设土地是指一些开发区用地范围内存在不能用于开发、供应和建设的土地，即按照规划要求，或由于某些特殊原因而不可进行开发建设的土地。如兰州高新区范围内存在黄河泄洪、滞洪区土地。一些开发区范围内有河流、水渠等，还有的开发区内划入了部分自然、生态保护区土地等。

2. 按土地供应方式的分类

从开发区土地供应和建设的管理规定看，开发区土地应该按照国有建设用地供地手续供应和管理。因此,除不可建设土地对应不可供应土地外,其他土地分为已供应国有建设用地和尚可供应土地。

根据供地方式,已供应国有建设用地分为划拨土地和有偿使用土地。为了对应管理绩效考查目标,对有偿使用土地分为到期和未到期土地。

尚可供应土地是指不可供应土地和已供应国有建设用地之外的土地,为了反映规划对于尚可供应土地供应方式的影响,进一步根据开发区规划,将尚可供应土地分为尚可划拨土地和尚可有偿使用土地。为了体现产业用地的后备资源数量,又要分出尚可供应工矿仓储用地(见表 8-2)。

表 8-2　开发区土地利用状况分类表(Ⅱ)——按土地供应方式划分

一类		二类		三类	
类别编码	类别名称	类别编码	类别名称	类别编码	类别名称
E	已供应国有建设用地	E1	划拨土地	—	—
		E2	有偿使用土地	E21	有偿使用且未到期土地
				E22	有偿使用且已到期但未处置土地
F	尚可供应土地	F1	尚可划拨土地	—	—
		F2	尚可有偿使用土地	F21	尚可供应的工矿仓储用地
				F22	其他尚可有偿使用土地
G	不可供应土地	—	—	—	—

相关用地类型涵义界定如下:

(1) 已供应国有建设用地

已供应国有建设用地是指通过划拨和有偿使用方式供应的国有建设用地。

划拨土地是以划拨方式供应、并已办理划拨手续的国有建设用地。

有偿使用土地是以有偿使用方式供应、并已办理有偿使用手续的国有建设用地,包括通过招标、拍卖、挂牌和协议等方式有偿使用的土地。其中有偿使用未到期土地是指当期生效的有偿使用合同载明的期限尚未到期的土地;已到期、但未处置土地是指是已经超过土地使用权出让、出租合同标明的期限,但还未办理续期或收回的土地。

(2) 尚可供应土地

尚可供应土地是指在已供应国有建设用地以外,按照规划要求可以供应用于开发建设的土地。包括已建成农村建设用地,未建成土地中的已达到供地条件未供应土地和未达到供地条件的土地三个部分。其中尚可划拨土地,是指尚可供应土地中,根据规划用途可以划拨方式供应的土地；尚可有偿使用土地，是指按照规划尚可供应土地中，可以有偿使用方式供应的土地，包括尚可供应的工矿仓储用地和其他尚可有偿使用土地。

（3）不可供应土地

不可供应土地是指按照规划要求不可供应用于开发建设的土地。对应按照土地利用类型分类中的不可建设土地。

第三节　开发区土地节约利用评价的技术方法

一、开发区土地节约利用评价体系

（一）评价目标

评价的目标在于从开发区土地利用管理角度出发，根据土地节约利用的结构分析，建立一套开发区土地利用调查方法和土地节约利用评价的指标体系，全面调查掌握开发区土地利用现状。开发区土地节约利用研究成果应能够指导开发区开展基础调查，全面认识和掌握开发区土地利用状况，为开发区扩区升级审核、建立开发区土地节约利用评价考核制度、构建开发区土地资源管理监控系统等开发区土地管理提供土地分类方法和科学的评价方法。

（二）评价体系的技术结构分析

开发区土地节约利用评价的技术工作分为两个方面：开发区土地利用状况调查分析和开发区土地节约利用程度评价。其中土地利用状况调查是工作基础，并建立口径一致的开发区用地管理信息数据库，推动土地节约利用动态跟踪管理；节约利用程度评价是核心，设定评价指标体系，采用多因素综合评价法，以定量评价节约度分值为结果，整体评价与典型样点评价相结合，多角度分析开发区土地节约利用水平。

开发区土地节约利用评价工作中，应以定量评价为主，注重定性分析与定量评价相结合，整体评价与典型分析相结合，实地调查与统计分析相结合。在用地调查中，应采用实地调查与空间影像判识相结合的方法。在程度评价中，应采用多因素综合评价法。其中，评价指标权重值的确定可采用特尔斐法、层次分析法、因素成对比较法中的一种或多种进行，指标标准化处理可采用理想值比例推算法。

1. 开发区土地利用状况调查分析

开发区土地利用状况调查是开发区土地节约利用评价的重要基础性工作，主要内容是通过资料收集、空间影像判识、实地勘探等方式，对特定时间点的开发区基本情况、土地利用状况、用地效益、管理绩效、土地供应

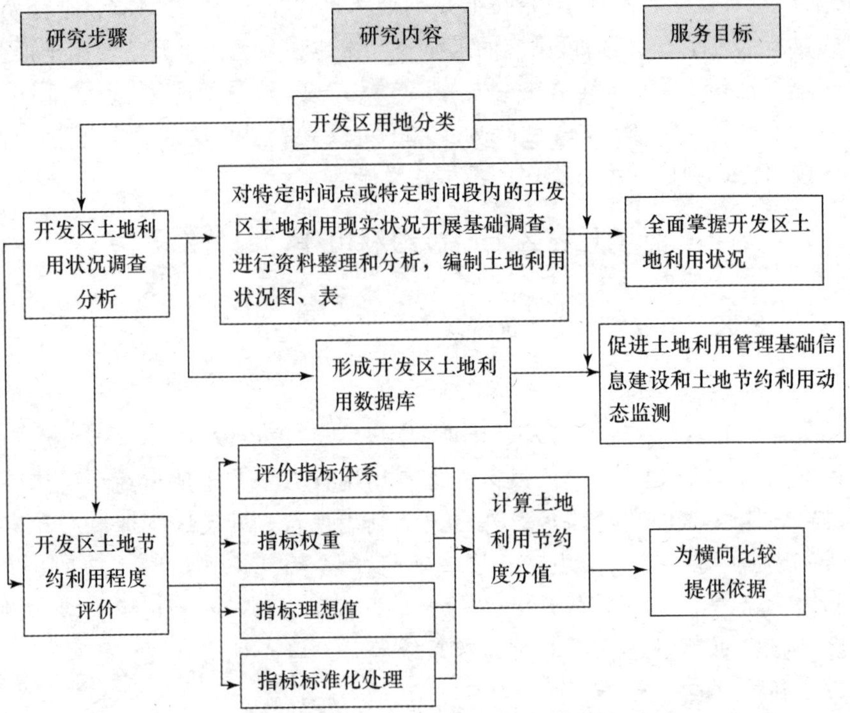

图 8-1　开发区土地节约利用评价总体技术框架

与保障情况等进行调查；同时，选取典型企业，开展企业基本情况、投入、产出、用地状况、建设情况等方面的调查；对调查结果进行汇总分析，从而掌握开发区土地利用情况（见图 8-1）。

开发区土地利用状况分析包括：开发区土地规模，开发区在城市中的功能定位，开发区的产业结构，开发区的用地结构，以及开发区用地与定位和产业结构的协调关系。土地利用状况分析采用定性分析和定量分析相结合的方法。

2. 开发区土地节约利用程度评价

开发区土地节约利用程度评价采用多因素综合评价法，以节约度分值反映综合评价结果。其技术程序是：设立开发区土地节约利用评价考查指标体系；通过土地利用状况基础调查，提取指标现状值；确定各层次目标、子目标和指标的权重；测算指标理想值；通过指标标准化，将各指标折算为实现度分值；采用加权求和的方法，计算各子目标和目标的节约度综合分值。以此反映开发区土地节约利用程度（见图 8-2）。

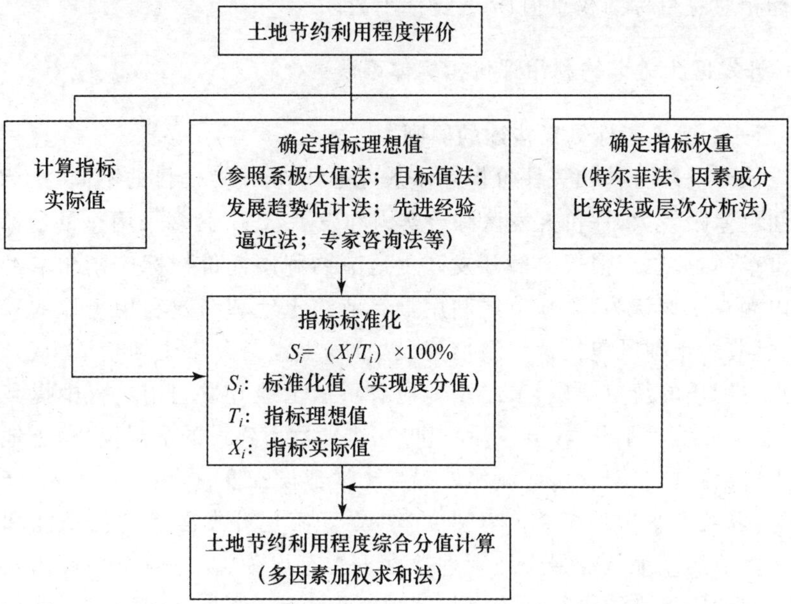

图 8-2　开发区土地节约利用程度评价技术流程图

指标标准化采用理想值比例推算法，确定每个指标的评价标准——理想值，按公式(8-1)计算指标的实现度分值：

$$S_{ijk} = \frac{X_{ijk}}{T_{ijk}} \times 100\% \tag{8-1}$$

式中：S_{ijk} 为 i 目标 j 子目标 k 指标的实现度分值；X_{ijk} 为 i 目标 j 子目标 k 指标的现状值；T_{ijk} 为 i 目标 j 子目标 k 指标的理想值。

评价指标实现度分值应在 0%～100%之间，当大于 100%时，该项指标的实现度分值记为 100%。

各个子目标节约度分值和总体节约度综合分值计算采用公式(8-2)、(8-3)计算：

$$F_{ij} = \sum_{k=1}^{n} (S_{ijk} \times w_{ijk}) \tag{8-2}$$

式中：F_{ij} 为 i 目标 j 子目标的土地利用节约度分值；S_{ijk} 为 i 目标 j 子目标 k 指标的实现度分值；w_{ijk} 为 i 目标 j 子目标 k 指标相对 j 子目标的权重值；n—指标个数。

$$F = \sum_{i=1}^{n} (F_i \times w_i) \tag{8-3}$$

式中：F 为土地利用节约度综合分值；F_i 为 i 目标的节约度分值；w_i 为 i

目标相对总目标的权重值；n —目标个数。

二、开发区土地节约利用评价指标体系研究

（一）评价指标体系构建的原则

从开发区各种相关评价指标体系可看到，由于评价目的不同，指标体系间也差距较大，评价开发区综合实力和发展水平的，多采用总量指标和比重指标，如总产值等。而开发区土地节约利用评价指标应紧扣节约用地内涵。我们认为，土地节约利用具有节约土地和高效利用土地的双重涵义，节约土地既包括减少新增建设用地，也包括存量土地挖潜：从开发区土地利用的特点出发，节约土地应着重从土地开发利用过程中提高效率，避免征地后不开发、开发后不供应、供地后不建设的情况发生；土地挖潜则广泛存在于对存量建设用地提高土地建设强度、提高土地投入、产出效益，以及调整用地结构和产业结构，更好实现开发区土地的功能和效益。而节约用地从加强土地管理角度也大有可为，及时对土地使用权到期土地和闲置土地进行处置，通过土地供应的市场机制促进土地使用者节约集约用地。

因此，开发区土地节约用地指标体系在土地利用状况、用地效益和管理绩效等方面设定评价指标。

同时，评价指标的内涵及数据口径应具有空间对应性，体现目标性和政策导向性考查指标应充分反映开发区的定位、发展方向以及在区域经济中发挥的作用，体现国家的政策导向。在用地调查和指标分析、标准确定中应体现开发区合法合规用地的要求。而指标及其内涵设计还应考虑操作的可行性，考查指标尽可能选择基础数据口径一致、可获得性强、标准客观合理的指标。

（二）评价指标体系构成和内涵界定

根据开发区土地利用总量限定、产业功能区定位的特点和土地管理要求，设立土地利用状况、用地效益和管理绩效三方面评价目标。

土地利用状况分为土地开发程度、用地结构状况和土地利用强度三方面：土地开发程度主要评价土地开发、供应、建设的进度是否符合节约用地原则；用地结构状况主要考查开发区土地利用是否符合产业功能区定位的要求；土地利用强度主要通过立体强度指标容积率和平面强度指标建筑密度来反映。

用地效益主要考查产业用地的投入、产出效益。

管理绩效指标考查开发区按照土地管理相关规定的执行情况，尤其

是利于促进土地节约利用的跟踪监管和市场化程度。

将以上评价的内容进行归类，确定开发区土地节约利用考查设置 3 个目标（土地利用状况、用地效益和管理绩效），6 个子目标，16 个指标：土地利用状况目标下设土地利用进度、用地结构状况、土地利用强度 3 个子目标；用地效益目标下设置产业用地投入、产出效益 1 个子目标；管理绩效目标下设立 2 个二级指标，即土地利用监管绩效和土地供应市场化程度。每个二级指标下面又设若干指标。具体指标体系构成和指标含义见表 8-3。

表 8-3　开发区土地节约利用考查指标体系

目　标	子目标	指　标
土地利用状况(A)	土地开发程度(A1)	土地开发率(A11)
		土地供应率(A12)
		土地建成率(A13)
	用地结构状况(A2)	工业用地率(A21)
		高新技术产业用地率(A22)
	土地利用强度(A3)	综合容积率(A31)
		建筑密度(A32)
		工业用地综合容积率(A33)
		工业用地建筑密度(A34)
用地效益(B)	产业用地投入、产出效益(B)	工业用地固定资产投入强度(B21)
		工业用地产出强度(B22)
		高新技术产业用地产出强度(B23)
管理绩效(C)	土地利用监管绩效(C1)	到期项目用地处置率(C11)
		闲置土地处置率(C12)
	土地供应市场化程度(C2)	土地有偿使用率(C21)
		土地招拍挂率(C22)

注：高新技术产业产出强度、高新技术产业用地率两项指标为高新技术产业园区的必选指标，其他开发区备选，其他指标均为必须指标。

1. 土地利用状况

(1) 土地开发程度

体现开发区土地开发程度的指标应该在征地后进行开发、开发后供应、供应后建设等各阶段土地实质性开发活动的进展情况，是反映土地节约利用的主要指标。土地开发程度考查选择 3 个三级指标：

① 土地开发率：是指开发区评价范围内已达到供地条件的土地面积与不可建设土地以外的土地面积之比(%)。其中已达到供地条件的土地，是指开发区评价范围内不可建设土地以外至少达到“三通一平”的土

地。“三通一平”即通常所说的通上水、通路、通电和场地平整。这项指标反映开发区对土地实质性开发的进度。

② 土地供应率：是指开发区评价范围内已供应国有建设用地面积与已达到供地条件的土地面积之比(%)，反映开发区已达到供地条件土地的供应情况。其中已供应国有建设用地是指通过划拨和有偿使用方式供应的国有建设用地。这项指标反映土地开发后的供应进度。

③ 土地建成率：是指开发区已建成城镇建设用地面积与已供应国有建设用地面积之比(%)。其中已建成城镇建设用地面积是指已经建设并通过竣工验收的国有建设用地面积。这项指标反映获得土地使用权后用地单位的使用效率。

(2) 用地结构状况

考查开发区用地与政策导向的符合程度，选择工业用地率衡量开发区已建成城镇建设用地中用于工业仓储的面积比例；对于高新技术产业园区，考查高新技术产业用地所占比例。

① 工业用地率：为已建成城镇建设用地面积中的工业用地面积比率(%)，反映开发区功能定位的实现程度和产业集聚程度。考虑仓储用地是开发区生产的直接配套功能，计算工业用地率时包含仓储用地。采用已建成土地中的工业用地率，主要是为了与实际利用进度相吻合，与分析土地投入产出强度时的工业用地内涵相对应。

② 高新技术产业用地率：为已建成高新技术产业用地面积与已建成城镇建设用地面积之比(%)。

(3) 土地利用强度

考查土地利用强度的常用指标有容积率和建筑密度。根据开发区产业区定位特点，在考查已建成总用地的综合容积率和建筑密度的同时，增加对工业用地的综合容积率和建筑密度的考查。

① 综合容积率：是指截至评价时点开发区评价范围内已建成城镇建设用地内的总建筑面积与已建成城镇建设用地面积的比值(%)。这项指标反映已建成城镇建设用地的总体利用强度。

② 建筑密度：是指截至评价时点开发区评价范围内已建成城镇建设用地内的建筑基底总面积与已建成城镇建设用地面积的比值(%)。这项指标反映已建成城镇建设用地的总体平面利用强度。

③ 工业用地综合容积率：是指截至评价时点开发区评价范围内已建成工矿仓储用地上的总建筑面积与已建成工矿仓储用地面积之比。这项指标反映已建成工矿仓储用地的利用强度。

④ 工业用地建筑密度：是指截至评价时点开发区评价范围内已建成工矿仓储用地上的建筑基底总面积与已建成工矿仓储用地面积之比(%)。这项指标反映已建成工矿仓储用地的平面利用强度。

2. 用地效益

设置产业用地投入、产出效益 1 个子目标。通过设置工业用地投入、产出强度两项指标考查开发区产业用地的投入产出强度。

① 工业用地固定资产投入强度：是指开发区累计工业企业固定资产投资总额与已建成工矿仓储用地面积之比，单位为万元/公顷。这项指标反映开发区已建成工矿仓储用地的投入强度。

② 工业用地产出强度：开发区工业总产值与开发区评价范围内已建成工矿仓储用地面积之比，单位为万元/公顷。这项指标反映开发区已建成工矿仓储用地的产出效益。

③ 高新技术产业用地产出强度：开发区高新技术产业总产值与开发区评价范围内高新技术产业用地面积之比，单位为万元/公顷。这项指标反映开发区高新技术产业用地的产出效益。本指标属高新技术产业开发区评价的必选指标，其他类型开发区评价时备选。

3. 管理绩效

设置土地利用监管绩效和土地供应市场化程度两个子目标。

(1) 土地利用监管绩效

土地利用监管绩效通过到期项目用地处置率、闲置土地处置率两个指标考查，其中应收回的闲置土地和到期待处置土地都是土地管理潜力所在。

① 到期项目用地处置率：是指截至评价时点开发区评价范围内累计有偿使用且已到期并已处置的项目用地面积与累计有偿使用且已到期项目用地总面积之比(%)。这项指标反映开发区到期项目用地的处置情况。

② 闲置土地处置率：是指截至评价时点开发区评价范围内累计已处置的闲置土地总面积与累计闲置土地总面积之比(%)。这项指标反映开发区闲置土地的处置情况。其中闲置土地是指截至评价时点，依照国土资源部颁布的《闲置土地处置办法》(国土资源部令第 5 号)中的规定，认定为闲置土地的项目用地；已处置的闲置土地是指已完成处置和已制定处置方案的闲置土地。

(2) 土地供应市场化程度

土地供应市场化程度通过土地有偿使用率、土地招、拍、挂率两个指标考查。

① 土地有偿使用率：是指开发区评价范围内累计有偿使用的项目用地面积与开发区已供应国有建设用地面积之比(%)。这项指标反映开发区有偿供地情况。

② 土地招、拍、挂率：是指2002年7月1日到评价时点开发区评价范围内累计通过招标、拍卖、挂牌方式出让的土地总面积占开发区累计已出让土地总面积之比(%)。这项指标反映开发区土地供应市场化程度。

(三) 评价指标的信息收集途径

1. 调查的内容

开发区用地调查包括开发区基本信息调查、开发区土地利用状况调查、开发区土地利用强度调查、开发区用地效益调查、开发区管理绩效调查和典型工业企业调查。通过开发区用地调查和汇总，形成开发区用地信息数据库。

(1) 开发区整体情况资料

① 涉及开发区整体概况和规划、政策资料，包括法律、法规、文件、文本、图件、统计资料等资料。具体内容包括开发区审批、用地规模、管理机构；历次扩区情况；四至定界确认文件等；开发区用地规划、开发区"十一五"规划、土地利用规划，开发区节约用地的相关文件、规定，土地节约利用的措施、标准和实施效果，项目用地控制标准，开发区区志或年鉴等所在城市关于开发区管理、发展、定位的相关文件、总结。此外，还可以调查所在城市国民经济和社会发展"十一五"规划资料、所在城市的相关规划资料等。

② 累计供地和土地跟踪管理情况资料。以管理数据汇总表、台账开发区建区以来累计已到期土地及其处置情况、累计闲置土地及其处置情况、以及至评价时点应收回闲置土地等情况开展调查，历年有偿使用土地面积，通过招标、拍卖、挂牌方式出让的土地面积及其中的工矿仓储用地面积，开发区历年供地情况。

(2) 分宗地的资料

涉及开发区土地开发、供应、建设过程中的相应信息，以及未供地的规划情况等。调查采集的信息应与地块对应，有关数据符合评价时点要求。

① 各地块的调查内容包括用地单位名称、地籍编号、坐落、土地面积(不含代征地)、用途、供地方式、供地时间；有偿使用的土地调查出让年限、出租年限；出让的调查出让方式(协议、招标、拍卖、挂牌)；建成情况等。

② 已建成土地调查地上建筑物的基底面积和建筑面积。

③ 调查开发区内各当年工业总产值、累计工业用地固定资产投资总额等，调查所涉及的工业企业注册和生产均应在评价范围内。

④ 根据开发区用地规划，对于尚可供应土地中的尚可有偿使用土地面积、尚可供应工矿仓储用地面积开展调查确认。

2. 调查的方法和途径

开发区土地节约利用评价和分析所需要的数据资料涵盖面较为广泛，数据量大，资料分散，整合难度大。主要调查方式应采用：

(1) 管理资料收集整理

开发区土地节约利用评价的基础用地数据必须依靠国土部门和规划部门的管理数据资料，包括地籍资料、土地出让合同等供地资料、土地批准文件、闲置土地认定和处置文件、地图、地籍图等图件和数据库。需要以宗地为单元进行资料整合汇总。

(2) 外业实地调查

实地调查是地理学传统的研究和工作方法。在开发区土地节约利用研究中，最重要的是翔实地掌握开发区土地利用的数据资料和相关信息。分散在规划、国土、房管等不同管理部门的资料，必须经过实地调查才能做到图件、实际宗地、使用者、建设情况、实际用途、经营状态等资料的整合与衔接，并且对开发区土地利用节约情况有直观地、感性的认识。

(3) 航空影像判读核查

借助现代空间影像(遥感图像、卫星影像图、航空照片等)资料，获取土地的建成情况、建筑密度数据、道路与绿地等部分用地类型的空间分布和面积，可以作为实地调查的补充方法。

(4) 内业资料处理

未供应土地的规划用途以城市规划部门制定并经批准的开发区用地规划图为依据，通过室内图纸叠加、地块细分、确定属性的方法进行调查。

(5) 经济数据以统计资料为基础，按照空间对应原则分离和提取

开发区土地节约利用研究的原则之一是已建成土地与地上的利用强度、效益相对应，因此，评价中用到的经济数据应以评价对象四至范围为统计空间，进行调查提取。

三、开发区土地节约利用评价指标理想值确定方法研究

(一) 指标理想值的内涵和作用

1. 指标理想值的基本要求

顾名思义，指标理想值就是达到某种“理想状态”的指标取值。“理想

状态”的设定，必须具备几个基本条件：一是先进性，能体现开发区土地节约利用的方向，强化土地高效合理利用的要求；二是前瞻性，应结合开发区的发展目标预见性地实施；三是可及性，是在评估时点时的技术、经济条件下有可能实现的目标。因此，指标理想值是开发区在评价时点的土地开发、供应、建设进度下，本着节约用地的思想，各项指标应该达到的理想水平。

通过指标实际值与理想值的比较，将反映开发区土地利用中现实状况与“理想状态”的差距，明确挖掘土地节约利用潜力的方向。

2. 指标理想值的确定原则

在确定开发区土地节约利用评价的指标理想值时，需要遵循的主要原则有：

(1) 节约用地原则

大量研究表明，加大开发区土地节约利用力度、挖掘开发区土地利用潜力是开发区土地利用的关键。因此，指标理想值应从节约用地角度出发，不宜小于现状值。

(2) 合法合规原则

开发区土地利用过程是一个依法依规、有序实行各项建设管理要求的过程，因此，指标理想值确定必须在符合有关法律法规①、国家和地方制定的技术标准、规划②等要求的前提下进行。特别是依据有关技术标准来确定时，应注意技术口径的统一。

(3) 因地制宜原则

任何一个开发区的设立和发展都有其自身存在的内外部因素，指标理想值应结合其功能定位、区位、产业结构和主导行业类型等综合分析确定。

(二) 理想值确定方法探讨

开发区土地节约利用评价指标理想值的确定可以采用多种思路和方法测算，相互验证，综合形成，其基本工作思路为：在采用目标值法、挖潜

---

① 现阶段可以依据的法律法规、政策文件、规划、技术标准等主要有：《中华人民共和国土地管理法》；《中华人民共和国土地管理法实施条例》；《开发区规划管理办法》；《国家级经济技术开发区经济社会发展“十一五”规划纲要》；《国务院办公厅转发商务部等部门关于促进国家级经济技术开发区进一步提高发展水平的若干意见》(国办发[2005]15 号)；《国务院办公厅关于清理整顿各类开发区加强建设用地管理的通知》(国办发[2003]70 号)；《关于发布和实施〈工业项目建设用地控制指标〉的通知》(国土资发[2008]24 号)。

② 开发区所在城市以及开发区的国民经济和社会发展五年规划、土地利用总体规划、城市总体规划。

法、先进经验逼近法等测算基础上，提供理想值参考值作为参考依据，开展专家咨询，最终综合确定理想值(图 8-3)。

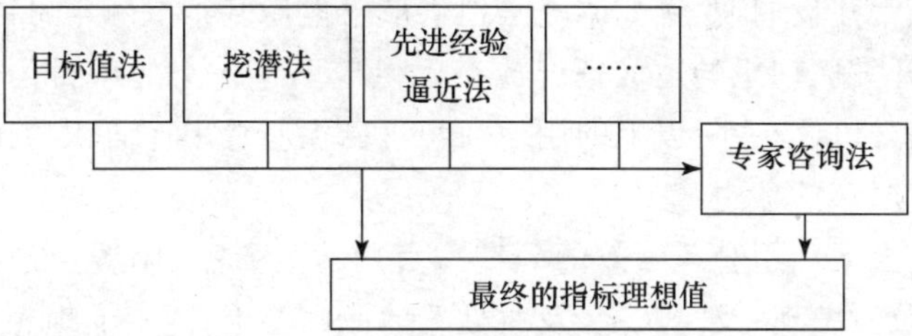

图 8-3　开发区土地节约利用程度评价指标理想值确定方法

有关方法及应用分述如下：

1. 目标值法

目标值法是指根据区域和开发区的国民经济和社会发展规划等目标，结合土地利用总体规划、城市规划、有关用地标准、行业政策等，分析判断土地利用应达到的"理想状态"。以下具体分析目标值法应用的几种方式：

(1) 以用地标准、供地门槛、规划目标为依据，确定用地强度指标理想值

在推进节约用地过程中，国家出台了一系列的供地标准①，也成为确定指标理想值的重要依据。例如某开发区已建成城镇建设用地 10 km^2，现状综合容积率为 0.80，用地以工矿仓储用地、住宅用地、公共管理与公共服务用地、商服用地、交通用地为主，各自用地面积分别是 4.5、0.8、1.5、0.5、1.7 km^2，现状前四类用地的平均容积率分别为 0.8、1、1、1.5。根据管理要求和入区标准等确定此四类用地的平均容积率应该分别为 0.8、1.5、1、2，由此可推算得到综合容积率目标为 0.94。

建筑密度、工业用地综合容积率、工业用地建筑密度、工业用地固定资产投入强度、工业用地产出强度等指标理想值也可以类似确定。此外，有关投入产出强度指标还可以依照开发区国民经济和社会发展五年规划的目标推算。

(2) 以用地政策与管理目标为依据，确定建设进度和管理绩效指标理想值

以土地建成率为例，该指标主要考查已供应土地的建成状况。由于

① 譬如国土资源部颁布的《工业项目建设用地控制指标》，各地也相继出台各类建设用地控制指标。

土地建成进度和建设周期休戚相关，按照国家对闲置土地的管理规定，要求在供地两年以上而未达到必要建设要求的要收回。同时，应该调查当地项目正常建设周期，例如调查当地供应土地后基本上两年可以建成，那么，这个开发区理想的建成情况应是已供应两年以上的项目用地全部建成，故计算已供应两年以上的用地面积占已供应总用地面积的比例，可确定土地建成率的理想值。

反映土地利用管理绩效的到期项目用地处置率、闲置土地处置率等指标，以及时发现、及时认定、及时处置的原则要求，理论上理想值应确定为 100%，考虑实际操作的过程和评价时点的具体组合情况，可以适当给出余地。

反映土地供应市场化程度的土地有偿使用率和招、拍、挂率，确定其理想值时，必须事先明确实行有偿使用及招标、拍卖、挂牌方式供应土地的政策实施时点，只有通过计算政策时点到评价时点之间的最大可能的相应方式供地面积，才能较为准确地测算有关指标理想值。

2. 挖潜法

开发区土地节约利用的潜力可以根据指标理想值与实际值的差距来确定，同时指标理想值的确定过程中又要考虑具体用地潜力情况，两者相互补充，据此探索形成挖潜法。下面以用地规划要求为依据，结合实际情况确定工业用地结构指标理想值来实践挖潜法的应用。

根据大连经济技术开发区规划，大连经济技术开发区四至范围内已建成用地范围内的工业用地率为 52.72%，规划为工矿仓储用地已基本实现，但仍存有一块面积较大规划为工矿仓储用地的军事用地，有关部门已准备依照规划实施置换改造。因此，测算工业用地率理想值时，以现状工矿仓储用地面积加上尚可挖潜用地（规划为工业用地的军事用地）的面积作为理想的工矿仓储面积，计算得到工业用地率指标理想值为 55.16%。

3. 先进经验逼近法

先进经验逼近法是通过参照国内外发展较好、用地效率较高的开发区信息，结合本开发区实际情况来确定指标理想值。在方法运用过程中应注意：一是为克服开发区之间的发展水平、所处区位、功能定位、产业结构等方面的差异，需要选择情况相近或相似的对象进行对比参照；二是所指标数据应注意空间口径、数据口径、指标涵义等方面的可比性。

4. 专家咨询法

专家咨询法往往应用在需要经验推断的指标理想值或最终方案确定过程中。所聘任的专家应熟悉城市、开发区经济社会发展和土地利用状况，可以从综合管理、土地管理、规划管理、经济管理等相关部门，以及研究性机构、中介机构等方面的专家中挑选，数量控制在10～40人。

当对于具体开发区进行评价时，专家咨询法可供参考的咨询程序和做法是：

① 向专家提供开发区背景介绍、评价指标的有关说明、指标现状值以及采用目标值法、挖潜法、先进经验逼近法等推算获得的理想值；

② 请专家独立判断指标理想值；

③ 以均值法、众数法、极值法等方式汇总整理专家意见，并予以反馈；

④ 再进行新一轮次专家独立咨询和反馈，直至意见相对集中。其中，特定指标理想值的确定宜重点参考对应领域专家的意见，如反映工业用地投入、产出效益的指标理想值宜重点考虑经济发展部门或经济领域研究专家的意见。

结合开发区土地节约利用评价指标体系设计的思路以及各指标自身特点，从理想值基本要求和确定原则出发，结合有关实践探索。

第四节　开发区土地节约利用管理政策建议

通过对开发区土地利用采取行政的、法律的、政策的等措施，利用科学的决策引导其走向良性循环，从而最终实现开发区土地节约集约利用。

一、科学编制规划，合理引导土地利用

开发区规划从土地利用的局部和总体、近期和长远利益统筹对开发区土地利用进行安排，是宏观层面上对开发区土地节约利用发挥控制作用的纲领性要素。规划通过调节供需关系，既能实现政府对土地市场的有效调节，又能促进土地合理流转，有效地配置开发区的土地资源，是政府对土地利用进行调控的重要手段。开发区规划的编制，必须坚持从实际出发，严格约束开发区内各类用地规模。

开发区规划的编制水平和管理过程是实现土地利用目标的重要依据，直接关系到工业开发区土地利用的综合效益和节约利用程度。通过制定开发区规划对土地进行管理的过程中，不但要认识并运用市场在优化城市土地资源配置中的作用，还要发挥规划在引导市场、规范市场、弥补市场机制缺陷的作用，要协调各种主体（政府、经济组织、个体居民）在土地利用上的利益冲突，使他们的土地利用行为符合土地利用规划所确定的目标，从而实现土地资源的优化配置和高效节约利用。

二、完善节约用地评价体系，为监管提供依据

开发区土地节约利用是一个动态变化发展的过程，不同的经济发展阶段，土地利用的节约水平也相应不同。而在同一经济发展水平上，开发区的土地利用结构、土地开发率、地均投资强度以及开发区的土地市场发育程度和工业用地出让的市场化率是影响开发区土地利用节约程度的重要驱动因素圈。同时，开发区土地利用是一个受多因素限制和影响的复杂系统，园区内部、外部的相关系统的变化对园区土地节约程度产生着重要影响。建立一个节约利用的科学评价体系，对开发区土地利用节约状态做出科学的评估尤为重要。

三、完善市场机制，高效配置土地资源

由于“绝对地租”的存在，土地利用者会尽可能提高土地利用效率；“相对地租”促使土地资源的合理配置，使得工业园区土地利用结构优化；“级差地租”则促使园区范围内土地节约利用的水平总体提升。然而只有在成熟的土地市场条件下，地租这只“无形的手”才能充分发挥配置土地资源的作用。根据当前我国土地市场的特点，提高土地市场配置资源的效率，必须着重解决以下几个问题：

(1) 严格限制土地划拨使用范围

土地行政划拨对于满足日益增长的基础设施、公益事业用地仍具有重要作用。但是，除了经营性项目用地，对于以市场化方式运作的“公用”项目，也应采用市场化土地配置方式显化土地资源成本，促进私人和企业节约用地。

(2) 改革园区用地供给方式

改变当前工业园区土地的“需求定供给”式的以协议出让为主的供地机制和模式，按照“规划控制-计划引导-市场化运作”的操作思路，建立“供给引导需求”机制下的以招标、拍卖、挂牌出让为主的工业用地市场化配置模式，将土地资源配置到效率高的企业和部门中去，提高土地资源配置效率与集约利用水平。

(3) 加强对土地市场的监督

整顿土地中介服务市场，严格审查中介机构资质，规范管理中介服务行为，改变当前由于管理不足，不动产中介组织运作不规范、企业信誉低下等问题，理顺土地价格形成机制，促进土地市场健康发展，提升土地资源合理节约配置程度。

四、依托节约用地标准，建立用地预警机制

基于开发区土地利用状况调查数据的收集和掌握，按照土地节约利用效率和结构兼顾、土地节约利用标准的政策性、分区域分类型差别化指导、可操作性等原则，深入分析全国东部、中部、西部等不同区域、经济技术开发区、高新技术产业开发区和出口加工区等不同类型开发区的土地节约集约利用状况，分析区域和类型的组间差异状况和节约水平，形成相应的开发区节约用地标准体系。

依托于开发区节约用地标准，对各个预警指标设定不同级别的用地预警警戒线，对开发区土地节约集约用地的状态进行预警，对于符合土地集约、节约利用要求的用地要继续引导保持和提高，对于超越不同级别警戒线用地的开发区加以不同程度的警告，相关部门采取迅速有效的手段约束和引导其改善用地状况，提高土地利用节约化、集约化水平。通过用地预警管理的政策化、用地预警管理的灵活性、建立公众参与机制、建立遥感监测支撑体系等手段和方式，切实实现开发区土地的可持续利用。

第九章　城市土地集约利用综合数据系统

在城市土地节约利用关键技术相关研究的基础上，开发并建立城市土地利用基础数据库及其专业应用平台，为土地节约利用相关研究提供数据支持。本章研究包含两个层面：城市土地利用基础数据库的建设和城市土地集约利用综合应用系统的设计。城市土地基础数据库包括城市土地资源利用基础数据库、城市区内农村土地利用数据库、城市土地价格数据库、城市社会经济发展基础信息数据库4个基础数据库。

第一节　系统设计原理

本系统目标是向土地节约利用相关研究提供数据支持。从实际运用的迫切性和数据采集的可行性出发，以城市土地供需预测、城市功能结构和土地利用格局、城市土地节约利用评价等研究为基础，设计城市土地资源利用基础数据库、城市区内农村土地利用数据库、城市土地价格数据库、城市社会经济发展基础信息数据库4个基础数据库的属性表结构（见图9-1），并进行相关指标的标准化研究，便于基础数据的导入。城市土地利用数据库中的数据是在对4个基础数据库数据抽取、清理的基础上系统加工、融合、汇总和整理得到的，它直接为城市土地节约利用研究服务。数据主要包括四方面的内容：① 在前面子专题研究基础上，根据需要集成4个基础数据库；② 在基础数据基础上，计算指标数据；③ 将时间序列数据、空间数据集成；④ 将图斑、数据进行宗地单元、聚类单元、行政单元等不同尺度的融合，以满足微观、中观以及宏观三种尺度的研究需要。

系统主要功能包括四方面。

(1) 城市用地供给潜力评价。根据城市不同的发展状况和资源限制条件，通过建设适宜性评价及自然生态适宜性评价等，定量评价城市新增建设用地供给潜力；通过对城市建成区及城市闲置土地的分析，定量评价城市存量用地开发挖掘潜力。

(2) 城市用地需求预测。利用系统动力学模型模拟城市土地需求。

(3) 城市建设用地节约集约利用评价。将用地评价的范围分为规划区和建成区两个层次，从定性和定量两个方面对用地进行综合评价。对规划区的评价构建了5个指标，10个分指标；对建成区的评价分为5个

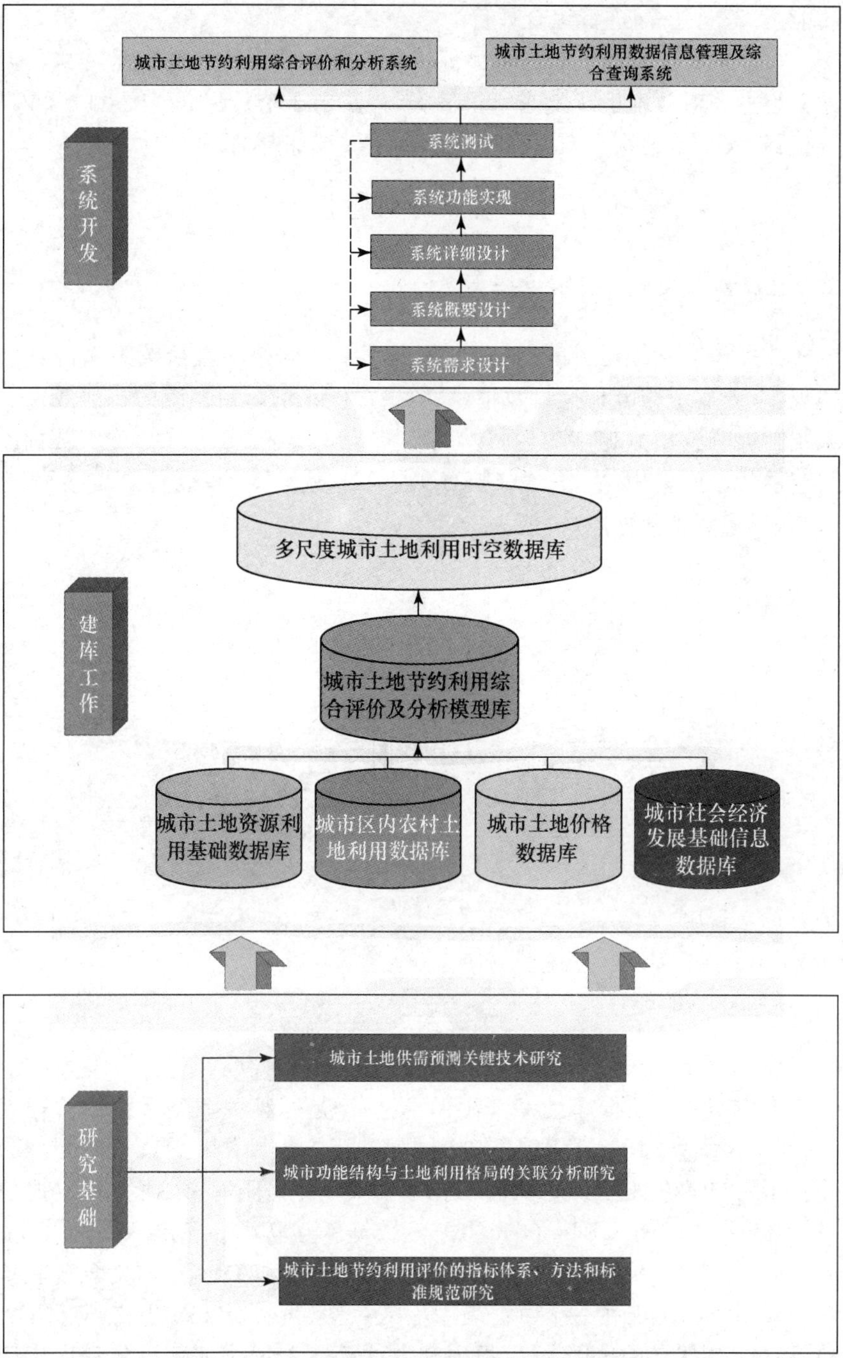

图 9-1　城市土地利用综合评价系统技术路线图

功能区，27 个指标进行综合评价。

（4）开发区土地集约利用评价。按照土地利用类型和供地方式的两种分类方法对开发区土地进行了分类，构建了 3 个目标、6 个子目标和 16 个指标，从 3 个层次上对开发区土地利用进行综合的评价。

第二节　城市基础数据库建设

一、基础数据库需求分析及技术实现

数据作为系统运行的基础源，数据库设计的好坏直接关系系统功能实现、系统显示与分析运行效率、系统错误修正难易及系统的扩展等。本系统在综合分析数据库构建技术基础上提出：关系数据库加空间数据库的双层数据库架构，通过 ArcGIS Engine 及数据库管理软件 Access 整合一起，形成基础数据库（见图 9-2）。

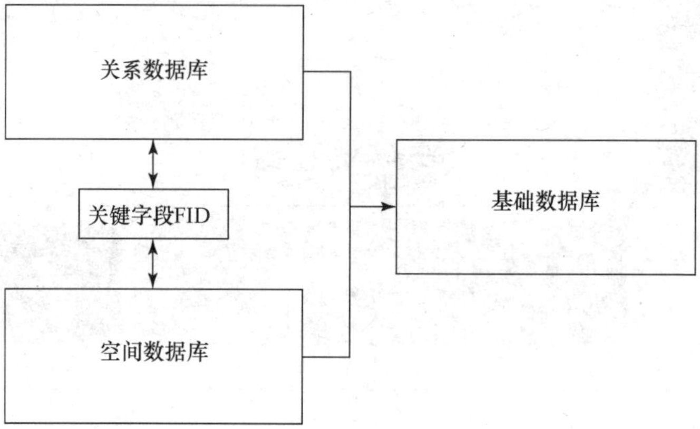

图 9-2　数据库设计框架

（一）属性数据存储

本系统中的数据库统一采用的 Access 是一种关系型数据库管理系统，其主要优点如下：存储方式单一，便于用户的操作和管理；面向对象，简化了用户的开发工作；界面友好，易操作；集成环境，处理多种数据信息。Access 支持 ODBC：ODBC（开发数据库互联，Open Data Base Connectivity），利用 Access 强大的 DDE（动态数据交换）和 OLE（对象的联接和嵌入）特性，可以在一个数据表中嵌入位图、声音、Excel 表格、Word 文档，还可以建立动态的数据库报表和窗体等。Access 还可以将程序应用于网络，并与网络上的动态数据相连接。利用数据库访问页对象生成 HTML 文件，轻松构建 Internet/Intranet 的应用。

(二) 空间数据属性数据关联

关系数据库与空间数据库虽然分别存储,但之间要必须有链接关联关系。每一个地图上的城市其背后所包含的 4 个基础数据库信息必须与图形空间信息相匹配,且要求这种匹配：一是可以直观的实现数据的管理,即通过点选地图空间上的实体地物可得到其各属性数据,可方便地实现对属性数据的操作;二是可以实现多模型的联合,模型公式既包括空间信息也包含基础属性数据。

数据库链接的关键,通过 ID,即特征值实现(见图 9-3)。

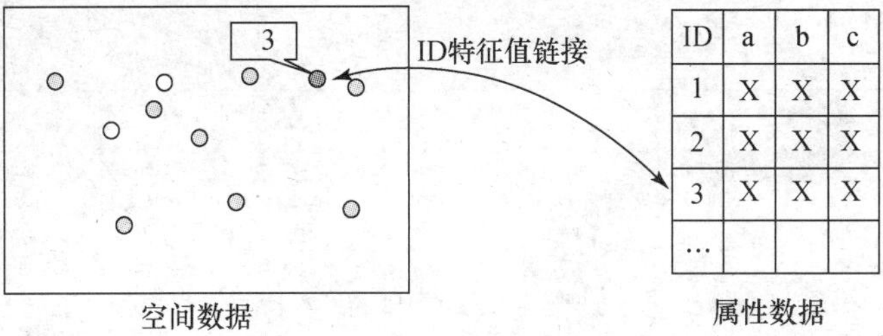

图 9-3　空间数据属性数据关联

(三) 数据库界面设计

数据库界面设计如图 9-4 所示。

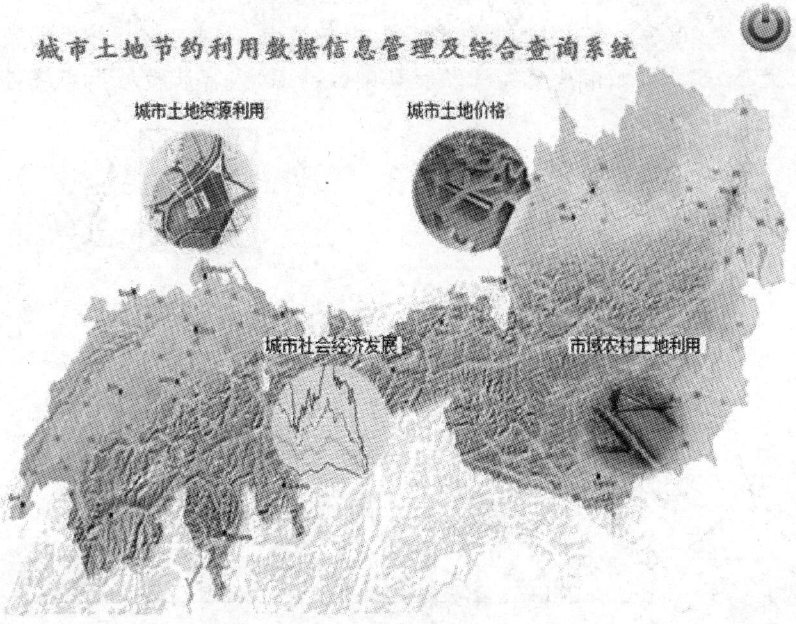

图 9-4　数据库综合查询系统界面设计

二、数据库建立

（一）城市土地资源利用基础数据库

收集建设部城市统计年报中1991年以来的各城市15项土地数据52000余条，建立了城市土地资源利用基础数据库，包括城市各种类型土地的面积，可进行各城市间的横向比较研究，也可对单个城市进行时间上的纵向对比研究。

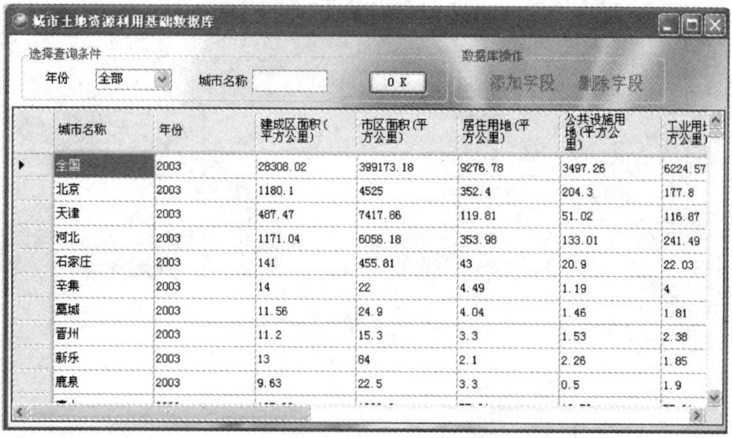

城市名称	年份	建成区面积(平方公里)	市区面积(平方公里)	居住用地(平方公里)	公共设施用地(平方公里)	工业用地(平方公里)
全国	2003	28308.02	399173.18	9276.78	3497.26	6224.57
北京	2003	1180.1	4525	352.4	204.3	177.8
天津	2003	487.47	7417.86	119.81	51.02	116.87
河北	2003	1171.04	6056.18	353.98	133.01	241.49
石家庄	2003	141	455.81	43	20.9	22.03
辛集	2003	14	22	4.49	1.19	4
藁城	2003	11.56	24.9	4.04	1.46	1.81
晋州	2003	11.2	15.3	3.3	1.53	2.38
新乐	2003	13	84	2.1	2.26	1.85
鹿泉	2003	9.63	22.5	3.3	0.5	1.9

（二）城市社会经济发展基础信息数据库

收集2003—2008年城市统计年鉴中各城市84项社会经济发展数据12万条，建立了城市社会经济发展基础数据库，内容涉及城市经济社会发展的各项数据。

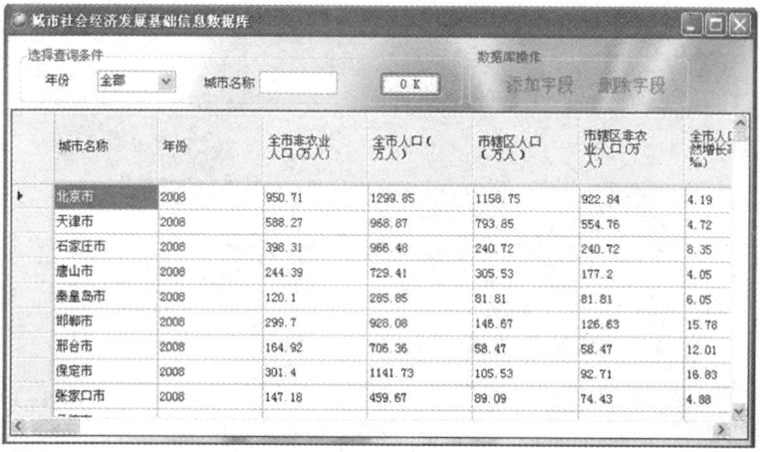

城市名称	年份	全市非农业人口(万人)	全市人口(万人)	市辖区人口(万人)	市辖区非农业人口(万人)	全市人口自然增长率(‰)
北京市	2008	950.71	1298.85	1158.75	922.84	4.19
天津市	2008	588.27	968.87	793.85	554.76	4.72
石家庄市	2008	398.31	966.48	240.72	240.72	8.35
唐山市	2008	244.39	729.41	305.53	177.2	4.05
秦皇岛市	2008	120.1	285.85	81.81	81.81	6.05
邯郸市	2008	299.7	928.08	148.67	126.63	15.78
邢台市	2008	164.92	706.36	58.47	58.47	12.01
保定市	2008	301.4	1141.73	105.53	92.71	16.83
张家口市	2008	147.18	459.67	89.09	74.43	4.88

(三) 城市土地价格数据库

根据国土资源部公布的各城市基准地价数据，建立了城市土地价格数据库，各城市可根据自身情况进行增加和修改最新的数据。

城市名称	年份	价格类型	土地用途	一级(元/平方米)	二级(元/平方米)	三级(元/平方米)
北京	2010	基准地价(楼...	商业	7210-9750	5680-7680	4530-6130
北京	2010	楼面毛地价	商业	2660-4900	1680-3120	1500-2420
北京	2010	基准地价(楼...	综合	5540-8250	4440-6000	3620-4940
北京	2010	楼面毛地价	综合	1640-4500	1460-2200	1130-1690
北京	2010	基准地价(楼...	居住	4740-7000	3800-5760	2730-4590
北京	2010	楼面毛地价	居住	1710-3000	900-2100	550-1300
北京	2010	基准地价(楼...	工业	1200-1800	1000-1220	850-1050
北京	2010	楼面毛地价	工业	420-850	430-530	340-440
秦皇岛市	2010		商业	3675.00	3150.00	2625.00
秦皇岛市	2010		居住	2175.00	1800.00	1500.00
秦皇岛市	2010		工业	480.00	420.00	360.00

(四) 市域农村土地利用数据库

收集部分城市农村土地利用数据，建设了市域农村土地利用数据库。没有记录的城市可根据最新的调查数据进行输入。

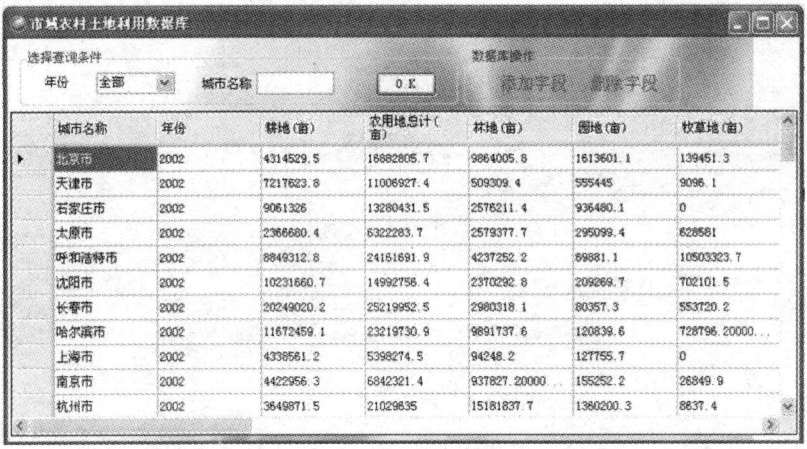

城市名称	年份	耕地(亩)	农用地总计(亩)	林地(亩)	园地(亩)	牧草地(亩)
北京市	2002	4314529.5	16882805.7	9864005.8	1613601.1	139451.3
天津市	2002	7217623.8	11006927.4	509309.4	555445	9096.1
石家庄市	2002	9061326	13280431.5	2576211.4	936480.1	0
太原市	2002	2366680.4	6322283.7	2579377.7	295099.4	628581
呼和浩特市	2002	8849312.8	24161691.9	4237252.2	89881.1	10503323.7
沈阳市	2002	10231660.7	14992756.4	2370292.8	209269.7	702101.5
长春市	2002	20249020.2	25219952.5	2980318.1	80357.3	553720.2
哈尔滨市	2002	11672459.1	23219730.9	9891737.6	120839.6	728796.20000...
上海市	2002	4338561.2	5398274.5	94248.2	127755.7	0
南京市	2002	4422956.3	6842321.4	937827.20000...	155252.2	26849.9
杭州市	2002	3649871.5	21029635	15181837.7	1360200.3	8837.4

第三节　城市土地集约利用综合评价系统建立

城市土地节约利用综合评价和分析系统包含多个城市土地节约利用综合评价及分析模型库，主要有 7 个功能模块：城市基础信息浏览、土地供给评价、土地需求评价、用地结构关联度评价、城市分功能区评价、开发区评价、建设用地标准评价。城市土地节约利用数据信息管理及综合查询系统方便用户管理数据库，添加、删除数据库字段，根据查询条件查询数据库中的信息等。

系统的总体架构如图 9-5 所示。

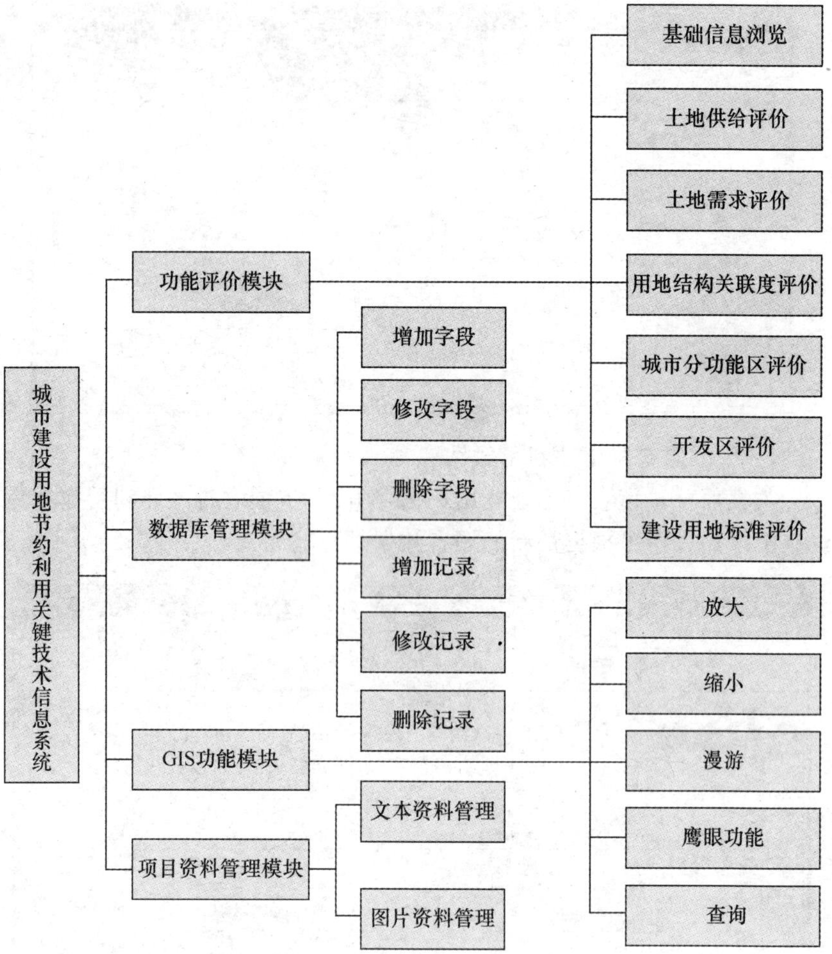

图 9-5 系统的总体架构

一、土地供给预测

地表上的土地并非全部可以被人们所利用。土地能不能被利用，主要由土地自身的使用价值决定，土地的使用价值又取决于土地的地理位置、地表组成物质、地形、水文地质、海拔高度、交通条件等因素。可供人们利用的土地才能形成土地的供给。土地的供给可分为土地的自然供给和经济供给两种类型：土地的自然供给是指可供人们利用的土地数量，这个数量包括已被利用的土地和未来可供利用的土地资源；土地的经济供给是指在土地自然供给的基础上，通过投入资金和劳动加以改造，可供人们直接利用的土地数量。城市中建设用地的供给既包括土地的自然供给，也包括土地的经济供给。

城市建设用地的供给可以根据土地的使用状况，分为存量供给和增量供给：存量供给主要是通过消化闲置地和空闲地、旧城改造、转换土地用途等途径来提供城市建设用地；增量供给主要是通过征收农村集体土地和转换国有土地的用地类型来提供城市建设用地。本研究中所指的城市建设用地供给，既包括存量供给也包括增量供给。

根据城市不同的发展状况和资源限制条件，通过自然生态评价和社会经济评价，研究城市建设用地的自然供给与经济供给的分析方法；基于GIS和RS技术，研究对各种制约因素作用给城市土地供给的强度、范围、时限等方面造成的影响进行评估和预测的技术方法；通过对城市典型区域及不同类型土地的利用强度及经济效益的分析，对城市建设用地开发利用状况做出全面的分析和评价；通过系统的方法和体系，研究预测城市的存量与增量用地供给潜力的规模、比例及空间分布状况的技术。

二、土地需求模拟

城市建设用地需求主要是指在城市中非农业用地的需求，包括对工业、仓储、商业、办公、道路广场、绿化及政府机关、学校、医院、居民住房等用地需要。此外，近几年也出现了部分用于农业用地的出让土地，该类土地主要是用于城市郊区高科技农业技术用地或与工业相关的农业。

实践中，地方政府需要根据每年的城市建设用地新增需求和城市建设用地供给潜力两个指标来确定每年的城市建设用地供应规模。每年的城市建设用地供应规模中包括存量城市建设用地供应和增量城市建设用地供应两部分，其中增量部分决定了城市建设用地面积的增长数量。

该功能用来作为城市的供给潜力评价，选用的模型采用系统动力学模型。系统动力学预测法是一种定性与定量结合，系统、分析、综合与推理的方法。它以定性为先导，定量分析为支持，两者相辅相成，逐步深化认识和解决问题。这种方法应用于城市建设用地需求预测中，就要面向问题，从整体的高度分析土地子系统、人口子系统、产业子系统和技术子系统之间的因果反馈关系，再把这些复杂的关系用方程式进行数学表达，嵌入到计算机构建的系统流图中，最后借助计算机模拟运算得到预测结果。

三、城市分功能区评价

城市建成区用地状况评价则是针对现状城市建设用地，通过划分居住、工业、商业、教育等功能区类型，对各类功能区分别评价其土地集约利用程度，确定其利用类型，是属于过度利用、集约利用、中度利用，还是低度利用类型。该评价旨在为各城市全面掌握自身建设用地集约利用状况、科学管理和合理利用建设用地、制订土地利用规划、计划及相关规划提供参考。

在进行分功能区评价过程中，首先确定评价涉及的工作地域，开展定性分析；采用多因素综合评价法进行定量评价，确定功能区类型，选择确定相应的评价指标体系，初步划分城市功能区，并选择各类功能区的样本片区，确定相应的指标理想值，计算其土地利用集约度，并判断其土地利用状况类型；根据样本片区的土地利用集约度，重新整理和划分城市功能区，确定各城市功能区边界，并判断其土地利用状况类型。

四、开发区评价

开发区作为一个城市划定的特定空间单元，是城市重要的功能地域。纵观我国开发区的发展历史，其作为本地区国内外经济和高新技术的交汇点，在我国各地区及城市的产业价值链中发挥了较好的辐射、示范和带动作用。

为了评价开发区土地节约利用的程度，有必要研究探索出一套科学可行的评价体系和考核标准，从而形成一个较为成熟的方法论体系。具体而言，评价的目标在于从开发区土地利用管理角度出发，根据土地节约利用的结构分析，建立一套开发区土地利用调查方法和土地节约利用评价的指标体系，全面调查掌握开发区土地利用现状。开发区土地节约利用研究成果应能够指导开发区开展基础调查、全面认识和掌握开发区土地利用状况，为开发区扩区升级审核、建立开发区土地节约利用评价考核制度、构建开发区土地资源管理监控系统等开发区土地管理提供土地分类方法和科学的评价方法。

实践篇

第十章　北京市建设用地统筹决策

第一节　城市建设用地面积与供给潜力比较

城市建设用地面积反映了城市建设用地需求中通过增量城市建设用地的供应而得到满足的部分。增量城市建设用地的年供应量越大，城市建设用地面积的扩张就越快。相应地，城市建设用地的增量供给潜力也下降得越快。

根据前文计算，得到 2009—2020 年北京城市建设用地存量供给潜力约为 134.9～156.9 km^2[①]。根据系统动力学模型仿真测算，2000—2020 年，北京城市建设用地面积从 490 km^2 增加到了 1683 km^2（见表 10-1），其中 2001—2004 年增长很快，2005 年以后增长速度逐渐放缓。2000—2020 年，北京城市建设用地供给潜力从 2371 km^2 下降到了 1272 km^2。越到后期，随着城市建设用地利用方式从粗放逐渐转向集约，供给潜力下降的速度就越慢。

表 10-1　2009—2020 年北京城市建设用地需求最终预测结果（单位：km^2）

年　份	2009	2010	2011	2012	2013	2014	2015	2016	2017	2018	2019	2020
最终预测结果	1362	1396	1431	1465	1498	1529	1559	1587	1613	1638	1661	1683
上　限	1366	1402	1438	1475	1513	1553	1593	1634	1677	1720	1765	1810

从图 10-1 可见，预测期内北京城市建设用地供给潜力还是相对充足的，北京有足够的土地可以用于城市建设，这些土地既包括存量城市建设用地，也包括农用地和村镇建设用地等非城市建设用地。但是也必须看到从 2000—2020 年的 20 年间，北京城市建设用地供给潜力减少了将近一半，未来北京的城市发展必然会面临建设用地后备资源不足的困境。立足长远发展，北京必须走节约集约利用城市建设用地的道路。

通过系统动力学模型仿真模拟，可以发现 2001—2008 年北京城市建设用地的新增需求量曲线与新增供给量曲线的形状和走势大体吻合，但是需求缺口一直存在。一方面，说明北京城市建设用地的新增供给量是

① 计算过程见本书第六章。

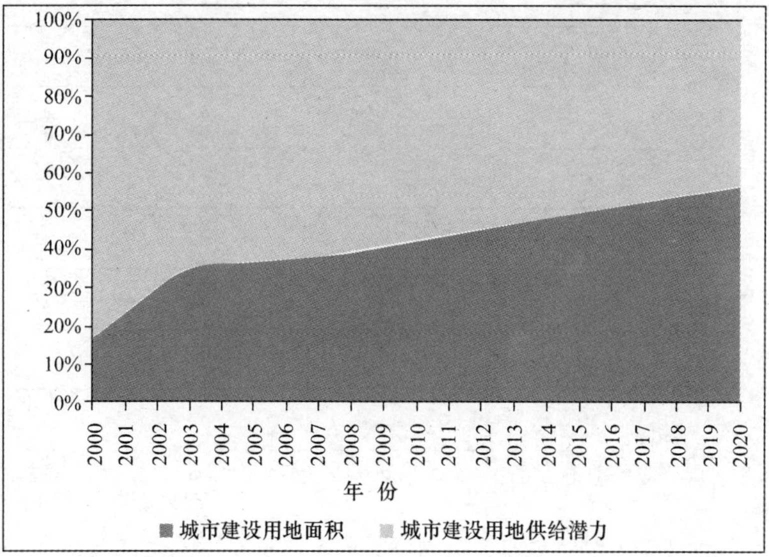

图 10-1　2000—2020 年北京城市建设用地面积与供给潜力比较图

依据新增需求预测确定的，具有一定的科学性；另一方面，也说明北京城市建设用地的供应长期低于需求，造成北京地价和房价近年来不断攀高。

从图 10-2 可见，2001—2004 年北京城市建设用地的需求缺口较小，2004 年之后需求缺口逐渐扩大，直到 2008 年后缺口才有所缩小，这个变化正好与 2001 年以来北京房地产市场的发展历程吻合。世纪之初，土地的充分供给以及公房改售让整个社会的住房供给迅速增长，因此在 2003 年之前房价与收入的矛盾并未显现。随后，国土部发文规定 2004 年 8 月 31 日后国有土地使用权只能通过招、拍、挂方式取得，引发了在“8・31”大限前的一轮开发商“抢地运动”，结果是 2004 年的土地供给量激增。2004 年后，政府开始关紧土地和信贷两个闸门，但是住房需求却因为人口增长、经济发展、消费升级和旧城改造等原因大增。从此北京进入住房供求关系严重不平衡的阶段，土地的价格开始暴涨，并向房价传导。

根据本文的预测，今后较长时期内，北京城市建设用地的需求缺口仍然较大。这个需求缺口一部分是合理的，比如不符合规划要求的工业项目用地需求和不合理的住房投机需求等不应该得到满足。但是，在供不应求的整体环境下，地价和房价上涨将是必然的趋势。只有加大城市建设用地供给规模，使供求关系这个基础条件得到改善，北京的住房价格才能回归合理的水平。

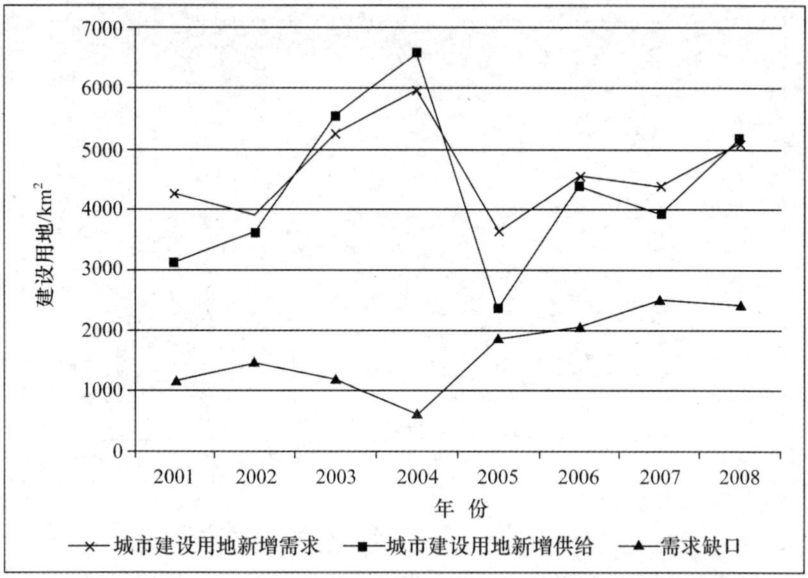

图 10-2 2001—2008 年北京城市建设用地需求量与供给量比较图

第二节 北京城市建设用地时空配置分析

一、供给潜力的时空分布

通过对北京市建设用地状况分析，可知北京的近郊区、远郊平原区和远郊半山区有较大的城市建设用地供给潜力，远郊山区的供给潜力次之，旧城区的供给潜力最小，如表 10-2 所示。其中：A 代表居住用地，B 代表工业用地，C 代表公共设施用地与仓储用地，D 表示道路广场用地与绿地，E 代表市政公用设施用地、对外交通用地与特殊用地。

表 10-2 北京城市建设用地供给潜力时空分布表

	A	B	C	D	E	A	B	C	D	E	A	B	C	D	E
东城	○	○	○	○	○	○	○	○	○	○	○	○	○	○	○
西城	○	○	○	○	○	○	○	○	○	○	○	○	○	○	○
崇文	○	○	○	○	○	○	○	○	○	○	○	○	○	○	○
宣武	○	○	○	○	○	○	○	○	○	○	○	○	○	○	○
朝阳	●	●	●	●	●	●	●	●	●	●	◖	◖	◖	◖	◖
海淀	●	●	●	●	●	●	●	●	●	●	◖	◖	◖	◖	◖
丰台	●	●	●	●	●	●	●	●	●	●	◖	◖	◖	◖	◖

续表

	A	B	C	D	E	A	B	C	D	E	A	B	C	D	E
石景山	●	●	●	●	●	●	●	●	●	●	◖	◖	◖	◖	◖
通州	●	●	●	●	●	●	●	●	●	●	◖	◖	◖	◖	◖
顺义	●	●	●	●	●	●	●	●	●	●	◖	◖	◖	◖	◖
亦庄	●	●	●	●	●	●	●	●	●	●	◖	◖	◖	◖	◖
大兴	●	●	●	●	●	●	●	●	●	●	●	●	●	●	●
房山	●	●	●	●	●	●	●	●	●	●	●	●	●	●	●
昌平	●	●	●	●	●	●	●	●	●	●	●	●	●	●	●
平谷	◖	◖	◖	◖	◖	◖	◖	◖	◖	◖	◖	◖	◖	◖	◖
怀柔	◖	◖	◖	◖	◖	◖	◖	◖	◖	◖	◖	◖	◖	◖	◖
密云	◖	◖	◖	◖	◖	◖	◖	◖	◖	◖	◖	◖	◖	◖	◖
延庆	◖	◖	◖	◖	◖	◖	◖	◖	◖	◖	◖	◖	◖	◖	◖
门头沟	◖	◖	◖	◖	◖	◖	◖	◖	◖	◖	◖	◖	◖	◖	◖
	近期(2011—2012年)					中期(2012—2015年)					远期(2015—2020年)				

●较大规模　◖一般规模　○较小规模

二、新增需求的时空分布

(一)北京市产业布局分析

城市产业布局是影响城市建设用地需求结构的主要因素之一。根据《北京城市总体规划(2004—2020年)》,未来北京将积极推动产业发展带,尤其是向重点产业新城的转移和集中:中心城次区域将大力发展以高端服务、金融保险和文化旅游为主体的第三产业;东部次区域是城市未来重点发展的地区,将积极引导以高新技术产业、现代制造业为主的第二产业向该地区集聚;西部次区域是城市未来重要的发展地区,将积极引导高新技术研发与服务、旅游休闲、商业物流、教育等生态友好型的产业向该地区集聚;山区次区域以生态维护、水源保护、适度旅游和生态农业开发为主。北京各区县(新城)的规划主要产业见下表:

表10-3 2004—2020年北京各区县(新城)规划主要产业表

	区县(新城)	主要产业
1	东城	行政办公、文化、旅游、商业
2	西城	行政办公、金融、旅游、商业
3	崇文	商业、旅游、文体娱乐
4	宣武	传媒、文化、商业

续表

	区县(新城)	主要产业
5	朝阳	对外服务业、文体、高新技术产业
6	海淀	高新技术产业、教育科研、旅游、文体
7	丰台	商务、物流、旅游
8	石景山	综合服务、文化娱乐、旅游
9	通州	行政办公、商务金融、文化、会展
10	顺义	现代制造业、空港物流、会展、国际交往、体育休闲
11	亦庄	高新技术产业、现代制造业、商务、物流
12	大兴	现代制造业、商业物流、文化教育
13	房山	现代制造业、新材料产业、物流、旅游服务、教育
14	昌平	高新技术研发与生产、旅游服务、教育
15	平谷	都市型工业、现代制造业、物流、休闲度假
16	怀柔	会议、旅游、休闲度假、文化、都市型工业、现代制造业
17	密云	都市型工业、旅游度假、会议培训
18	延庆	都市型工业、旅游、休闲度假、物流
19	门头沟	文化娱乐、商业服务、旅游服务

资料来源：《北京城市总体规划(2004—2020年)》。

(二) 北京市规划人口规模分析

城市人口规模分布是影响城市建设用地需求结构的另一个主要因素。根据《北京城市总体规划(2004—2020年)》，未来北京将积极引导人口的合理分布，通过疏散中心城的产业和人口，大力推进城市化进程，促进人口向新城和小城镇集聚。2020年，中心城人口规划控制在850万人以内，新城人口约570万人，小城镇及城镇组团人口约180万人。北京十一个新城的2020年规划人口规模列于表10-4中。

表10-4 2020年北京各新城规划人口规模

	新城	人口规模/万人
1	通州	90
2	顺义	90
3	亦庄	70
4	大兴	60
5	房山	55.7
6	昌平	60
7	怀柔	35
8	平谷	25.7
9	密云	35
10	延庆	24.4
11	门头沟	25

数据来源：《北京十一个新城规划(2005—2020年)》。

（三）北京市建设用地新增需求分析

通过上面的规划产业布局和规划人口规模分布的分析，得到北京城市建设用地新增需求分布，如表 10-5 所示。其中：A 代表居住用地，B 代表工业用地，C 代表公共设施用地与仓储用地，D 表示道路广场用地与绿地，E 代表市政公用设施用地、对外交通用地与特殊用地。

表 10-5　北京城市建设用地新增需求时空分布表

	A	B	C	D	E	A	B	C	D	E	A	B	C	D	E
东城	●	○	●	◖	◖	●	○	●	◖	◖	◖	○	◖	◖	◖
西城	●	○	●	◖	◖	●	○	●	◖	◖	◖	○	◖	◖	◖
崇文	●	○	●	◖	◖	●	○	●	◖	◖	◖	○	◖	◖	◖
宣武	●	○	●	◖	◖	●	○	●	◖	◖	◖	○	◖	◖	◖
朝阳	●	○	●	◖	◖	●	○	●	◖	◖	◖	○	●	◖	◖
海淀	●	○	●	●	◖	●	○	●	●	◖	●	○	●	●	◖
丰台	●	○	●	●	◖	●	○	●	●	◖	●	○	●	●	◖
石景山	●	○	●	●	◖	●	○	●	●	◖	●	○	●	●	◖
通州	●	○	●	◖	◖	●	○	●	◖	◖	●	○	●	◖	◖
顺义	●	◖	●	◖	◖	●	◖	●	◖	◖	●	◖	●	◖	◖
亦庄	●	◖	●	◖	◖	●	◖	●	◖	◖	●	◖	●	◖	◖
大兴	●	◖	●	◖	◖	●	◖	●	◖	◖	●	◖	●	◖	◖
房山	●	◖	●	●	◖	●	◖	●	●	◖	●	◖	●	●	◖
昌平	●	○	●	●	◖	●	○	●	●	◖	●	○	●	●	◖
平谷	◖	◖	●	●	◖	◖	◖	●	●	◖	◖	◖	●	●	◖
怀柔	◖	◖	●	●	◖	◖	◖	●	●	◖	◖	◖	●	●	◖
密云	◖	◖	●	●	◖	◖	◖	●	●	◖	◖	◖	●	●	◖
延庆	◖	◖	●	●	◖	◖	◖	●	●	◖	◖	◖	●	●	◖
门头沟	◖	○	●	●	◖	◖	○	●	●	◖	◖	○	●	●	◖
	近期(2011—2012 年)					中期(2012—2015 年)					远期(2015—2020 年)				

●较大规模　　◖一般规模　　○较小规模

三、北京城市建设用地时空配置结果

在得到供给潜力时空分布表与新增需求时空分布表的基础上，按照城市建设用地时空配置流程，采用"单元格重叠法"，每个单元格取供给潜力和新增需求中的规模小者，即可得到北京城市建设用地时空配置结果，如表 10-6 所示。

表 10-6　北京城市建设用地时空配置结果

	A	B	C	D	E	A	B	C	D	E	A	B	C	D	E
东城	○	○	○	○	○	○	○	○	○	○	○	○	○	○	○
西城	○	○	○	○	○	○	○	○	○	○	○	○	○	○	○
崇文	○	○	○	○	○	○	○	○	○	○	○	○	○	○	○
宣武	○	○	○	○	○	○	○	○	○	○	○	○	○	○	○
朝阳	●	○	●	◖	◖	●	○	●	◖	◖	◖	○	◖	◖	◖
海淀	●	○	●	●	◖	●	○	●	●	◖	◖	○	◖	◖	◖
丰台	●	○	●	●	◖	●	○	●	●	◖	◖	○	◖	◖	◖
石景山	●	○	●	●	◖	●	○	●	●	◖	◖	○	◖	◖	◖
通州	●	○	●	◖	◖	●	○	●	◖	◖	◖	○	◖	◖	◖
顺义	●	◖	●	◖	◖	●	◖	●	◖	◖	◖	◖	◖	◖	◖
亦庄	●	◖	●	◖	◖	●	◖	●	◖	◖	◖	◖	◖	◖	◖
大兴	●	◖	●	◖	◖	●	◖	●	◖	◖	●	◖	●	◖	◖
房山	●	◖	●	●	◖	●	◖	●	●	◖	●	◖	●	●	◖
昌平	●	○	●	●	◖	●	○	●	●	◖	●	○	●	●	◖
平谷	◖	◖	◖	◖	◖	◖	◖	◖	◖	◖	◖	◖	◖	◖	◖
怀柔	◖	◖	◖	◖	◖	◖	◖	◖	◖	◖	◖	◖	◖	◖	◖
密云	◖	◖	◖	◖	◖	◖	◖	◖	◖	◖	◖	◖	◖	◖	◖
延庆	◖	◖	◖	◖	◖	◖	◖	◖	◖	◖	◖	◖	◖	◖	◖
门头沟	◖	○	◖	◖	◖	◖	○	◖	◖	◖	◖	○	◖	◖	◖
	近期(2011—2012 年)					中期(2012—2015 年)					远期(2015—2020 年)				

●较大规模　　◖一般规模　　○较小规模

第三节　北京存量与增量城市建设用地统筹决策模型

北京作为全国的政治文化中心和经济发达的国际化都市，人口和产业规模巨大，对城市建设用地的需求也非常大，但是适宜用于城市建设的土地资源非常有限，因此要恪守节约集约用地的原则，控制增量城市建设用地的增长速度，充分挖掘存量城市建设用地的潜力，优先安排闲置地、空闲地与低效利用地进行城市建设。

在这个原则下，根据上节的理论模型分析，当新增需求≤存量供给潜力时，应当全部依靠释放存量供给潜力来满足新增需求，即 θ_1 的值取 0；当新增需求>存量供给潜力时，应当尽可能地先利用存量供给潜力，剩下的需求缺口再用增量供给来补足，即 θ_2 的值取 1。

因此，北京存量与增量城市建设用地统筹决策模型为

$$S_{增}=\begin{cases}0, & 当 D_{新}\leqslant C_{存} 时，\\ D_{新}-C_{存}, & 当 D_{新}>C_{存} 时。\end{cases}$$

第十一章　济宁市城市居住功能区节约集约利用评价研究

第一节　济宁市基本概况与评价范围

济宁市位于鲁西南腹地(图 11-1),地处黄淮海平原与鲁中南山地交接地带。东邻临沂,西与菏泽接壤,南面是枣庄市和江苏省徐州市,北面与泰安市交界,西北角隔黄河与聊城市相望。最北端是梁山县小路口镇邹桥村,为北纬 35°57′;最南端是微山县高楼乡柳新养殖场,为北纬 34°26′;最东端是泗水县泉林乡历山火车站,为东经 117°36′;最西端是梁山县黑虎庙乡高堂村,为东经 115°52′;南北长 167 km,东西宽 158 km。这里土壤类型较多,有潮土、褐土、棕壤土、砂姜黑土、幼年水稻土 5 大类和 16 个亚类。地质构造上属华北地区鲁西南断块凹陷。

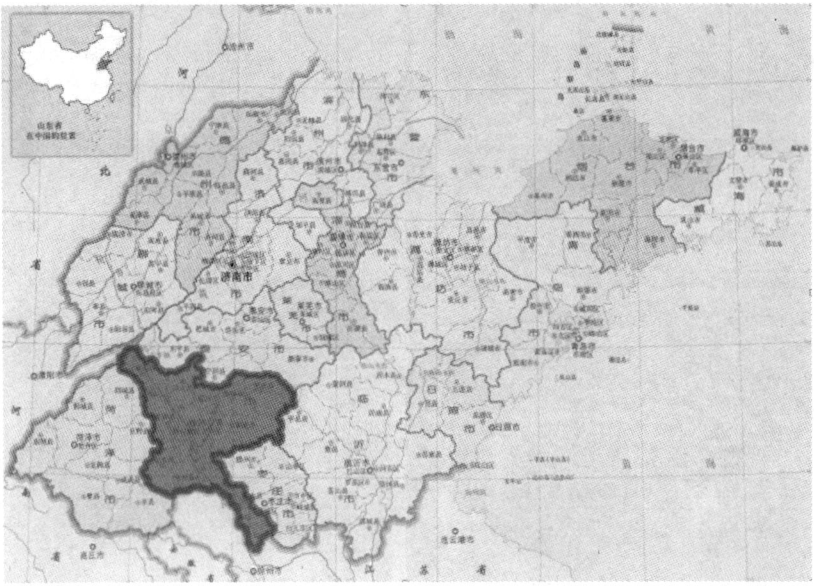

图 11-1　济宁市在山东省的位置

全市总面积 10684.9 km^2。其中:平原面积 5243.1 km^2,占总面积的 49.1%;洼地面积 1780 km^2,占总面积的 16.7%;湖泊面积 1568.2 km^2,

占总面积的 14.7%；山地面积 1329.8 km^2，占总面积的 12.4%；丘陵面积 763.8 km^2，占总面积的 7.1%。

2007 年济宁市总人口 818.27 万人，其中非农业人口 209.74 万人。如图 11-2 及 11-3 所示，济宁市现辖市中区、任城区，曲阜市、兖州市、邹城市，微山县、鱼台县、金乡县、嘉祥县、汶上县、泗水县、梁山县，共计 2 区 3 市 7 县。

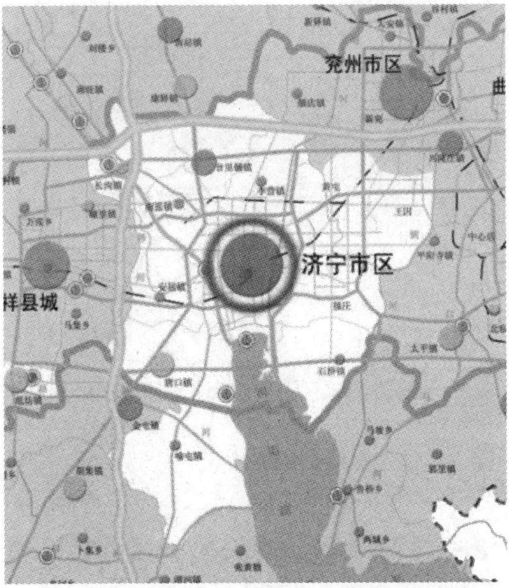

图 11-2　济宁市行政区划图[①]

2007 年，济宁市域 GDP 达 1736 亿元，按可比价格，比上年增长 16.3%，远超全国平均水平，人均地区生产总值 21992 元。尽管综合经济实力在全省排名较为靠前，但由于人口基数较大，人均水平较综合水平相比排名较低；2007 年济宁市 GDP 在全省 17 个地级市中处于第 6 位，而人均 GDP 排名第 13 位。

济宁市城市建成区包括市中区以及任城区部分用地，2007 年中心城区现状城市人口为 88.7 万人，面积为 88.02 km^2，人均城市建设用地为 99.23 m^2/人。

---

① 图片来源：《济宁市总体规划(2008—2030)》。

图 11-3 济宁市市区范围图

一、中心城区现状空间格局

济宁市城市演变总体是以旧城为中心向四周扩散，或是沿道路、河流带状延伸，由于受到京杭运河、日菏铁路和压煤区的限制，逐渐转为主要向东发展，形成“双中心，集中连片”的布局结构形式。近几年城市规模急剧扩大，旧城区城市功能进一步高度聚集，城市用地迅速向东翼扩张，东部黄屯镇、王因镇由于用地条件好而发展迅速，与高新区在空间上逐渐相接；城市组团呈现逐渐靠拢、连片的趋势。总体来说，现状中心城区空间格局主要具有以下几个特征：

（1）城乡界限模糊，土地开发强度由中心向边缘递减。城市建设用地相对集中，城乡用地形态区分不明显。说明城市边缘地带发展较具活力，反映了城市面临的扩展趋势。从开发强度来看，双城中东城大致自西向东建设强度递减，西城由中心向四周递减，其中太白楼路、古槐路、建设路、红星路、洸河路等沿线开发强度较大。

（2）城市拓展受交通、河流、生态等要素影响。中心城区的发展多数沿着重要道路呈指状拓展，其中沿 G327 国道、太白楼路、古槐路等较为明显，洸府河、老运河和铁路由城区扩展的边界开始向扩展的路径演变，塌陷区、新运河、生态湿地、基本农田等则成为新的限制性边界。

(3) 单位空间产出不均衡，城市功能需要提升。城市人口密度呈沿中心递减的梯度分布，与单位土地的产出效益分布不完全对应，城镇化的质量需要提高，西城区服务功能有待升级以发挥经济效益。

二、评价范围

济宁市现有市辖区两个：市中区和任城区。

市中区是济宁市的核心区，是市委、市政府所在地，也是全市的政治、经济、文化中心。2008 年，市中区面积 35.0 km^2，总人口达到 59 万，下辖 6 个街道、3 个镇和 1 个省级经济开发区、285 个村和社区。① 任城区则是于 1993 年 12 月由市郊区改名而来。任城区辖 3 个街道，9 个镇：三贾街道、许庄街道、柳行街道；李营镇、廿里铺镇、长沟镇、安居镇、唐口镇、接庄镇、南张镇、石桥镇、喻屯镇。此外，洸河街道由济宁市批准设立。其中，柳行街道、洸河街道实际由济宁高新区管理。2001 年，任城区面积 421.2 km^2，总人口达到 51 万。②

济宁高新技术产业开发区则于 1991 年 7 月由济宁市委、市政府批准建立，1992 年 5 月由山东省人民政府批准为省级高新区。高新区位于济宁市区东部，首期规划面积为 13.2 km^2。之后，又相继规划了凯赛、九九、同济工业园总计 5.38 km^2。2000 年，济宁市委、市政府根据高新区发展建设需要，将其面积扩大到 56 km^2。2003 年 6 月，又将兖州的黄屯镇、王因镇共计 120.2 km^2 用地范围划归高新区管理，高新区总面积达 176.2 $km^2$③。

本研究样本片区的选取主要集中于市中区，兼考虑了高新区和任城区中临近市中区的建成区用地。

第二节　居住功能区与样本片区的划分

济宁市城市集约利用功能区划分主要依据是土地利用主导功能，本次评价功能区根据其居住功能、商业功能、工业功能、教育功能将济宁市中心城区评价范围内的用地划分为居住功能区、商业功能区、工业功能区以及教育功能区四种类型。

一、居住功能区的划分原则

功能区划分应保持功能区内土地利用的显著性。居住功能区划分

---

① 资料来源于《2008 济宁市统计年鉴》。

② 资料来源于《2008 济宁市统计年鉴》。

③ 数据来源于《济宁市高新区规划》。

时，要求其范围内住宅用地、居住区级以下（含居住区级）的公共服务设施用地分别应占50%以上和12%～25%的比例。

居住功能区不同类型用地比例的计算基数不含相应区域内未开工建设的用地。

二、济宁市居住功能区的初步划分方法与结果

（一）功能区的初步划分方法

根据以上功能区初步划分原则和前述功能评价的研究范围，功能区划分采用以下方法进行：

（1）利用《济宁市城市总体规划（2008—2020年）》中的济宁市城市土地利用现状图，以及济宁中心城区影像图，分别对现状居住用地、商业用地、工业用地和教育用地进行统计分析，得出上述四类用地的空间分布与规模；

（2）结合济宁市2007年基准地价成果《济宁市人民政府关于公布实施济宁市城区土地级别和基准地价的通知》及其附件①，初步确定功能区范围；

（3）利用CAD软件及地形图，结合最新影像图上的建筑、道路、水体等地物，在保持功能用地完整性的基础上，划定功能区边界。

（二）功能区的初步划分结果

依据上述原则与步骤，将济宁市评价范围内初步划分出31个居住功能区。

从分布来看，居住功能区主要集中在市中区，基本覆盖了济宁市中心城区城市建成区范围；工业功能区主要位于任城区和高新区。

三、居住样本片区的划分

居住功能区划分原则为：

（1）样本片区初步划分应选择功能区内具有典型性的区域进行划分，划定的样本片区应能代表功能区土地的利用状况，每一功能区内至少选择一个样本片区。

（2）当一个居住功能区整体不作为一个样本片区处理时，宜按居住小区范围选择，必要时可以居住组团范围替代；难以划定居住小区或居住组团的区域可按居委会范围选择，必要时可将多个居委会范围合并为一个样本片区，但不得超出街道办事处范围；面积以10～20 ha为宜，最小

---

① 附件包括：附件1，济宁市城区商业用地土地级别图及范围说明；附件2，济宁市城区住宅用地土地级别图及范围说明；附件3，济宁市城区工业用地土地级别图及范围说明；附件4，济宁市城区基准地价更新结果表。

不得小于 4 ha。

依据上述样本片区划分原则，在划定功能区的基础上初步划分 31 个居住样本片区。

第三节　评价指标实际值与理想值的确定

在明确评价功能区与划定样本片区的基础上，首先确定各个功能区内样本片区各项指标的实际值；其后依据相关法律法规及已施行的控制性规划，确定各类型功能区评价指标的理想值；结合功能区各项指标的理想值对样本片区的实际值进行标准化处理。

一、样本片区指标实际值

根据济宁市居住、商业、工业和教育功能区用地的实际情况，针对每个功能区的样本片区，通过实地调研与统计资料相结合的方式，得出各样本片区评价指标的实际值，整理结果列于表 11-1 中。

表 11-1　济宁市居住功能区样本片区评价指标

编码	综合容积率	建筑密度/(%)	人口密度/(人/ha)	基础设施完备度/(%)	生活服务设施完备度/(%)	绿地率/(%)	住宅地价实现水平
R1-1	1.37	21.44	330.21	62.50	45	31	1.15
R2-1	1.94	50.17	592.57	63.50	65	5	2.23
R3-1	1.11	22.94	332.83	57.50	90	31	1.26
R4-1	1.08	26.74	251.55	73.50	30	35	3.26
R5-1	1.67	23.80	383.70	87.50	70	45	3.81
R6-1	1.31	32.67	356.25	63.50	60	28	1.96
R7-1	1.19	11.00	184.64	77.50	75	5	1.04
R8-1	1.64	25.56	396.74	78.50	100	14	1.98
R9-1	2.11	26.84	498.47	92.00	90	32	2.16
R10-1	1.85	20.68	430.78	96.00	65	33	2.54
R11-1	1.29	25.02	389.02	85.00	30	14	2.24
R12-1	0.97	48.37	370.63	59.00	35	5	1.50
R13-1	1.49	25.54	392.23	79.00	90	11	1.70
R14-1	1.57	34.62	548.04	93.00	100	16	1.61
R15-1	2.25	34.62	455.08	76.50	100	9	1.68
R16-1	1.52	28.60	433.78	92.00	90	11	1.96
R17-1	2.20	31.35	668.09	83.00	100	6	3.81
R18-1	1.47	32.76	458.99	91.00	100	8	2.52

续表

编码	综合容积率	建筑密度/(%)	人口密度/(人/ha)	基础设施完备度/(%)	生活服务设施完备度/(%)	绿地率/(%)	住宅地价实现水平
R19-1	1.69	33.40	550.75	81.00	100	12	1.89
R20-1	1.95	35.64	692.56	91.00	65	14	0.92
R21-1	1.34	23.31	329.36	78.00	70	12	0.92
R22-1	1.56	30.96	687.88	81.00	100	15	2.01
R23-1	1.68	31.08	805.33	91.00	100	8	2.65
R24-1	1.88	17.14	480.52	81.00	90	32	3.32
R25-1	1.48	28.02	396.51	84.00	90	7	1.68
R26-1	1.62	25.04	519.65	78.00	75	14	2.42
R27-1	1.65	21.35	404.44	62.00	30	8	1.81
R28-1	1.10	43.66	442.61	68.00	55	5	1.84
R29-1	0.55	36.35	92.18	69.00	35	5	1.50
R30-1	1.27	27.24	283.01	65.00	70	31	1.14
R31-1	0.87	43.45	334.20	84.00	85	5	1.20

二、居住功能区评价指标理想值的确定

确定不同类型的功能区各项指标的理想值，主要依据以下参照系：国家和地方制定的法律、法规、制度及技术标准；地方编制的土地利用总体规划、城市规划采用的技术指标（如地方技术标准、控制性详细规划指标等）；缺乏上述依据和标准时，可选择能反映当地实际情况并代表较高土地集约利用程度的区域做调查研究，再结合专家咨询等途径确定相关理想值。

(1) 综合容积率、建筑密度。根据《山东省建设用地集约利用控制标准》以及相关控制性详细规划分别确定，低层容积率 0.8～1.2，多层容积率 1.4～1.8，既有低层又有高层的混合容积率为 1.8～2.5；建筑密度的合理值则取 15%～30%。

(2) 绿地率。根据《城市居住区规划设计规范》，新区建设不应低于 30%、旧区改建不宜低于 25%；《济宁市东南片区控制性详细规划》与《济宁西北片区控制性详细规划》中对新建居住用地的绿地率规划控制为 30%；结合济宁市旧城区范围大，建筑密度高的特点，将绿地率的理想值确定为 20%～40%。

(3) 人口密度。根据《城市居住区规划设计规范》的规定，济宁属于

第Ⅱ气候区，居住区多层与高层控制在为：28～47 m^2/人，即 357～588 人/ha；在此基础上根据济宁实际情况，确定理想值为 350～600 人/ha。

(4) 基础设施完备度和公共服务设施完备度均属于正向相关指标，用本研究区调查时统计的最大值来确定理想值。

(5) 住宅地价实现水平属正向相关指标。通过对样本片区平均房价的调查收集，根据《城镇土地估价规程》要求，运用剩余法测算出各样本片区楼面地价平均值，与所在级别的居住用地基准地价比较，取所有样本片区地价实现水平最高值 3.81 作为合理值(见表 11-2)。

表 11-2　居住功能区理想值表

评价指标	指标理想值	
综合容积率	低层	0.8～1.2
	多层	1.4～1.8
	混合	1.8～2.5
建筑密度/(%)	15～30	
人口密度/(人/ha)	350～600	
基础设施完备度/(%)	96	
生活服务设施完备度/(%)	100	
绿地率/(%)	20～40	
住宅地价实现水平	3.81	

第四节　评价指标权重的确定

根据权重确定的原则，采用特尔菲法，共邀请了 12 位专家参加了功能区评价指标权重打分会。通过两轮打分，确定出了济宁市城市土地集约利用功能区评价指标权重结果，如表 11-3 所示。

表 11-3　济宁市居住功能区评价指标两轮权重结果表

评价指标	第一轮		第二轮	
	均值		方差	
综合容积率	24.667	75.879	24.583	11.174
建筑密度/(%)	13.750	36.932	12.917	11.174
人口密度/(人/ha)	11.250	41.477	12.083	38.447
基础设施完备度/(%)	15.417	15.720	15.417	11.174
生活服务设施完备度/(%)	15.417	15.720	15.000	9.091
绿地率/(%)	10.417	20.265	10.417	2.083
住宅地价实现水平	9.083	17.356	9.583	11.174

两轮打分后，功能区评价指标结果显示方差越来越小，反映出与会专家的意见分散程度越来越小。同时，由于所选取的所有指标的 x_2 值都小于 x_2(0.95)检验值，课题组一致认为第二轮的专家打分较好地反映了济宁市的实际状况，因此我们确定第二轮的专家赋值的均值为本次济宁市城市土地集约利用功能区评价指标的最终权重值，并以此作为集约度测算的依据。

第五节　样本片区集约利用状况评价

一、极限条件评价法

通过极限条件评价法对居住样本片区进行检验，发现综合容积率大于理想值上界的有：居住样本片区中的 R2-1、R17-1 和 R20-1。因此，将 R2-1、R17-1、R20-1、E4-1 和 E7-1 直接划归为过度利用区，并不再纳入后面的评价工作。将其他样本片区划为待定类型，进入下一阶段的多因素综合评价。

二、多因素综合评价法

多因素综合评价法首先对样本片区的指标初始值(即实际值)，对应理想值进行标准化处理，之后结合各指标的权重，计算集约度。具体做法如下：

(一) 指标初始值标准化

通过指标初始值标准化公式：$F_{i0}=b_i/u_i$ 计算各指标标准化值(式中：F_{i0}为第 i 项指标标准化初始值，u_i 为第 i 项指标理想值，b_i 为第 i 项指标实际值)。

通过计算得出各功能区样本片区指标的标准值列于表 11-4 中。

表 11-4　济宁市居住功能区样本片区评价指标标准值

编码	综合容积率	建筑密度	人口密度	基础设施完备度	生活服务设施完备度	绿地率	住宅地价实现水平
R1-1	0.76	1.00	0.94	0.66	0.45	1.00	0.30
R2-1	1.62	—	—	—	—	—	—
R3-1	0.62	1.00	0.95	0.60	0.90	1.00	0.33
R4-1	0.60	1.00	0.72	0.77	0.30	1.00	0.86
R5-1	0.93	1.00	1.00	0.85	0.70	1.00	1.00
R6-1	0.73	1.09	1.00	0.67	0.60	1.00	0.51

续表

编码	综合容积率	建筑密度	人口密度	基础设施完备度	生活服务设施完备度	绿地率	住宅地价实现水平
R7-1	0.28	0.73	0.53	0.81	0.75	0.25	0.27
R8-1	0.91	1.00	1.00	0.82	1.00	0.70	0.52
R9-1	0.84	1.00	1.00	0.96	0.90	1.00	0.57
R10-1	0.74	1.00	1.00	1.00	0.65	1.00	0.67
R11-1	0.72	1.00	1.00	0.89	0.30	0.70	0.59
R12-1	0.81	1.61	1.00	0.61	0.35	0.25	0.39
R13-1	0.83	1.00	1.00	0.82	0.90	0.55	0.45
R14-1	0.87	1.15	1.00	0.97	1.00	0.80	0.42
R15-1	0.90	1.15	1.00	0.80	1.00	0.45	0.44
R16-1	0.84	1.00	1.00	0.96	0.90	0.55	0.51
R17-1	1.22	—	—	—	—	—	—
R18-1	0.81	1.09	1.00	0.95	1.00	0.40	0.66
R19-1	0.94	1.11	1.10	0.84	1.00	0.60	0.50
R20-1	1.09	—	—	—	—	—	—
R21-1	0.74	1.00	0.94	0.81	0.70	0.60	0.24
R22-1	0.87	1.03	1.15	0.84	1.00	0.75	0.53
R23-1	0.94	1.04	1.34	0.95	1.00	0.40	0.70
R24-1	0.75	1.00	1.00	0.84	0.90	1.00	0.87
R25-1	0.82	1.00	1.00	0.88	0.90	0.35	0.44
R26-1	0.65	1.00	1.00	0.81	0.75	0.70	0.63
R27-1	0.92	1.00	1.00	0.65	0.30	0.40	0.48
R28-1	0.92	1.46	1.00	0.71	0.55	0.25	0.48
R29-1	0.45	1.21	0.26	0.72	0.35	0.25	0.39
R30-1	0.70	1.00	0.81	0.68	0.70	1.00	0.30
R31-1	0.73	1.45	0.95	0.88	0.85	0.25	0.31

(二) 计算样本片区集约度

样本片区土地利用集约度(λ)的计算公式为

$$\lambda = \sum_{i=1}^{n} (\beta_i \times F_i) \times 100,$$

式中：λ 为样本片区的土地利用集约度；β_i 为第 i 项指标权重，F_i 为第 i 项指标的标准化值。由此得出各样本片区集约度情况列于表 11-5 中。

表 11-5 济宁市居住功能区各样本片区集约度一览表

编码	集约度/(%)	编码	集约度/(%)	编码	集约度/(%)
R1-1	73.13	R23-1	93.04	I4-1	92.38
R2-1	101.56	R24-1	88.81	I5-1	93.16
R3-1	75.86	R25-1	80.03	I6-1	61.67
R4-1	71.31	R26-1	78.03	I7-1	73.10
R5-1	92.30	R27-1	70.75	I8-1	64.61
R6-1	78.62	R28-1	79.88	I9-1	57.55
R7-1	51.75	R29-1	52.71	I10-1	72.39
R8-1	87.30	R30-1	74.21	I11-1	60.60
R9-1	89.84	R31-1	79.93	I12-1	83.66
R10-1	85.12	C1-1	66.22	I13-1	62.34
R11-1	73.74	C2-1	50.00	E1-1	128.23
R12-1	73.83	C3-1	43.12	E2-1	126.64
R13-1	81.55	C4-1	56.86	E3-1	77.76
R14-1	90.79	C5-1	72.86	E4-1	205.93
R15-1	85.30	C6-1	72.82	E5-1	99.03
R16-1	84.66	C7-1	70.34	E6-1	81.78
R17-1	98.07	C8-1	80.52	E7-1	103.32
R18-1	86.33	C9-1	68.21	E8-1	117.23
R19-1	89.77	C10-1	69.35	E9-1	61.18
R20-1	89.95	I1-1	48.62	E10-1	263.04
R21-1	74.12	I2-1	72.51	—	—
R22-1	89.41	I3-1	83.37	—	—

(三) 样本片区集约状况划分

对不同功能类型的样本片区土地利用集约度进行分值区段划分，确定过度利用、集约利用、中度利用、低度利用四种类型的标准。集约度$\lambda>95$的样本片区为过度利用类型；集约度$80\leqslant\lambda\leqslant95$的样本片区为集约利用型；集约度$60\leqslant\lambda<80$的样本片区为中度利用型；集约度$\lambda<60$的样本片区为低度利用型。

据此，对各样本片区进行集约利用状况的划分结果列于表 11-6 中。

表 11-6　居住样本片区片区集约利用状况一览表

编码	集约度/(%)	利用状况	编码	集约度/(%)	利用状况	编码	集约度/(%)	利用状况
R1-1	73.13	中度利用	R12-1	73.83	中度利用	R23-1	93.04	集约利用
R2-1	—	过度利用	R13-1	81.55	集约利用	R24-1	88.81	集约利用
R3-1	75.86	中度利用	R14-1	90.79	集约利用	R25-1	80.03	集约利用
R4-1	71.31	中度利用	R15-1	85.30	集约利用	R26-1	78.03	中度利用
R5-1	92.30	集约利用	R16-1	84.66	集约利用	R27-1	70.75	中度利用
R6-1	78.62	中度利用	R17-1	—	过度利用	R28-1	79.88	中度利用
R7-1	51.75	低度利用	R18-1	86.33	集约利用	R29-1	52.71	低度利用
R8-1	87.30	集约利用	R19-1	89.77	集约利用	R30-1	74.21	中度利用
R9-1	89.84	集约利用	R20-1	—	过度利用	R31-1	79.93	中度利用
R10-1	85.12	集约利用	R21-1	74.12	中度利用			
R11-1	73.74	中度利用	R22-1	89.41	集约利用			

第六节　评价结果分析

从城市总体用地空间、四大类功能用地以及功能区内部三个层次分析本次评价的研究结果，发现下述规律：

(1) 从城市整体空间结构上来看各土地利用类型的分布，发现济宁市建设用地整体集约度较高，过度利用和集约利用主要分布在城市中心地段且规模大；中度利用功能区成环状围绕于其外围；低度利用区较少，主要分布在城市的西北部、中南部等外围地段。

同时可以看出济宁市的土地利用结构符合同心圆模式，整体用地是较为合理的，内部土地利用已基本饱和，下一步用地应当考虑将内部特别是老城区过度利用的地段向外舒解，开发重点在建成区周边未利用和低度利用地段。

(2) 对济宁市四大功能用地的土地利用类型进行统计分析(表 11-7)发现：45.2%的居住功能区属于集约利用，38.7%属于中度利用，9.7%的属于过度利用，仅 6.5%属于低度利用，总体来说集约度较高。

表 11-7　分功能区土地利用类型汇总表

功能类型	过度利用	集约利用	中度利用	低度利用
居住功能区	3 个(9.7%)	14 个(45.2%)	12 个(38.7%)	2 个(6.5%)

(3) 在识别出各类利用状况不佳的用地后,深入审视、追索原因后发现:居住功能区过度利用类型的主要问题在于高容积率、高建筑密度和人口密集,配套设施一般,为老城区的城中村和多层居住区等;低度利用类型用地的问题在于低容积率、低建筑密度、低配套设施以及较低的地价,主要为城郊村。

第十二章　哈尔滨经济技术开发区土地节约利用评价

第一节　哈尔滨经济技术开发区土地利用现状

一、哈尔滨经济技术开发区概况

哈尔滨经济技术开发区(Harbin Economic & Technological Development Zone),以下简称哈经开区,于 1991 年 6 月经省委、省政府批准辟建,于 1993 年 4 月经国务院批准,晋升为国家级开发区。哈尔滨经济技术开发区包括哈平路集中区 11.4 km^2(其中含村庄 1.4 km^2)、南岗管理服务区(1.6 km^2)两块区域。国务院批复总面积 10 km^2,即在哈平路集中区内,哈平路集中区规划面积 12.32 km^2。

国家级哈尔滨经济技术开发区和国家级哈尔滨高新技术产业开发区管理机构于 2001 年 12 月合并,构建统一机构,统称哈尔滨开发区。

哈尔滨经济技术开发区(管理范围)各项指标在全国经济技术开发区中都居于中下游水平。2007 年,哈尔滨经济技术开发区地区生产总值 163.78 亿元,排名第 25;工业总产值 610.48 亿元,排名第 19;工业增加值 138.56 亿元,排名第 24;税收收入 21.45 亿元,排名第 29;实际利用外资额 7013 万美元,排名第 40;出口总额 4.84 亿美元,排名第 35;进口总额 2.27 亿美元,排名第 38。各主要经济指标占 54 个国家级经济技术开发区相应指标总量的 1%左右。说明哈尔滨经济技术开发区经济发展与大多数同类开发区,特别是东部同类开发区仍有较大差距,经济发展水平有待提高。近年来主要经济指标保持较快增长,2001—2007 年国内生产总值和工业产值比上年增长都在 15%以上,工业增加值比上年增长都在 13%以上。

哈尔滨经济技术开发区已成为哈尔滨市的重要产业基地和对外开放窗口,主要经济指标在哈尔滨市都占有重要地位。其中,国内生产总值占全市的 6.72%,工业增加值占全市的 20.08%,实际利用外资额占全市的 15.91%,出口总额占到全市的 25.88%,进口总额占全市的 15.99%。开发区形成了以汽车、食品、医药三大传统产业为基础,装备制造配套、光机电一体化、新能源和新材料为三大优势产业，多种现代高新技术产业齐头并进的发展态势。

从开发区用地规划来看，在《哈尔滨城市近期建设规划(2006—2010)》中，南部的哈平路集中区(评价对象所在地)和平房南部新区是8个重点发展片区中的2个，而且用地布局以产业为主。开发区四至范围内规划以工业用地为主，占51.4%，仓储用地占4.6%，产业用地占总用地的56%，道路广场用地占20.9%，绿化用地占9.8%，其他用地类型比例小，规划用地数量也很少(见表12-1)。上述数据反映出哈尔滨经济技术开发区法定用地范围内单纯的以产业为主的用地功能定位。

表12-1 分功能区土地利用类型汇总表

用地代码		用地性质	用地面积/ha	用地结构/(%)
大类	中类			
M	M1	一类工业用地	514.44	51.4
R	R2	二类居住用地	58.58	5.8
C	C1 C2	管理服务用地	16.45	1.6
	C4	体育用地	5.36	0.5
	C6	科研用地	23.97	2.4
U	U1	市政设施用地	29.28	2.9
S	S1	道路广场用地	209.40	20.9
G	G1	公共绿地	42.16	4.2
	G2	防护绿地	55.61	5.6
W	W1	仓储用地	46.22	4.6
合计			1001.48	100.0

资料来源：哈尔滨经济技术开发区总体规划(2000—2020)。

二、哈尔滨经济技术开发区土地利用情况

调查共得到截至2007年12月31日的已经供地的宗地279宗，包含宗地的权属、用地类型、建筑属性、用地面积、建筑密度、建筑面积、供地方式、供地时间、供地年限、规划用途等信息。

1. 土地利用类型

总体来看，哈尔滨经济技术开发区接近75%用地已经建成，不存在不可建设用地和闲置土地；从已建成城镇建设用地的结构看，工业用地是开发区土地供应的主要方向。已建成城镇建设用地中，工矿仓储用地比重最大，用地面积为421.51 ha，占开发区土地总面积的42.17%，占已建

成城镇建设用地的56.18%(见表12-2,表12-3)。未建成土地较少,开发区四至范围内均已达到三通一平以上的开发程度,全部具备推向市场的基本条件(见图12-1)。

表12-2　哈尔滨经济技术开发区土地利用现状统计表(Ⅰ)

——按土地利用类型划分(截至2007年底)

类　别	代码	面积/ha	占开发区土地总面积比例/(%)
开发区土地	Z	999.54	100
1. 已建成城镇建设用地	A	750.28	75.06
#其中			
住宅用地	A1	2.08	0.21
工矿仓储用地	A2	421.51	42.17
交通运输用地	A3	212.89	21.30
其中:街巷用地	A31	212.89	21.30
其他交通运输用地	A32	0	0.00
商服用地	A4	4.56	0.46
公共管理与公共服务用地	A5	109.24	10.93
其中:公园与绿地	A51	78.57	7.86
其他公共管理与公共服务用地	A52	30.67	3.07
其他城镇建设用地	A6	0	0.00
2. 已建成农村建设用地	B	7.69	0.77
3. 未建成土地	C	241.56	24.17
#其中			
已经供应尚未建成土地	C1	90.31	9.04
#其中:闲置土地	C11	0	0.00
其中:应收回闲置土地	C111	0	0.00
未达到收回条件的闲置土地	C112	0	0.00
其他已经供应尚未建成土地	C12	90.31	9.04
已达到供地条件未供应土地	C2	151.24	15.13
未达到供地条件的土地	C3	0	0.00
4. 不可建设土地	D	0	0.00
#其中			
江河湖泊泄洪、滞洪区	D1	0	0.00
自然、生态保护区	D2	0	0.00
其他不可建设土地	D3	0	0.00

表 12-3 哈尔滨经济技术开发区哈平路集中区已建成城镇建设用地构成分析

（截至 2007 年底）

用地类型	面积/ha	比例/(%)
住宅用地	2.08	0.28
工矿仓储用地	421.51	56.18
交通运输用地	212.89	28.37
商服用地	4.56	0.61
公共管理与公共服务用地	109.24	14.56
其他城镇建设用地	0	0.00
已建成城镇建设用地	750.29	100

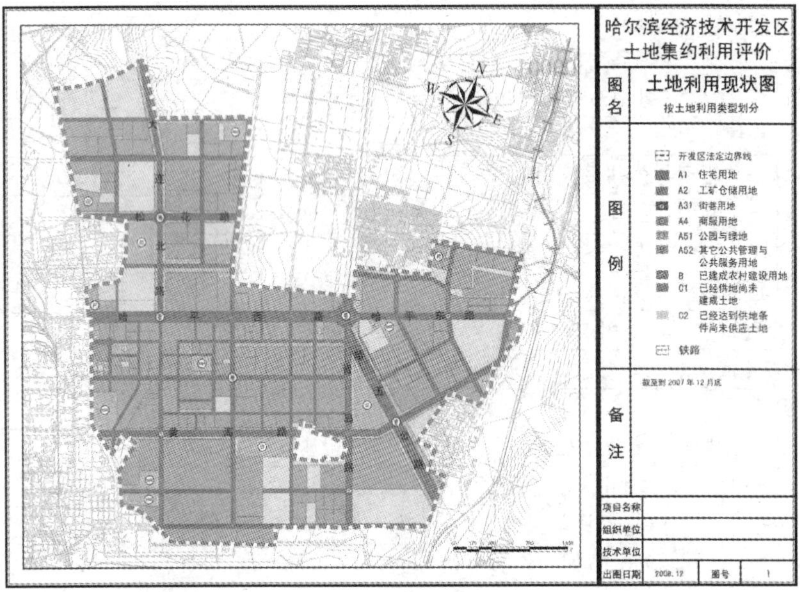

图 12-1 哈尔滨经济技术开发区土地利用状况图——按土地利用类型划分

2. 土地供应情况

从土地供应情况看，84%的土地已供应，其中多数为有偿使用土地；土地供应扩展潜力有限，尚可供应的土地较少，只有 165.4 ha，其中尚可供应工矿仓储用地 144.14 ha。

表 12-4 哈尔滨经济技术开发区开发区土地利用现状统计表(Ⅱ)

——按土地供应方式划分(截至 2007 年底)

类 别	代码	面积 /ha	占开发区面积比例/(%)
开发区土地	Z	999.54	100.00
1. 已供应土地	E	840.60	84.10
♯其中			
划拨土地	E1	320.96	32.11
有偿使用土地	E2	519.64	51.99
♯其中			
有偿使用且未到期土地	E21	519.64	51.99
有偿使用且已到期但未处置土地	E22	0	0.00
2. 尚可供应土地	F	158.94	15.90
♯其中			
尚可划拨土地	F1	6.92	0.69
尚可有偿使用土地	F2	152.02	15.21
♯其中尚可供应工矿仓储用地	F21	138.13	13.82
其他尚可有偿使用土地	F22	13.89	1.39
3. 不可供应土地	G	0	0

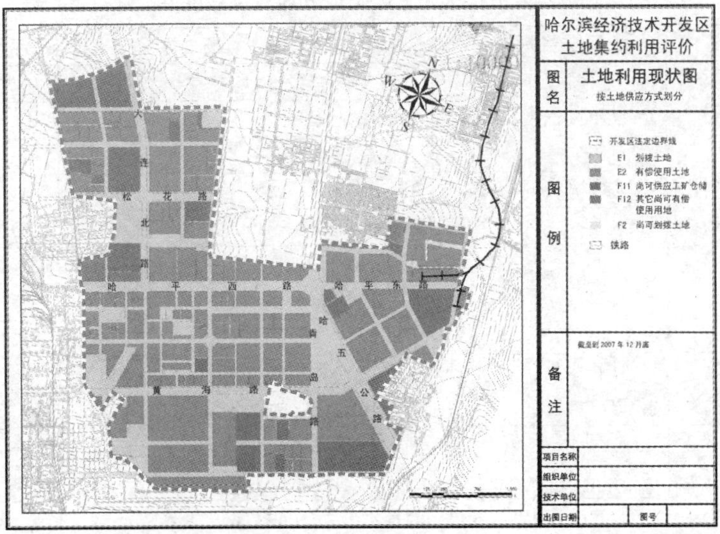

图 12-2 哈尔滨经济技术开发区土地利用状况图——按土地供应方式划分

3. 建设强度状况

根据调查统计，评价范围内总建筑面积为3.2262 km^2，建筑基底面积1.8104 km^2，综合容积率为0.43，总建筑密度为24.13%。其中工矿仓储用地的建筑面积2.4869 km^2，建筑基底面积1.4171 km^2。工业用地综合容积率0.59，工业用地建筑密度33.62%。

4. 投入、产出状况

2007年底，哈尔滨经济技术开发区法定10 km^2 建成区范围内国内生产总值53.8亿元，工业总产值324.3亿元。截至2007年底，哈尔滨经济技术开发区工业企业累计固定资产原价229.08亿元。其中，哈尔滨的国内生产总值与工业总产值较2005年相比有所下降，这与整体经济波动相关，也显示开发区产业结构调整的需求。

根据调查成果计算得到，评价范围内工业用地地均产值达到7693.72万元/ha，工业用地地均固定资产投资强度达到5434.72万元/ha①。

第二节　开发区土地节约利用评价

一、评价指标现状值

根据开发区土地节约利用潜力评价技术方案，通过调查成果提取，计算得到各指标现状值(见表12-6)。

表12-5　哈尔滨经济技术开发区土地节约利用程度评价指标现状值

目标	子目标	指　　标	现状值
土地利用状况(A)	土地开发程度(A1)	土地开发率(A11)	99.23%
		土地供应率(A12)	84.75%
		土地建成率(A13)	89.26%
	用地结构状况(A2)	工业用地率(A21)	56.18%
	土地利用强度(A3)	综合容积率(A31)	0.43
		建筑密度(A32)	24.13%
		工业用地综合容积率(A33)	0.59
		工业用地建筑密度(A34)	33.62%
用地效益(B)	产业用地投入产出效益(B1)	工业用地固定资产投入强度(B11)	5434.72
		工业用地产出强度(B12)	7693.72
管理绩效(C)	土地利用监管绩效(C1)	到期项目用地处置率(C11)	100.00%
		闲置土地处置率(C12)	100.00%
	土地供应市场化程度(C2)	土地有偿使用率(C21)	60.13%
		土地招拍挂率(C22)	0.00%

① 注：工业用地固定资产投入强度和工业用地产出强度的单位是万元/ha，下同。

二、理想值的确定方法和结果

将理想值定位为2007年底开发区土地节约利用各评价指标应该达到的水平。针对不同指标分别测算理想值。

1. 部分指标理想值的测算

(1) 以用地规划目标为参考，考查工业用地结构指标理想值

对于评价中涉及的用地类型，参考哈尔滨经济技术开发区用地规划，研究分析开发区现状已建成城镇建设用地范围内按照规划方案应达到的工矿仓储用地比例，尤其是已建成城镇建设用地范围内有多少按照规划应为工矿仓储用地而现状为其他用途的土地。分析对照的结果，开发区不仅按照规划进行工矿仓储用地供应和建设，还将部分规划为其他用途的土地转变为工矿仓储用地，已建成城镇建设用地范围内的工业用地比例已经高于同范围内的规划比例。

(2) 以开发区用地强度平均水平考查土地利用强度指标理想值

考虑已经建成的用地基本是按照供地和规划批准的土地利用强度进行建设和使用的，短期难以提升。因此，假设现状已建成用地强度不变。未建成土地中，按照供地门槛或已建成土地平均水平，控制容积率按照工业0.6(开发区供地控制标准下限)或0.786(已建成工业用地平均水平)；未建成土地中建筑密度按照工业达到40%或50%(开发区供地控制标准40%～50%)，分别计算评价时点综合容积率、建筑密度、工业用地综合容积率、工业用地建筑密度指标应分别达到的水平，计算结果列于表12-6。若对已建成用地挖潜，对部分已建成分期建设的土地进一步实现供地的强度要求，理想值水平将更高。

表12-6　采用目标法计算的土地利用强度指标理想值参考值

指　标	现状值	理想值参考值	确定方法
综合容积率	0.43	0.44～0.555	现状已建成用地强度不变，供应两年以上未建成的土地容积率按照工业0.6～0.786建成后，容积率应达到的水平。若对已建成用地挖潜，将更高。
建筑密度	24.13%	25.1%～26.4%	现状已建成用地强度不变，供应两年以上未建成的土地建筑密度按照工业达到40%～50%，建成后建筑密度应达到的水平。若对已建成用地挖潜，将更高。

续表

指　标	现状值	理想值参考值	确定方法
工业用地综合容积率	0.59	0.587～0.6	现状已建成工业用地强度不变，供应两年以上未建成的工业用地容积率达到0.6～0.786，建成后容积率应达到的水平。若对已建成用地挖潜，将更高。
工业用地建筑密度	33.62%	33.9%～34.28%	现状已建成工业用地强度不变，供应两年以上未建成的工业用地建筑密度达到40%～50%，建成后应达到的水平。若对已建成用地挖潜，将更高。

(3) 以管理工作符合有关规定及高效工作为目标考查管理绩效

到期项目用地处置率和闲置土地处置率虽然由于不存在到期待处置土地和闲置未处置土地而指标现状值为100%，但一旦出现这些类型土地，应及时处置，理想值应定为100%。

土地招、拍、挂率指标的理想值参考值通过分析截至2007年底的供地情况提出，由于在规定应实行招、拍、挂供地之后，符合规定的相应类型土地供应非常少，仅有一块2003年6月出让的居住用地，由于属于2003年之前供地后转变用途的，不在应招、拍、挂之列。所以，截至评价时点哈尔滨经济技术开发区评价范围内不存在符合招、拍、挂条件而未招、拍、挂的土地，该指标理想值为0%。

2. 专家咨询法确定理想值

通过组织专家咨询，聘请国土资源管理、开发区综合管理、规划、建设等领域的领导和专家，共19名专家召开专家咨询会，对指标权重和指标理想值等问题进行深入研讨。在开发区用地现状分析的基础上，提出各项指标的理想值参考值，由专家对相应测算参数进行选择判断，填写理想值咨询表，最终采用专家意见的平均值作为指标理想值(见表12-7)。

表 12-7　哈尔滨经济技术开发区土地节约利用程度评价指标理想值结果及确定依据

目标	子目标	指　　标	现状值	理想值	确定依据
土地利用状况(A)	土地开发程度(A1)	土地开发率(A11)	99.23%	100%	专家咨询均值
		土地供应率(A12)	84.75%	88.96%	专家咨询均值
		土地建成率(A13)	89.26%	91.98%	专家咨询均值
	用地结构状况(A2)	工业用地率(A21)	56.18%	58.27%	专家咨询均值
		综合容积率(A31)	0.43	0.53	专家咨询均值
	土地利用强度(A3)	建筑密度(A32)	24.13%	31.37%	专家咨询均值
		工业用地综合容积率(A33)	0.59	0.64	专家咨询均值
		工业用地建筑密度(A34)	33.62%	37.46%	专家咨询均值
用地效益(B)	工业用地投入产出效益(B1)	工业用地固定资产投入强度(B11)	5434.72	6510.38	专家咨询均值
		工业用地产出强度(B12)	7693.72	8582.29	专家咨询均值
管理绩效(C)	土地利用监管绩效(C1)	到期项目用地处置率(C11)	100%	100%	管理目标为及时处置
		闲置土地处置率(C12)	100%	100%	管理目标为及时处置
	土地供应市场化程度(C2)	土地有偿使用率(C21)	60.13%	66.61%	专家咨询均值
		土地招拍挂率(C22)	0.00%	0.00%	没有应该招拍挂土地

三、权重值的测算

采用特尔斐法确定评价指标的权重值，得到哈尔滨经济技术开发区评价指标权重结果。表 12-8 中数据为：目标层的权重值为三个目标相对于总目标的权重；各子目标的权重为同一个目标下各子目标相对于所属目标的权重，即在同目标下各子目标的重要性；指标权重为同一子目标下的各指标的权重。

表 12-8　哈尔滨经济技术开发区土地节约程度评价指标权重结果

目标	权重	子目标	权重	指标	权重
土地利用状况(A)	0.41	土地开发程度(A1)	0.28	土地开发率(A11)	0.32
				土地供应率(A12)	0.31
				土地建成率(A13)	0.37
		用地结构状况(A2)	0.29	工业用地率(A21)	1.00
		土地利用强度(A3)	0.43	综合容积率(A31)	0.23
				建筑密度(A32)	0.24
				工业用地综合容积率(A33)	0.28
				工业用地建筑密度(A34)	0.25
用地效益(B)	0.38	产业用地投入产出效益(B1)	1.00	工业用地固定资产投入强度(B11)	0.49
				工业用地产出强度(B12)	0.51
管理绩效(C)	0.21	土地利用监管绩效(C1)	0.56	到期项目用地处置率(C11)	0.57
				闲置土地处置率(C12)	0.43
		土地供应市场化程度(C2)	0.44	土地有偿使用率(C21)	0.59
				土地招、拍、挂率(C22)	0.41

四、节约度分值计算和结果分析

采取理想值比例推算法进行指标标准化，计算评价指标的现状分值。开发区土地利用节约度综合分值的计算采用指标现状分值加权求和的方法，得到哈尔滨经济技术开发区土地节约利用各子目标、目标分值，以及土地利用节约度综合分值(见表 12-9)。

表 12-9　哈尔滨经济技术开发区土地节约利用程度评价结果

总分	目标	目标得分	权重	子目标	子目标得分	权重	指标	指标得分	权重	现状值	理想值
91.06%	土地利用状况(A)	91.88%	0.41	土地开发程度(A1)	97.19%	0.28	土地开发率(A11)	99.23%	0.32	99.23%	100%
							土地供应率(A12)	95.27%	0.31	84.75%	88.96%
							土地建成率(A13)	97.04%	0.37	89.26%	91.98%
				用地结构状况(A2)	96.41%	0.29	工业用地率(A21)	96.41%	1	56.18%	58.27%
				土地利用强度(A3)	85.37%	0.43	综合容积率(A31)	81.13%	0.23	0.43	0.53
							建筑密度(A32)	76.92%	0.24	24.13%	31.37%
							工业用地综合容积率(A33)	92.19%	0.28	0.59	0.64
							工业用地建筑密度(A34)	89.75%	0.25	33.62%	37.46%
	用地效益(B)	86.62%	0.38	产业用地投入产出效益(B1)	86.62%	1	工业用地固定资产投入强度(B11)	83.48%	0.49	5434.72	6510.38
							工业用地产出强度(B12)	89.65%	0.51	7693.72	8582.29
	管理绩效(C)	97.47%	0.21	土地利用监管绩效(C1)	100.00%	0.56	到期项目用地处置率(C11)	100.00%	0.57	100%	100%
							闲置土地处置率(C12)	100.00%	0.43	100%	100%
				土地供应市场化程度(C2)	94.26%	0.44	土地有偿使用率(C21)	90.27%	0.59	60.13%	66.61%
							土地招、拍、挂率(C22)	100.00%	0.41	0.00%	0.00%

第三节 评价结论

从以上评价中看到，哈尔滨经济技术开发区，相对于其所在区位特点和已有的发展基础，现状土地节约利用程度较高。由于开发程度很高，扩大用地范围已成为当务之急。

其特点和具体评价结论是：

(1) 开发区以产业园区定位，土地利用以产业用地为主，从用地规划到土地供应都很好地体现了这一点。考虑哈平路集中区距离市区较远，未来不宜一直发展单一功能的产业园区，应进一步与平房区协调，共同建设生活和服务设施，建成哈尔滨市区南部综合功能区。

(2) 开发区的区域带动作用明显，虽然用地面积很小，但相关经济指标在全市占有相当的比重，用地效益和比较效益都很高，起到了经济发展带动作用和节约用地的示范作用。

(3) 开发区引进项目时能够向规划的主导产业倾斜，产业定位符合程度高。土地利用方面，与用地规划的符合程度高，体现了土地利用和管理中按规划实施的指导思想，实施效果显著。

(4) 征地、开发、供地程序衔接较好，开发区实行基础设施建设提前的措施，根据产业特点和要求增加铁路支线建设，并积极投入资金进行土地整理，最大限度地挖掘可利用土地的潜力。基础设施配套建设及时，投入强度基本符合当地基础设施配套的合理水平。已供出去的地一般在2～2.5年内建成，没有空置、闲置情况发生，土地批租率和建成率都较高。

(5) 加强用地监管，对停产倒闭企业积极引导，协助盘活用地，发挥了管理绩效。但由于操作中的具体问题，处置率尚有待提高。

(6) 土地承载强度相对于地区气候条件和特点达到了较高水平，但综合建筑密度需要有所提高。

(7) 由于生活和服务设施用地出让时间很早，都是协议方式出让的。而在调查时点，工业用地也还没有通过招、拍、挂出让，所以全部出让土地都是通过协议出让的。今后随着国家工业用地招、拍、挂出让的政策实施，未来尚可出让的土地应通过市场化途径出让，土地供应市场化率未来应有所提高。

(8) 今后应在充分调查和研究项目特点和厂房需求的基础上，合理规划和确定规模，进一步加强多层标准厂房建设，引导节约用地。

(9) 由于今后可供地的剩余量非常小，即使按照前些年的年均供地量,也只有不到两年的时间即将无地可供。剩余的土地分散,地块面积有限,用地选择余地小,更难以满足大用地项目的需求。加上开发区需要两年的时间进行土地基础设施配套建设,才能提供可建设用地。因此,开发区未来发展迫切需要增加用地数量和新的空间。建议积极争取在修编的哈尔滨市土地利用规划中对周围的基本农田进行空间调整,为扩展开发区用地空间做好规划准备。

参考文献

Sta rk A. Analysis of planning data concerning land consolidation using a geographic.

Ali K S, Yaman B and Orhan Y. Environmental sustainability in an agricultural development project: a system dynamics approach[J]. Journal of Environmental Management. 2002, (64): 247—260.

Alonso Willian. Location and land use. Cambridge[M]. Mass: Harvard University Press, 1964.

Andreas G, Bill K. Unifying business objects and system dynamics as a paradigm for developing decision support systems[J]. Decision Support Systems. 2004, (37): 307—311.

Aspinall R J, etc. Geographical information systems for rural land use planning. applied geography, 1993(1): 54—66.

Bollens Scott A, Godschalk David R. Tracking land supply for growth management [J]. Journal of the American Planning Association. 1987, 53(3): 315—27.

Brotchie J. The future of urban form[M]. Routledge, London, 1989.

Donna K F, Steven T S, Randall E W. Visualization and system dynamics modeling of the global appetite for protein[J]. Computers and Electronics in Agriculture, 2003, (38): 161—174.

Dowall David E. The benefit of minimal land development regulation[J]. Habitat International, 1992, 16(4): 15—26.

Churiecc E. Integration of linear programming and gIS for land use modeling[J]. International Journal of Geographical Information System, 1993(1).

Erak L, Alessandro L. System dynamics and the "new techonology" for organizational decisions[J]. European Management Journal, 1999, (17): 177—119.

Fishman R. Amercia's new city[J]. The Wilson Quarterly, Vol. 14, 1994.

Huang C Y. Real-time automated decision-making in advanced airborne early warning systems[J]. Proceedings of the IEEE 1990 National Aerospace and Electronics Conference, 1990, 434—439.

Bellamy J. Desion support for sustainable management of grazing lands. Agricultural Economic. 1995(7): 22—25.

Jackson K T. Crabgrass frontier: the suburbanization of the United Sates[M]. New York: Oxford University Press, 1985(12).

JJun M J. Forecasting urban land-use demand using a metropolitan input—output model environment and planning A,2005,(37):1311—1328.

John Patrick W. and Ralf Z. Relationship between australian real estate and stock market prices——a case of market inefficiency[J]. Journal of Forecasting,2002,(21):181—192.

Jun M J. A metropolitan input-output model: multisectoral and multispatial relations of production,income formation,and consumption[J]. Annals of Regional Science, 2004,(38):131—147.

Larke K C,Gaydos L J, Hoppen S. A self-modifying cellular automaton model of historical urbanization in the San Francisco Bay area[J]. Environment and Planning B, 1997,(24):247—61.

Sharift M A, etc. A decision enterprise level, agricultural systems, support system for land use planning at farm. 1994 (3).

M.歌德伯戈,P.钦洛依.城市土地经济学[M].北京:中国人民大学出版社,1990.

Michalak W Z. GIS in Land Use Change Analysis: Integration of Remote Sensed Data into GIS. Applied Geography. 1993(1):28—44.

Muth Richard F. The spatial structure of the housing market[R]. Papers of the Regional Science Association. 1961(7):207—20.

Myung-jin Jun, James E Moore. The lowry model revisited: incorporating a multizonal input-output model into an urban land use allocation model[J]. Review of Urban and Regional Development Studies. 2002(14):1—17.

Steiner R F And Vanlie H W. Land conservation and development-examples of land use planning projects and program. Printed in the Netherlands.

Richard Voith. How responsive is the demand for residential land to changes in its price[J]. Business Review,2001,(3):33—39.

Rogelio O. Model calibration as a testing strategy for system dynamics models[J]. European Journal of Operational Research,2003,(151):552—568.

Samen S. Cities in a world economy[M]. Pine Forge Press, London. 1994.

Sliva E A,Clarke K C. Calibration of the SLEUTH urban growth model for Lisbon and Porto[J]. Portugal,2002,(26):525—52.

Susan H. Using system dynamics models with litigation audiences[J]. European Journal of Operational Research,2005,(162):239—250.

UN M J. An integrated metropolitan model incorporating demographic-economic models,land use and transportation models[J]. Urban Studies,1999,(36):1399—1408.

Xiang W N,etc. Conflict prediction and prevention in rural land-use planning: a GIS Approach[J]. Progress in Rural Policy and Planning,1992(2):15—18.

毕宝德.土地经济学[M].北京:中国人民大学出版社,2006.

曹蕾.工业园区土地利用经济评价探讨——以重庆市高新技术开发区为例.西南师范大学学报(自然科学版),2005,30(1).

查志强.城市土地集约利用潜力评价指标体系的构建[J].浙江统计,2002(4):9—11.
陈燕.从产业结构优化来探析城市土地合理利用[J].南京:南京社会科学,2005(9):35—43.
陈国建,刁承建,黄明星等.重庆市区建设用地预测研究[J].长江流域资源与环境,2002,(9):403—407.
陈会洋,周申立,唐道甫.广安市建设用地需求量预测研究[J].环境科学与管理,2007,(2):119—125.
陈利根,郭立芳.我国开发区土地利用现状、成因与对策[J].中国农业资源与区划,2004,(03):1—5.
陈晓军,张建利.城市化进程中城市土地需求预测研究[J].陕西师范大学学报(自然科学版),2008,(3):92—96.
陈银蓉,梅昀.城市土地集约利用的研究[J].国土资源科技管理,2006,(5):7—12.
陈莹,刘康等.城市土地集约利用潜力评价的应用研究[J].中国土地科学,2002,16(4):26—29.
陈云风,武永祥,张园.中国城市化进程中土地集约利用的系统动力学模型[J].建筑管理现代化,2008,(5):13—16.
冯年华.略论产业结构优化与土地利用结构调整[J].人文地理,1995(10-3):64—67.
龚义,吴小平,欧阳安蛟.城市土地集约利用内涵界定及评价指标体系设计[J].浙江国土资源,2002,(1):46—47.
龚义,欧阳安蛟.城市土地集约利用内涵界定及评价指标体系设计[J].浙江国土资源,2002(10):46—49
何芳.城市土地集约利用及其潜力评价[M].同济大学出版社,2003:40.
何芳.城市土地经济与利用[M].上海:同济大学出版社,2004:3.
洪银兴.城市功能意义的城市化及其产业支持[J].成都:经济学家,2003(2):29—36.
洪增林,薛惠锋.城市土地集约利用潜力评价指标体系[J].地球科学与环境学报,2006,28(1):106—110.
胡新波.基于ArcEngine的城市规划系统设计与实现[D].杭州:浙江大学硕士学位论文.2006.
胡雨村,沈岐平.香港住宅产业发展的系统动力学研究[J].系统工程理论与实践,2001,(7):32—37,53.
华楠,江景波.城市土地利用系统动态分析模型[J].同济大学学报(自然科学版),1997,25(1):92—97.
黄志英,梁彦庆等.城市土地集约利用潜力评价指标体系的建立—以河北省为例[J].哈尔滨:农机化研究,2006(10):52—54.
黄仲衡.土地信息系统的回顾与前瞻[J].北京:中国测绘,2002(2):43—44.
金晓斌,周寅康,徐婷等.城市土地储备潜力评价研究[F].石家庄:地理与地理信息科学,2005(21-4):32—35.

柯灵．识经济[M]．长沙：中南工业大学出版社，2000.

孔祥斌，张凤荣，李玉兰等．区域土地利用与产业结构变化互动关系研究[J]．北京：资源科学，2005(27-2)：5—10.

赖红松，董品杰．基于灰色预测和神经网络的城市建设用地量预测[J]．测绘信息与工程，2003，(12)：36—39.

雷国平，宋戈．城镇土地集约利用的潜力计算与宏观评价[J]．学习与探索，2006，(6)：184—191.

李冰，姚建卫，时荣．GIS技术在城市规划中的应用[A]．太原：太原科技，2009(10)：77—78.

李建平．土地潜力与土地资源合理配置实证研究——以中山市为例[Z]．城市规划面对面——2005城市规划年会论文集(上)，2005：399—404.

李双异，邵永东，张晓东等．辽宁省工业开发区土地集约利用评价指标体系研究[J]．国土资源科技管理，2008，25(5)：43—46.

李霞，刘秀华．重庆市都市区城镇土地集约利用现状评价与分析[J]．西南农业大学学报(社会科学版)，2005，3(4)：9—12.

李秀彬．土地利用集约度的测度方法[J]．地理科学进展，2008，27(6)：12—17.

林坚，陈祁晖等．土地应该怎么用——城市土地集约利用的内涵与指标评价[J]．北京：中国土地，2004(11)：4—7.

刘海燕，方创琳，班茂盛．北京市海淀科技园区土地集约利用综合评价[J]．经济地理，2008，(2).

刘剑，尹东彬．基于GIS的土地利用规划管理信息系统设计与开发[Z]．全国测绘科技信息网中南分网第二十四次学术信息交流会论文集，2010：181—185.

刘聚海，袁国华．国外土地信息系统概况[EB/OL]．http：//www.cqvip.com.

刘俊兰．北京城市建设用地供给适度规模研究[D]．北京：北京大学，2004.

刘力，邱道持，粟辉等．城市土地集约利用评价[J]．西南师范大学学报(自然科学版)，2004，29(5)：888—891.

刘书楷．土地经济学[M]．北京：地质出版社，2000.

刘雁，傅鸿源，蔚传忠等．城市用地规划系统动力学模型研究[J]．重庆建筑大学学报，1996，18(1)：76—84.

刘莹．ArcGIS Engine的开发及应用研究[B]．武汉：城市勘测，2006(2)：37—39.

龙奋杰．中国主要城市住宅市场的差异研究[D]．北京：北京大学，2007.

龙花楼．我国开发区土地可持续利用的操作化途径[D]．北京大学博士论文，1999：33—38.

卢新海．城市化进程中的土地需求与供给[J]．天津：中国房地产，2004(1)：30—32.

卢新海．开发区土地资源的利用与管理[J]．中国土地科学，2004，18(2)：40—44.

陆红生．土地管理学总论[M]．北京：中国农业出版社，2002.

罗平，何素芳．城市住宅市场价格系统动力学模型实证研究[J]．人文地理，2001，16(2)：57—61.

马克伟.土地大辞典[M].长春出版社,1991第1版：838—839。
马玫.产业群研究的理论与实践——天津经济技术开发区产业群发展现状分析[J].城市经济,1998(3)：17—19.
毛端谦,梁国权.土地利用多目标规划的研究——以江西省新建县为例[J].南昌：江西师范大学学报(自然科学版),1995,(19-4),358—363.
梅冰.北京市商品住宅用地供给分析与预测[D].北京：北京大学硕士学位论文,2004.
钱跃磊.基于ArcEngine的土地利用规划管理信息系统的研究与开发[J].江西理工大学硕士论文.2008.
丘金峰.房地产法辞典[M].法律出版社,199：61.
邱道持,刘力,粟辉等.城镇建设用地预测方法新探——以重庆市渝北区为例[J].西南师范大学学报(自然科学版),2004,(2)：146—150.
邱道持.重庆市建设用地预测模型探讨[J].经济地理,1996,(3)：10—15.
任宗哲.城市功能和城市产业结构关系探析[J].成都：电子科技大学学报社科版,2000(2-2)：32—34.
邵华.我国城市土地供给问题研究[D].重庆：重庆大学,2006.
邵晓梅,刘庆,张衍毓.土地集约利用的研究进展与展望[J].地理科学进展,2006,25(2)：85—95.
慎勇扬,叶艳妹.Monte Carlo模拟在建设用地需求预测中的应用[J].计算机应用与软件,2004,(11)：30—31.
施炳良."腾笼换鸟""引鸡下蛋"走活开发区土地利用这盘棋——浙江长兴县经济技术开发区[J].浙江国土资源,2005,(11)：17—18.
施用斌.开发区发展新阶段的政策取向[J].安徽决策咨询,2003(11)：40—41.
史丽君,张绍良,王浩宇等.基于PSR框架的徐州市城市土地集约利用评价研究[J].国土与自然资源研究,2006,(1)：4—5.
宋春华.房地产大辞典[M].红旗出版社,1993：46.
孙竹.财富聚增[M].北京：中国城市出版社,2000.
孙志波,许月明.城市土地集约利用现状评价指标体系构建[J].安徽农业科学,2006,34(22)：6020—6021
谈明洪,李秀彬,吕昌河.我国城市用地扩张的驱动力分析[J].长沙：经济地理,2003(23-5)：635—639.
陶志红.城市土地集约利用几个基本问题的探讨[J].中国土地科学.2000(9)：1—5.
汪波,郑家响.我国大城市土地集约利用评价研究[J].北京科技大学学报(社会科学版),2006,22(1)：24—28.
王锋,苏良生.深圳房地产预警体系研究[J].建设科技,2003,(12)：52—53.
王广洪.国家级园区用地相对集约度及其时空分异研究[J].中国土地科学,2007,21(4)：18—25.
王缉慈.中国工业区的形成——开发区现象见解[J].地理译报,1994,13(4)：18—21.
王俊英.基于SD的房地产仿真预测及监测预警模型研究[D].南京：东南大学,2004.

王梅,曲福田.昆山开发区企业土地集约利用评价指标构建与应用研究[J].中国土地科学,2004,18(06):22—27.

王其潘.高级系统动力学[M].北京:清华大学出版社,1995.

王霞,尤建新.城市土地经济学[M].上海:复旦大学出版社,2004:13.

王增彬,迟恒智.基于BP神经网络的济南市建设用地规模预测[J].水土保持研究,2007,(5):222—224.

王占波,王要武.城市住宅建设系统动态模型研究[J].哈尔滨建筑工程学报,1996,29(2):108—114.

王志成,陈银蓉.开发区土地节约集约利用分析——以武汉经济技术开发区为例[J],广东土地科学,2008,(2):14—17.

王忠文.台湾开发工业区的土地开发办法[J].亚太经济,1989(1):46—49.

文光.城市土地年度供应量预测方法研究[D].保定:河北农业大学,2006.

吴黎琴.武汉市东湖开发区土地整理模式初探[J].国土资源科技管理,2005,(5):46—50.

吴启焰,朱喜钢.城市空间结构研究的回顾与展望[J].石家庄:地理学与国土研究,2001(2):46—50.

吴旭芬.开发区土地集约利用问题的探讨[J].华中农业大学学报(社会科学版),1999,32(2):48—49.

吴郁玲,曲福田.江苏省开发区土地利用集约度的评价研究[J].长江流域资源与环境,2006,15(6):703—707.

吴郁玲,曲福田,姜海.江苏省开发区土地利用集约度的诱因分析[J].经济地理,2007,27(1):145—148.

伍新木.开发区的理论与实践[J].自由评论,1995,5:1—9.

肖梦.城市微观宏观经济学[M].人民出版社,1993第1版:393。

徐春堂.生态城市土地利用系统的系统动力学分析[J].中国土地科学,2008,22(8):18—23.

许国志,顾基发,车宏安.系统科学[M].上海:海科技教育出版社,2000.

薛俊菲,邱道持,卫欣等.小城镇土地集约利用水平综合评价探讨[J].地域研究与开发,2002,21(4):47—51

杨红梅,邱道持,张传华等.基于因子分析的城市土地集约利用比较研究[J].西南师范大学学报(自然科学版),2006,31(1):165—169.

杨树海.城市土地集约利用的内涵及其评价指标体系构建[J].经济问题探索,2007(1):27—30.

杨文白,陈秀万.开发区土地利用评价指标体系研究[J].地球信息科学,2007,9(3):1—24.

杨重光.城市土地管理与可持续发展[M].中国大地出版社,1996:132

伊利,莫尔豪斯.土地经济学原理[M].北京:商务印书馆,1982.

袁翠华.房地产市场系统动力学模型及其应用研究[D].南京:东南大学,2005.

袁丽丽. 产业变迁与城市用地结构优化研究[J]. 广州：广东土地科学，2006(5-4)：9—14.

运迎霞,严奉天.世界经济特区浅议[J].城市规划,1994,18(4)：15—19.

翟文侠,黄贤金,张强等.城市开发区土地集约利用潜力研究——以江苏省典型开发区为例.资源科学,2006，28(2).

张海兵,鞠正山,张凤荣.中国社会经济结构与土地利用结构变化的相关性的分析[J].北京：中国土地科学，2007(21-2)：12—17.

张红.房地产经济学[M].北京：清华大学出版社,2005.

张居峰,雷国平,张小虎.城市合理用地规模的确定——以哈尔滨市为例[J].国土资源科技管理,2007,(4)：93—95.

张秋娈，李景国. 邯郸市域土地利用结构与经济结构关系分析[J].石家庄：河北师范大学学报(自然科学版)，2000(24-1)：129—132.

张颖,王群,王万茂.中国产业结构与用地结构相互关系的实证研究[J].北京：中国土地科学，2007(21-2)：4—11.

张宇.城市商品房建设用地需求与供给预测方法研究[D].西安：西安建筑科技大学,2007.

张玉虎,陈学刚,塔西甫拉提·特依拜,等.城市空间增长研究——以乌鲁木齐市为例[J].河南大学学报(自然科学版),2007,(5)：492—495.

章牧,骆培聪.城市土地集约利用评价——以福建省福州市为例[J].福建师范大学学报(自然科学版),2001,(4)：105—109.

赵涛,郑新奇,邓祥征.城市土地利用优化配置分析应用——以济南市为例[J].地球信息科学,2004,6(2)：53—57.

赵姚阳,濮励杰,胡晓添.BP神经网络在城市建成区面积预测中的应用——以江苏省为例[J].长江流域资源与环境,2006,(1)：14—18.

郑锋.海南省2000年土地需求结构预测及土地宏观开发战略研究[J]. 北京：资源科学，1994(1)：20—28.

郑通汉.开发区的空间布局[J].引进与咨询,1994(2)：40—43.

郑泽庆,黄贤金,钟太洋等.我国城市土地集约利用评价研究综述[J].山东师范大学学报(自然科学版),2009,23(3)：89—98.

朱明仓,杨韬.城镇建设用地需求预测与配置研究[J].资源开发与市场,2007,(1)：10—12.

邹玉川.靠中国的地养中国人——关于耕地总量动态平衡的新思考.中国土地报，1996年6月25日,第1版.